高等职业教育国际经济与贸易“新专标”配套教材

新编21世纪高等职业教育精品教材

经济贸易类

U0874080

跨境电商B2B营销

主　编　裴　茜　刘红燕　程达军
副主编　楼　洁　邓灵昭　刘娅倩

中国人民大学出版社
·北京·

PREFACE ▸ 前言

党的二十大报告提出："形成更大范围、更宽领域、更深层次对外开放格局""推动货物贸易优化升级，创新服务贸易发展机制，发展数字贸易，加快建设贸易强国"。跨境电子商务是数字贸易的最重要和最基础的形式之一，运用新媒体数字技术提升跨境电商营销效率是促进跨境电子商务产业优化升级的必要路径。

为了适应国际贸易产业优化升级需要，顺应国际贸易产业数字化、网络化、智能化发展新趋势，对接新产业、新业态、新模式下外贸业务员、外贸跟单员、外贸单证员、跨境电商 B2B 运营专员、跨境电商 B2B 销售专员、跨境电商 B2B 营销专员等岗位（群）的新要求，不断满足国际贸易产业高质量发展对高素质技术技能人才的需求，推动职业教育专业升级和数字化改造，提高人才培养质量，遵循推进现代职业教育高质量发展的总体要求，我们编写了《跨境电商 B2B 营销》这本教材。

"跨境电商 B2B 营销"是国际经济与贸易专业国家教学专业标准的核心课程。本教材作为该课程核心教学资源，旨在让学生掌握跨境电商 B2B 市场分析、内容营销、引流推广和品牌营销等活动的操作要领；熟练开展跨境电商市场分析，外贸企业自建站和跨境电商 B2B 平台店铺内容营销，跨境电商 B2B 平台直播操作，国际搜索引擎优化，海外社交媒体营销和推广；同时，还能制订跨境电商平台各类营销方案。

本教材的编写历经 3 年，由学界专家和企业专家共同倾力完成，既能满足教学研究的使用，也能给业界朋友提供参考。本团队的刘红燕教授和程达军教授均担任跨境电商相关课程一线教学工作十余年，为本教材编写贡献了诸多经验和思路。本教材根据跨境电商新媒体营销岗位的核心工作任务和技能要求，对课程内容进行重构和项目化革新，主要包括九个项目，涵盖跨境电商 B2B 市场变迁与内容营销、客户搜索、自建站推广、搜索引擎营销、社交网络营销、直播营销、红人营销、邮件营销、联盟营销。

"跨境电商营销"
课程体系介绍

本教材从多个视角分析跨境电商营销的要点，通过分享大量的数据和跨境电商营销实战案例，使读者了解当今跨境电商营销的发展趋势，并提供跨境电商实际操作方法，具有较强的现实指导意义。

由于作者水平有限，书中错误与不妥之处在所难免，恳请读者批评指正！

裴 茜

2025 年 1 月

CONTENTS ▸ 目录

项目一

跨境电商 B2B 市场变迁与内容营销

知识目标

1. 理解跨境电商的发展和营销方式的变迁
2. 了解跨境电商营销与传统营销的区别
3. 了解跨境电商营销的底层逻辑

技能目标

1. 能够区分跨境电商营销推广与传统营销推广
2. 能够制作跨境电商营销方式变迁的思维导图

素养目标

1. 熟悉跨境电商营销推广过程中的国际惯例
2. 了解跨境电商营销推广过程中的形象、语言以及货物本身等方面需要遵守的道德、法律、思想规范
3. 关注推广受众的禁忌和敏感点

知识导图

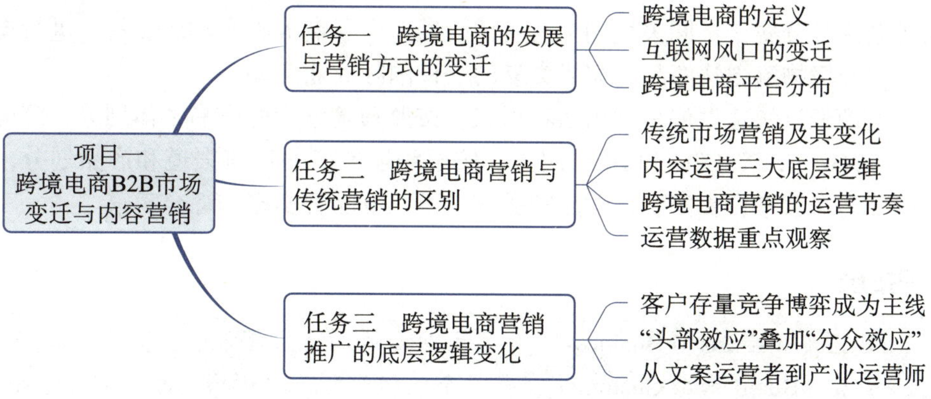

项目导入

故宫博物院不仅是中华民族重要的文物宝库，还是中华文明精华之所在。提起故宫博物院，我们立即联想到的词汇不再是厚重、肃穆、沉闷，而是创意、活泼、生动，这是因为故宫博物院准确把握了当下社会的传播环境，利用新技术手段进行内容营销，完成了对故宫博物院全新的品牌塑造。

“故宫淘宝”官方微博在营销中融入了当代青年惯用的互联网语言，形成了以故宫文化为内核且大众所喜闻乐见的语言风格，如 H5《穿越故宫来看你》运用现代科技让严肃的明成祖朱棣玩起了说唱，一经发布便席卷朋友圈，总浏览量高达 350 多万。雍正皇帝批阅奏章时的“朕就是这样汉子”更是一度成为流行的网络词汇。故宫对于历史中伟岸、庄严的王公贵族的形象解构，无形中颠覆了消费者对于博物馆晦涩、枯燥的刻板印象。这种反差与对比不仅能够吸引消费者的阅读兴趣，还可以通过社群大幅提升信息传播速度，实现对故宫文创年轻活泼、平易近人的认知目标，还有利于将社交信息的接收者转化为故宫文化的传播者，并最终转化为故宫文创产品的消费者。

“故宫文化”通过社交平台内容营销和电子购物平台的有效联动，实现了信息的快速扩散，实现了故宫文创产品的品牌价值与产品价值双向共生。其中“故宫文化”最经典的案例当数“故宫彩妆”系列产品推广。2017 年，故宫瞄准“国潮”风口与彩妆行业，发布微博“假如故宫进军彩妆界”，畅想了“点翠眼影”“花朵腮红”“千里江山指甲油”等多款以故宫元素为标识的彩妆产品，谁曾想竟有 5 万多人转发并提出希望将这一设想落地。意料之中的是，千呼万唤的多款故宫彩妆在 2018 年 12 月 11 日发售当天就销售断货，“仙鹤款”口红的销售量更是在一小时内高达 3000 笔。

思考：这个优秀电商推广案例对你有什么启示？

任务一　跨境电商的发展与营销方式的变迁

一、跨境电商的定义

跨境电商是分属于不同关境的交易主体，通过电子商务平台达成交易、进行支付结算，并通过跨境物流送达商品、完成交易的一种国际商业活动。

跨境电商经过快速发展呈现出多种形式。按照跨境电商的交易主体划分，跨境电商可以分为 B2B、B2C、C2C 和 BBC 四类。按照跨境电商的销售渠道和产品划分，跨境电商可以分为自营平台卖家、自营品牌卖家、第三方品牌卖家和综合卖家。

知识拓展

（1）B2B（Business to Business）：代表企业如阿里巴巴国际站、敦煌网等。
（2）B2C（Business to Customer）：代表企业如亚马逊、eBay、速卖通、Wish 等。
（3）C2C（Customer to Customer）：代表企业如 eBay 等。

（4）BBC（Business to Business to Customer）：代表企业如环球华品（Chinabrands）、夸克（Quarkscm）、越域网等。

二、互联网风口的变迁

传统外贸的价值链为：国内研发→国内生产→产品销售给国内出口商→产品外销给海外进口商→产品销售给海外批发商→产品销售给海外零售商→产品销售给海外终端客户。

跨境电商价值链为：国内研发→国内生产→产品销售给跨境电商→产品销售给海外终端客户。相对于传统外贸而言，跨境电商省略了 3 个中间商环节，直接让利给终端客户。此外，产品从生产到消费者成功购买的时间也大幅缩短。

2017 年中国跨境电商出口增速为 10.4%，2023 年中国跨境电商出口增速为 19.6%，中国的电商渗透率达到 47%。虽然中国电商渗透率稳步提升，但与其他国家相比仍有很大的增长空间。中华人民共和国海关总署数据显示，从 2000 年至 2022 年，除 2009 年受美国次贷危机冲击外，中国出口增长较为稳定，中国出口额从 2000 年的 2 万亿元到 2022 年近 22 万亿元，增长了 10 倍以上。2023 年中国跨境电商进出口总额达 2.4 万亿元，同比增长 15.6%，比全国进出口增长速度高出 15.4 个百分点。预计到 2025 年，中国跨境出口电商行业规模将达到 10.4 万亿元，年复合增长率为 16.4%。

当互联网从业者刚开始接触跨境电商运营各个模块时，他会感觉运营很简单，但随着实践加深会感觉越来越难，而有些运营看起来复杂，但越到后来越简单。其实，内容运营、活动运营、用户运营、社群运营、推广运营、新媒体运营、数据分析运营、产品运营中的任何一个运营模块都十分重要，想要同时精通其中两三个模块都非易事。在运营的各个阶段，对它们进行综合运用和灵活权衡往往是因时、因事、因项目而定的。

内外贸一体化政策对跨境电商企业未来发展的影响

虽然随着算法以及数据分析技术的出现，内容运营有了新方法，但本质上仍是逻辑比数据更重要，只要驱动内容流量上涨的逻辑被兑现，对内容的具体运营便有了重要意义。内容运营发展至今，理念比方法重要、方法比技术重要。例如：一篇最简单的图文编辑产品，会体现出很多竞争思维、传播思维、互联网思维，所以流量数据看起来是随机的、不可控的，但一篇 10 万 + 的内容产品需要天时、地利、人和的组合，也是内容策略在生态中的胜出。

三、跨境电商平台分布

全球各地区和市场已经形成相对具有主导优势的跨境电商平台，例如：在欧洲，亚马逊、eBay、AliExpress、Wish 这四大跨境电商平台相对成熟；在美国地区，除了这四大平台，消费者还喜爱在 Walmart 平台上购物；Mercado Libre 平台在巴西、智利和阿根廷地区深受喜爱；沙特阿拉伯的人民喜爱在 Noon 平台上购物；印度人喜欢 Flipcart 平台；东南亚地区的人民喜欢 Lazada 和 Shopee 平台。

任务二　跨境电商营销与传统营销的区别

一、传统市场营销及其变化

（一）经典 4P 营销理论

传统市场营销属于一种社会经济活动过程，其目的在于满足社会或人类需要，实现社会目标。美国市场营销协会（American Marketing Association，AMA）对营销的定位为：营销就是创造、沟通、交付和交换对顾客、客户、合作伙伴以及社会有价值的市场供应物的活动、系列制度和过程。

基于 4P 理论界定市场营销活动的覆盖范围，也是组织从事营销活动所能影响的范围。当代营销、销售和客服之间也存在明显的差异，三者在对象、阶段、方式、方向、目的和范围上均有所不同，如表 1－1 所示。

表 1－1　营销、销售和客服之间的差异

模块	营销	销售	客服
对象	不确定	不确定 / 确定	确定
阶段	销售前	销售中	销售前 / 销售后
方式	点对面	点对面 / 点对点	点对点
方向	从外到内	从内到外	从内到外
目的	影响力 / 用户获取 / 销售转化	销售转化	解决客户问题
范围	包含销售和服务	仅销售	仅客服

（二）传统营销渠道的优劣势

传统营销渠道的优势在于覆盖广大的用户群，是购买决策中的重要环节，直观、形象、冲击性强；对部分品类和区域的商品更有推广效力；部分渠道更具权威性和可信度。

传统营销渠道的劣势在于实施起来较慢、营销成本高、无法精准定位人群、无法智能化地管理广告。传统营销的主要渠道如图 1－1 所示。

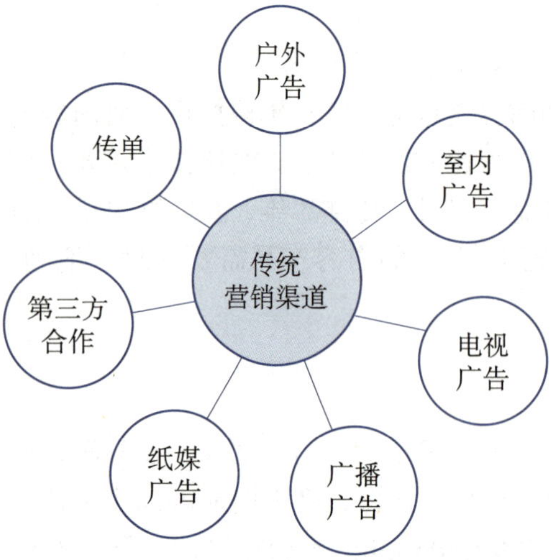

图 1－1　传统营销的主要渠道

（三）跨境电商营销战略

跨境电商公司在制订营销计划之前，需要把握好营销战略的主要内容，通常归纳为 6 个部分：市场分析、市场推广、用户获取、用户留存、用户增值和品牌塑造。

（1）市场分析：包括产品分析、用户分析、竞争对手分析。

（2）市场推广：包括产品推广、服务推广、价值推广。

（3）用户获取：包括注册用户和游客用户。

（4）用户留存：包括数据采集、客户分析、客户标签、针对性营销活动、客户生命周期管理。

（5）用户增值：包括用户订单数、销售额、毛利润、满意度。

（6）品牌塑造：包括品牌定位、品牌识别、品牌营销、品牌资产评估、品牌增值、品牌国际化。

跨境大卖家品牌出海转型的商业逻辑

（四）互联网营销价值体现

当前跨境电商利用互联网技术衍生出了多种互联网营销类型，例如：搜索引擎营销（Search Engine Marketing，SEM）、社交网络营销（Social Network Sales，SNS）、红人（Key Opinion Leader，KOL）营销、邮件营销（Email Direct Marketing，EDM）、直播营销（Live Streaming Marketing，LSM）、联盟营销（Share Affiliate Sales，SAS）。各种类型的营销方式均形成了相对成熟的营销模式。

互联网营销凭借互联网技术实现了多种商业价值的有效传播，包括情报价值（市场信息、竞争对手信息）、渠道价值（推广渠道、分销渠道）、传播价值（曝光的数量、浏览的次数、视频观看数）、互动价值（点赞数量、留言数量、转化数量）、用户获取（注册用户数、下单用户数、下载 App 的用户数）、用户口碑（用户满意度、用户忠诚度）、用户增值（用户购买金额、用户利润额、营销 ROI）、品牌增值（品牌知名度、品牌美誉度、品牌价值度、品牌溢价力）。不同类型的互联网营销方式实现这些价值的方式不同，但基本上每种类型的互联网营销均可实现以上价值。

学中做

传统营销策略和跨境电商营销策略对市场分析的工具有什么不一样？

二、内容运营三大底层逻辑

（一）给用户赋能逻辑

什么样的内容是好内容？一般认为，能够给用户赋能的内容就是好内容，这不仅是要满足用户的需求，而且内容应该在用户的生活和学习场景中发挥作用，让用户变得更好、更强大。

（二）传播势能控制逻辑

一个爆款内容除了具有普适性、与生活联系紧密等特征，还需要有话题性。话题能形成一个开环，可以引发用户讨论，并且在互联网上快速扩散。也就是说，有话题度的内容可以让用户更有参与感，并有二次反馈，有生产新内容的动力。

（三）内容运营创新求异驱动逻辑

在新媒体运营中，“伪原创”就是将网上搜索的图片、视频、声音等素材进行再加工、创造，也称为“移植创新法”，即收集身边的事物然后进行二次创新。比如：“加一加”——将现有内容加大、加厚、加高；“减一减”——将现有内容减小、减轻、降低；“扩一扩”——将现有内容的功能进一步扩展；“缩一缩”——将现有内容浓缩一点，压紧一点。

如何有效利用新媒体进行品牌宣传

三、跨境电商营销的运营节奏

跨境电商营销要保持一定的运营节奏，运营节奏有快、慢之分。

“快”包括：跟踪热点要快，客户端呈现策略的每日判断要快，客户端内容组织的分析策略要快（如每周如何做组织包装），跟上每一波浪潮的运营主流形势要快。

“慢”包括：底层思考要慢，基础数据库的积累要慢，基础内容来源素材库建设要慢，专业知识的积累要慢，每日调研与积累要慢、要扎实。

四、运营数据重点观察

无论在运营工作的哪个门类，都需要有一些基础的数据分析、挖掘与解读的能力。通过精益的数据分析可以找到运营的一般规律。

（一）研究及跟踪用户需求

研究及跟踪用户需求仅依赖初级的用户画像是不够的，需要通过对用户换位思考，归纳用户的动态变化，定期追踪用户的变化，通过用户多方位需求变化进行串联和组合，将总结出来的需求变化体现在产品设计和更新上，实现有效应用。

（二）备份和提前量思维

推广平台最理想的状态是能每日更新，所以要有“备份”和“提前量”的储备式工作思维。例如：提前储备一些不需要授权的文案；提前储备一些时效性不强、半衰期长的文章；要有随时可替换的文案库；日常要多拿到长白名单授权，多一些稳定的长期内容来源；要有突发事件的应急选题方案。

（三）风控是最好的运营生命线

行业守则包括以下 14 个方面：

（1）通过微博、公众号等提供新闻信息服务应取得许可。

（2）非公有资本不得介入互联网新闻信息采稿业务。

（3）违规开展互联网新闻信息服务活动最高罚 30 000 元。

（4）遵守互联网新闻信息失信黑名单制度。

（5）转载新闻应注明来源、原作者、原标题、编辑的真名。

（6）网络转载新闻信息不得歪曲、更改标题原意。

（7）从事互联网新闻信息采编活动应持新闻记者证。

（8）不能恶搞优秀传统、亵渎文化经典、调侃崇高精神和追捧西方生活方式。

（9）不能追捧明星、大款、网络红人。

（10）不能炒作个人隐私、情感纠纷、家庭矛盾。

（11）不能宣扬一夜成名、炫富享乐、自私自利、钩心斗角。

（12）不得跨区域进行舆论监督采访报道。

（13）互联网视听节目服务机构不得超出许可证载明的业务范围制作和播出社会类、娱乐类新闻节目。

（14）广播电视播出机构不得开办专门转发网络信息的新闻和评论节目。

亚马逊封号事件对跨境电商行业的影响及应对

任务三 跨境电商营销推广的底层逻辑变化

一、客户存量竞争博弈成为主线

随着经济和技术的快速发展，当前移动互联网的用户数量已经过了高速增长期，并接近饱和状态。根据 QuestMobile TRUTH 中国移动互联网数据库相关统计，自 2022 年 9 月开始，移动互联网用户规模增速逐渐放缓，用户月度总使用时长与人均单日使用时长增速缓慢。随着移动互联网的红利褪去，互联网营销对用户时间的竞争从“增量争夺”变为“存量博弈”。当前的互联网营销竞争策略也发生了变化，竞争策略从模仿策略变为“人无我有、人有我优、人优我新、生态竞合、专注垂直”的策略。

二、“头部效应”叠加“分众效应”

据统计，94% 的微信平台广告费投给了头条报价在 1 万元以上的公众号，其中 40% 的广告费投给了报价超过 10 万元的头部大号。内容创业者贫富差距增大，收入头部效应明显。涨幅较高的公众号集中于头部和腰部。

同时，各垂直领域腰部及尾部自媒体进步迅速，2018 年 5 月 5 日—5 月 22 日成长性 Top 30 的细分领域自媒体中，进步较快的自媒体排名一般分布在细分领域 Top 0.3% 到 Top 25% 之间。垂直领域自媒体平台具有目标受众精准、竞争小、用户黏性高等优点，可变现空间大，或将大有可为。风向变了，垂直领域公众号“分众效应”加速，中长尾部运营者或将大有可为。

三、从文案运营者到产业运营师

运营的很多思考是围绕产业和行业的规律展开的，下面以一个“教育及学术类”公众号的运营为例进行说明。

（1）示例 1：运营之前要思考哪些事情，做哪些基础工作？

第一，教育及学术类内容主要包括哪些领域？

第二，有哪些头部大号和标杆号？

第三，对目标用户来说，教育类内容他们最关注什么？

第四，教育及学术类内容在运营上有哪些规律和技巧？底层逻辑有哪些？传播逻辑有哪些？

问题 1：教育类内容要做些什么？

基础建设 1：教育类内容选题（关键词）领域及细分话题库。

问题 2：教育类内容到哪里找素材？

基础建设 2：教育类内容的来源素材库。

问题 3：教育类内容选题策划的要点是什么？

基础建设 3：选题策划竞品分析库及技巧分析库。

问题 4：教育类内容的标题要如何包装呈现？

基础建设 4：高点击量教育类内容的标题分析与赏鉴库。

（2）示例 2：别怕烦琐，同类号竞品调研整理很重要（见表 1－2）。

表 1－2　同类号竞品调研整理

头部大号	认证主体	内容
募格学术	西安募格网络科技有限公司	提供科研工作者关心的各类与生活相关的资讯与信息，帮助科研工作者更好地发表英文学术文章，助力中国学术崛起。
知识分子	德才皆倍（北京）科技有限公司	由非营利公益组织北京市海淀区智识前沿科技促进中心主办，以传播科学知识、弘扬科学精神、促进科学文化为使命，致力于关注科学、人文、思想。
中外学术情报	镇江子如信息科技有限公司	致力于打造科研人员最佳的资讯平台。分享学术资讯、免费科研资源、论文发表经验、学术报告 PPT 模板、外文期刊杂志等。
壹学者	中国人民大学书报资料中心	以服务学者为核心，为高校、科研机构、学会、协会、社科联、智库科研工作者提供阅读、科研、社交、传播一站式服务。
学术志	北京思高乐教育科技有限公司	以学术为志业，矢志不渝。
百度学术	北京百度网讯科技有限公司	开拓学术视野，扩展思考深度，为您带来新鲜有趣的学术信息和有用的知识工具。
小木虫	北京帮学教育科技有限公司	学术科研网站，创建于 2001 年，会员主要是来自国内各大院校、科研院所的博硕士研究生、企业研发人员。
科学网	中国科学报社	圈内大事，行业洞察，来自全球最大的华人科学社区，中国科学报社出品。
社科学术圈	山东省国高教育研究有限公司	及时的课题申报通知资讯，实用的课题写作学习平台。
学术资源大全	个人	致力于打造高校研究人员最佳的资源获取平台。每日分享学术资讯、免费科研资源、论文发表经验、学术报告 PPT 模板、外文期刊等。

续表

头部大号	认证主体	内容
墨香学术	个人	墨香学术，墨香中华之学术版！“学术第一，推崇原创”是其宗旨，主要推广原创性学术成果，或者与学术相关的原创性文章。
知社学术圈	北京知社学人科技开发有限公司	海归学者发起的公益学术交流平台，旨在分享学术信息、整合学术资源、加强学术交流、促进学术进步。
学术拓荒者	个人	以学术为志业不断拓荒，助力不同学术群体持续成长。学术拓荒者宗旨：传播学术资讯、探究学术问题、结交学术友人、共享学术资源，构建国内学术影响力大，融合学者大咖、硕博导、硕博本科生、一线教师的具有活力的学术交流生态圈。
千人智库	北京千人智库科技有限责任公司	致力于使用信息化手段结合专家资源，通过专业化的研究和分析，为各类用户提供独立且有见解的智力支持。

学中做

选择上面所感兴趣的公众号，比较它们在内容和推送模式上有什么不同。

知识巩固

一、选择题

（一）单选题

1. 阿里巴巴国际站按照交易主体分属于（　　）。

A. B2B　B. B2C　C. C2C　D. BBC

2. 东南亚消费者喜欢哪个平台？（　　）

A. Walmart　B. Mercadolibre　C. Lazada　D. Flipcart

3. 跨境电商营销推广的底层逻辑不包括（　　）。

A. “存量博弈”变为“增量争夺”　B. “头部效应”叠加“分众效应”

C. 从文案运营者到产业运营师　D. 客户存量竞争博弈成为主线

4. 下面不属于跨境电商运营“慢”的是哪一个？（　　）

A. 底层思考要慢　B. 基础数据库的积累要慢

C. 基础内容来源素材库建设要慢　D. 跟踪热点要慢

（二）多选题

1. 跨境电商按照交易主体划分可分为（　　）。

A. B2B　B. B2C　C. C2C　D. O2O

2. 欧洲主导的四大跨境电商平台是（　　）。

A. 亚马逊　　B. eBay　　C. 全球速卖通　　D. Wish

3. 互联网营销类型有（　　）。

A. SEO　　B. SEM　　C. SNS　　D. KOL

4. 电商运营主要观察哪些数据？（　　）

A. 后台用户留言　　B. 每月渠道数据

C. 文章点赞数据　　D. 每周阅读量最高 Top 10

二、思考题

（1）跨境电商营销与传统营销的区别是什么？

（2）跨境电商营销为什么能够获得快速增长？

（3）亚马逊平台和全球速卖通平台各自有什么优势？

（4）新媒体内容运营的底层逻辑是什么？

项目实训

一、实践操作

（1）比较亚马逊平台和全球速卖通平台，分析其各自的优劣势，并列表说明。

（2）考察一家跨境电商公司，研究其营销模式，写一篇不少于 300 字的调研报告。

二、创新创业

（1）比较分析 10 篇日阅读量 10 万 + 的网文，分析其特点以及优势，总结一下这类文章的特点。

（2）如果创立一家跨境电商新媒体营销公司，需要哪些人力和财力？请做一个简单的思维导图来展示。

素养提升

跨境电商新媒体推广营销要对法律永怀敬畏之心，除虚假宣传、盗图和文案外，还有哪些常见的法律问题值得注意呢？

项目二

客户搜索

知识目标

1. 了解寻找目标客户需要的准备
2. 熟悉常用的搜索客户的方法
3. 了解搜索目标客户的不同方法之间的差异

技能目标

1. 能够根据不同选品找到客户搜索的平台及途径
2. 能够根据不同选品选择最有效的搜索客户方法
3. 能够利用专业人士指导、在线学习等方式提升搜索客户的水平

素养目标

1. 在利用搜索引擎工作时正确处理不良信息
2. 在海量数据搜索工作中培养锲而不舍的精神
3. 在目标客户信息搜索中培养创新思维

知识导图

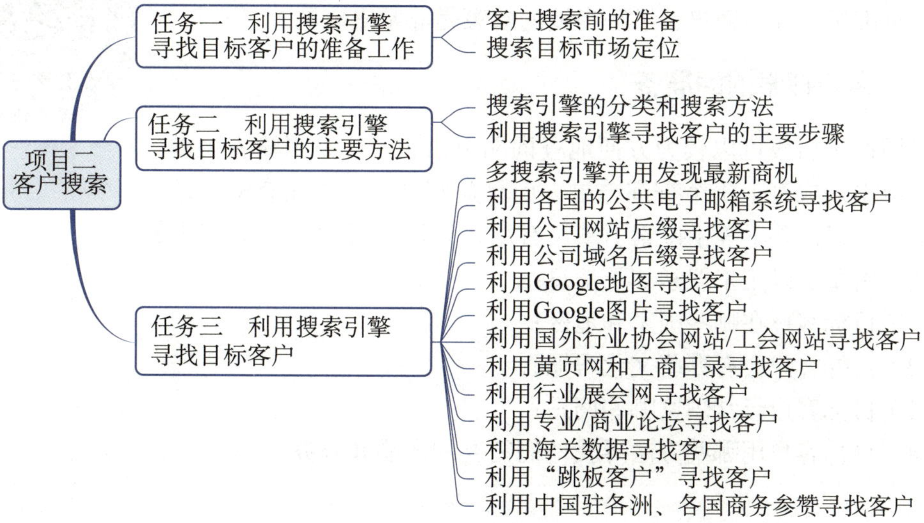

项目导入

张静刚刚入职一家跨境电商公司，这家公司主要经营的产品是冬季充气滑雪圈。充气滑雪圈是一种近年来在冰雪运动爱好者中颇受欢迎的新兴娱乐工具。为了更好地推广这一特色产品并扩大市场份额，公司经理对张静寄予了厚望，希望她能够充分发挥自己的市场洞察力和网络搜索技能，进一步拓展国际市场。为此，经理给张静布置了一项具体任务：要求她在网络上广泛查询并收集潜在买家的联系方式。为了确保市场拓展的全面性和多样性，经理特别指出，需要在至少三个不同的国家分别寻找 10 个潜在买家的联系方式。这些国家应该是冬季运动较为盛行，且对充气滑雪圈这类产品可能有较大需求的国家。

这项任务不仅考验张静的信息收集和整理能力，还要求她具备一定的市场分析和判断力。因此，她计划先通过专业的市场研究平台、行业论坛以及社交媒体等渠道，初步筛选出在这些目标国家中可能对充气滑雪圈感兴趣的买家或经销商，随后进一步核实这些潜在买家的联系方式，确保信息的准确性和有效性。

在收集完所有必要的信息后，张静需要将这些数据整理成一份清晰易读的表格，以便公司能够更方便地对这些潜在买家进行后续的跟进和营销。同时，她还需要根据自己在信息收集过程中的观察和分析，形成一份详细的市场调研报告，对公司的产品定位、市场策略以及潜在的市场风险提出自己的见解和建议。

海外消费者真实需求挖掘技巧

思考：如果你是张静，你打算从哪些途径、用什么方法来搜寻潜在的目标客户？

任务一 利用搜索引擎寻找目标客户的准备工作

跨境电商寻找客户的最好办法之一就是搜索。在进行搜索前，要明确营销目标，分析产品的终端市场情况，分析产品适合或畅销的国家和地区，分析谁（是中间商、批发商还是个人）负责采购产品。找对市场、找到客户、了解当地的政策是非常重要的。

搜索引擎寻找目标客户准备

一、客户搜索前的准备

使用搜索引擎可以较为方便地查询网上信息。但是当输入关键词后，会出现成百上千个查询结果，而且这些结果中并没有多少适配的信息。但这并不等于搜索引擎没有用，只是我们没有掌握使用技巧。

搜索引擎可以用来搜索如下信息：

（1）目标客户在哪些国家和地区；

（2）目标客户会有哪些文化习惯；

（3）目标客户经常浏览哪些网站；

（4）目标客户用哪些方法寻找他们需要的产品和服务。

二、搜索目标市场定位

利用搜索引擎寻找客户如同大海捞针，所以应当做好搜索前的定位工作。首先定位好此次所要搜索的客户所在的区域，熟悉所卖产品的潜在客户类型，以便使用最有效的关键词。若此次搜索的目标市场是非英语国家，建议先将关键词翻译成本土语言，再进行搜索。

比如产品为电子元器件，我们想找到巴西的电子元器件贸易商，可在巴西的谷歌（www.google.com.br）中输入关键词 vender componentes eletrônicos 或 distribuidor de componentes eletrônicos 等来搜索潜在的客户。可按照如下步骤搜索：

步骤 1：先定位好此次所要寻找的客户的区域。

步骤 2：熟悉所卖产品的潜在客户类型。

步骤 3：使用最有效率的关键词。

步骤 4：非英语国家可先将关键词翻译成本土语言，在巴西的谷歌（www.google.com.br）站点搜索关键词 vender componentes eletrônicos 或 distribuidor de componentes eletrônicos，如图 2－1 所示。

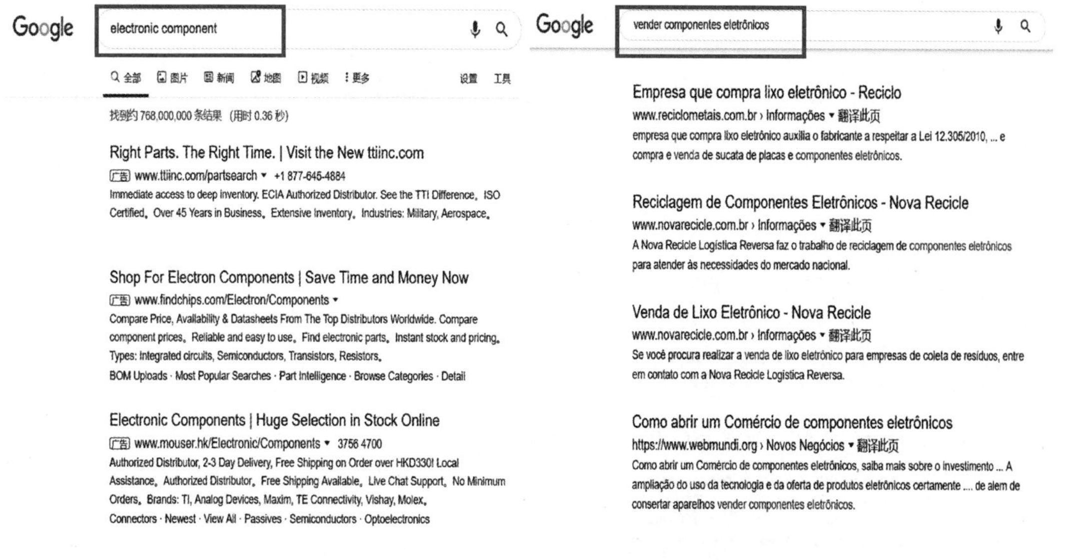

图 2－1 对比关键词翻译前后的搜索结果

学中做

如何了解销售产品的目标客户在哪个国家或地区？

任务二 利用搜索引擎寻找目标客户的主要方法

一、搜索引擎的分类和搜索方法

搜索引擎寻找目标客户主要方法

搜索引擎可分为全文搜索引擎、目录索引类搜索引擎、元搜索引擎。

（1）全文搜索引擎：国外的如 Google、FAST/All、TheWeb、AltaVista、Inktomi、Teoma、WiseNut、Bing 等；国内的如百度、360 搜索、搜狗、夸克搜索等。

（2）目录索引类搜索引擎：国外的如 Yahoo、DMOZ、LookSmart、About 等；国内的如搜狐、新浪、网易搜索等。

（3）元搜索引擎：通过一个统一的用户界面，帮助用户在多个搜索引擎中选择和利用合适的（甚至是同时利用若干个）搜索引擎来实现检索操作，是对分布于网络的多种检索工具进行全局控制。

相同关键词使用不同搜索引擎搜索结果差别较大，对比如图 2－2 所示。

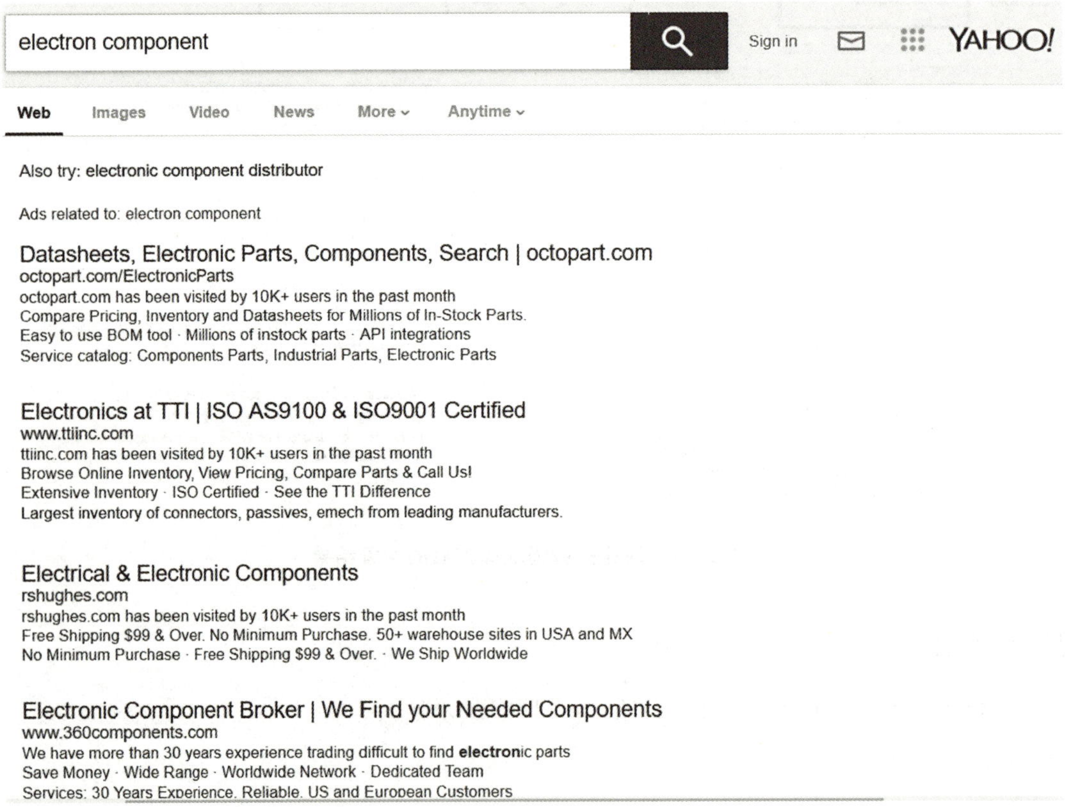

Teoma

electronic component

網路 圖像 News 視訊 Shopping More 1-10 of

used to affect electrons or their associated fields. Electronic ...

Electronic Components and Parts Search | DigiKey Electronics
https://www.digikey.com/products/en
Digi-Key is an authorized **electronic components** distributor with thousands of parts in-stock and ready for immediate shipment!

Overview of Various Basic **Electronic Components** - ElProCus
https://www.elprocus.com/major-electronic-components/
Electronic components can be passive like resistors and capacitors or active components like ICs and diodes. This article discusses these two in brief.

Electronic Components Function | Basic Components / Parts ...
http://www.electronicsandyou.com/blog/electronic-components-parts-...
15 Aug 2019 ... **Electronic Components** Function Depends on Type and need of the Circuit. These **Electronic components** are basic electronic parts packaged ...

Introduction to Basic Electronics, **Electronic Components** and ...
https://www.makerspaces.com/basic-electronics/
This tutorial will give you an introduction to basic electronics for beginners. Learn about **electronic components** & parts while making simple projects.

Basic **Electronic Components** and What They Do - dummies
https://www.dummies.com/programming/electronics/basic-electronic-c...
You will work with a number of basic **electronic components** when building electronic circuits, including resistors, capacitors, diodes, transistors, and integrated ...

Basic **Electronic Components** Used in Circuits
https://www.build-electronic-circuits.com/basic-electronic-components/
13 May 2013 ... I learned about the basic **electronic components** by going to the library and

Search Engine Watch

Industry SEO PPC Analytics Social Local Mobile Video Content

Results for "electronic component"

Google Reveals Contact Lens That Monitors Diabetes
The tiny device, which could make a dramatic difference to the lives of diabetics, monitors the levels of glucose in the wearer's tears, though actual crying is optional, and transmits the information to the wearer's smartphone.
Industry 17 Jan 14 | Michael Passingham

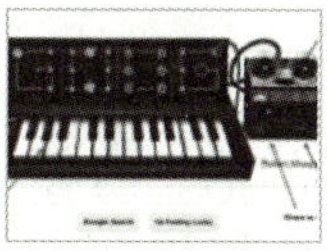

Bob Moog Rocks Google Homepage With Synthesizer Logo You Can Play
Google's logo has transformed into an analog synthesizer, developed in HTML5 so you can actually play it online, record your own tracks, and then share them. The Google Doodle is in honor of the 78th birthday of electronic music pioneer Bob Moog.
Industry 23 May 12 | Miranda Miller

Search Engine Marketing and Branding Challenges
Search engines are recognized as one of the best ways to generate qualified leads online. What about branding aspects? Should search engine marketing be considered as part of a brand-building

图 2－2 相同关键词使用不同搜索引擎搜索结果对比

搜索引擎按其搜索范围划分，可分为全球搜索引擎和各国国内搜索引擎。我国国内搜索引擎主要有百度、搜狗、有道等，其中百度占据了约八成的市场份额。如果针对跨境电商领域，面对的是国外市场客户，本土搜索引擎的效果和效率不一定能够满足要求。全球著名的搜索引擎主要有 Google、百度、MSN、Yahoo、Bing、Lycos、AltaVista 等，基本上每个大洲和国家都有自己本土的搜索引擎。

学中做

在中国的主要贸易伙伴中，欧盟和东南亚国家的主要本土搜索引擎有哪些？

二、利用搜索引擎寻找客户的主要步骤

利用搜索引擎寻找客户的主要步骤如下：

步骤 1：明晰预期目标。

步骤 2：搜索目标市场定位。

步骤 3：利用搜索引擎进行搜索。

方法 1：Google：当地 Google + 关键词（翻译成当地文字）进行搜索。

方法 2：用不同的搜索引擎搜索同一关键词，可以得到大量不同的信息。

方法 3：用不同关键词替换搜索，可以得到意想不到的结果。

方法 4：目标国的公共电子邮箱系统 + 产品搜索方法。

方法 5：利用公司网站后缀搜索买家联系方式。

方法 6：利用命令（intitle、site、inurl）限定搜索范围。

方法 7：利用国别公司域名后缀寻找客户联系方式。

方法 8：利用 Google 地图寻找客户。

方法 9：利用 Google 图片寻找客户（图片需要上传客户产品的照片）。

方法 10：利用国外行业协会网站 / 工会网站寻找客户。

方法 11：利用黄页和工商目录寻找客户。

方法 12：利用展会和论坛寻找客户。

任务三　利用搜索引擎寻找目标客户

一、多搜索引擎并用发现最新商机

对于跨境电商从业人员来说，各个搜索引擎网站前三页包含的信息内容和广告内容是最有价值的。如果只用其中一个搜索引擎工作，那将错过许多市场机会。

下面以“paint”作为搜索关键词，用不同的搜索引擎进行搜索，通过比照搜索结果来展示同一个关键词在不同搜索引擎中呈现的搜索结果的差异。

利用搜索引擎找目标客户操作－1

（1）用全球搜索引擎 Google、Yahoo 和 Bing，比照搜索结果，前三页 80% 内容均不同。

（2）用同一个全球搜索引擎 Google 在不同国家 / 地区进行搜索，比照搜索结果，前三页 90% 内容均不同。

（3）用本土搜索引擎百度、Google 香港分别进行搜索，比照搜索结果，前三页 70% 内容均不同。

每个搜索网站每天会收录其他网站更新的信息，如买家在阿里巴巴上发布了新的采购信息，几小时后在 Google 就能搜索到相关信息。具体什么时候会被收录，要根据具体的搜索网站和被搜索网站决定，然而这些最新收录的信息对挖掘商机最有帮助。

简而言之，跨境电商从业人员首先要大致了解搜索引擎的知识，通过不同搜索引擎查找产品和客户信息是跨境电商搜索客户的核心。同样的关键词用不同的搜索引擎搜会有不同的结果。即使同一个搜索引擎，只要愿意多尝试些关键词，就会有意想不到的收获。

二、利用各国的公共电子邮箱系统寻找客户

（一）各国的公共电子邮箱系统

大部分国家都有自己的公共电子邮箱系统，每个公司几乎都有在国家公共电子邮箱系统中自己公司的电子邮箱。邮箱是重要的个人身份认证工具。

公共电子邮箱如 @yahoo.com、@163.com 和 @qq.com 过于泛滥，几乎没有注册门槛，从邮箱根本无法看出发信者的来源、身份。采用这几类后缀的邮箱向客户发布推广信息，往往会被客户视为垃圾邮件并删除或因被列入黑名单而遭到拒收。

利用搜索引擎找目标客户操作－2

通过公共电子邮箱系统寻找各国客户前，首先必须了解各国公共电子邮箱系统的规则，以便最大限度地利用规则通过互联网找到目标客户的公司邮箱。

公共电子邮箱系统 @gmail.com、@hotmail.com、@aol.com 和 @yahoo.com 是跨境电商人员应重点关注的。其他国家的公共电子邮箱后缀可以通过自己的客户后缀或者在 Google 搜索“国家名称＋email”获得（见图 2－3）。

通过上述方法，我们可以找到印度的公共电子邮箱系统是 @rediff.com。要找印度的手机买家，只要在 Google.com 输入 @rediff.com mobile，幸运的话可以找到许多潜在的买家。

一般情况下，世界 500 强或名牌企业会把分销商的信息写在自己的网站上，搜索 Distributor 或输入 Dealer，可以查询到相关经销商的信息。一般买家也会在一些商务网站注册，把公司名称或邮箱输入 Google 也能找到部分信息。

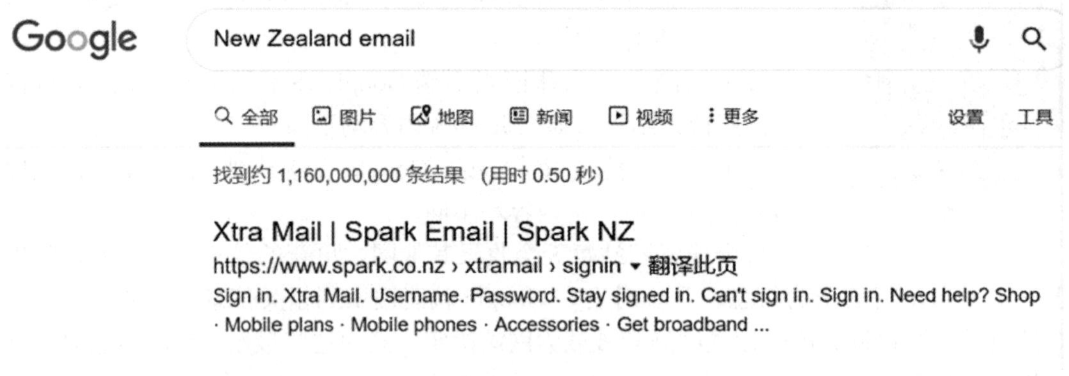

图 2－3 搜索当地的公共电子邮箱

知识拓展

各国的公共电子邮箱系统：
美国：@gmail.com、@hotmail.com、@aol.com 和 @ yahoo.com；
印度：@rediff.com、@vsnl.com；
巴基斯坦：@cyber.net.pk；
阿曼：@omantel.net.om；
意大利：@libero.it；
南非：@webmail.co.za；
新西兰：@xtra.co.nz；
新加坡：@pacific.net.sg。

（二）利用公共电子邮箱系统寻找客户

利用各国公共电子邮箱系统设置规则，通过以下几种方法可以帮助我们找到潜在客户：

（1）产品名称＋通用邮箱后缀进行搜索。

例如：要寻找“ ball valve”的客户信息，可以分别输入 Ball valve @gmail.com，Ball valve @hotmail.com，Ball valve @rediff.com 和 Ball valve @yahoo.com 进行搜索，请比照搜索结果。

（2）用产品名称＋各国邮箱后缀进行搜索。

例如：同样搜索“ball valve”，搜索英国客户可以采用 Google 英国版本搜索，如在 Google.uk 输入“ball valve email”进行搜索。

（3）用“产品名称＋importers＋email，产品名称＋distributors＋email，产品名称＋wholesalers＋email，产品名称＋buyers＋email 或产品名称＋suppliers＋email”搜索客户信息，其中的 email 可以用 @ 代替。

（4）用产品名称＋地区公共电子邮箱后缀，或产品名称＋buy＋地区公共电子邮箱后缀搜索。

例如：要找英国球阀客户，输入 ball valve@cwgsy.net，ball valve@btinternet.com 和

ball valve@sltnet.lk 进行搜索。

以上方法可以循环使用，比如在黄页里找到客户，又可以用上其他方法，把客户公司名称放到 Google 上再搜索会出来新的结果，如图 2－4 所示。

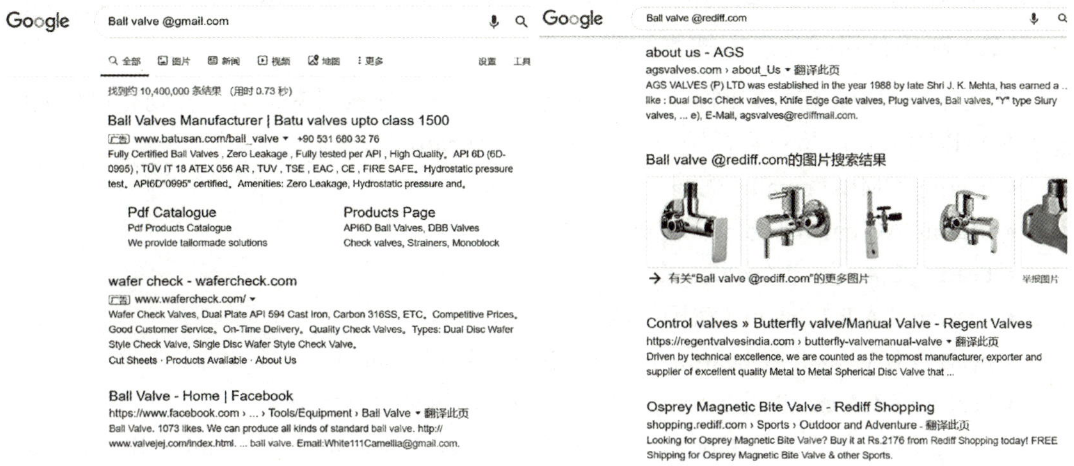

图 2－4　利用公共电子邮箱系统寻找客户

学中做

请按照上述步骤，利用公共电子邮箱系统查找咖啡机在英国市场的目标客户的邮箱。

三、利用公司网站后缀寻找客户

（一）公司网站后缀目录

利用搜索引擎找目标客户操作－3

各个国家的公司名称都有一些常用的后缀，用以标识公司的性质、类型或法律地位，但每个国家的公司名称后缀因其商业习惯、法律规定和文化传统等不同而有所不同。例如：中国公司习惯使用的后缀是“Co.”（代表“公司”）、“LTD.”（代表“有限责任公司”）。这些后缀不仅反映了公司的组织形式，还体现了特定国家的商业文化和法律要求。表 2－1 是不同国家的公司网站后缀的展示。

表 2－1　不同国家的公司网站后缀

国家	公司网站后缀	国家	公司网站后缀
美国	INC.；LLC	波兰	SP.ZO.O.
意大利	S.R.L	土耳其	TIC
西班牙	S.P.A	捷克	S.R.O.
丹麦	APS	葡萄牙、秘鲁	EIRL
英国	P.L.C	德国、奥地利、瑞士、比利时、卢森堡	GMBH，S.P.A.，S.R.L.，AG，S.A.
巴西、智利	LTDA	荷兰、比利时	B.V.，N.V

上述为我国主要贸易国的公司后缀，正确认识和运用这些公司后缀，有利于提高跨境电商营销的开发技巧。另外，由于民族迁徙和殖民扩张等历史原因，不少语种和公司不存在绝对的一一对应关系，因此在运用公司后缀关键词评定交易国别以及一些交易习惯时，需要综合考虑，切忌望文生义，否则会造成交易过程中的误判。

（二）利用公司网站后缀搜索买家

在具体搜索中，将公司网站后缀和关键词一同输入搜索引擎，可以找到客户相关信息，如可以输入：产品 + 目标国公司网站后缀 + email。

- bearing GMBH email（德国）
- bearing AG email（德国、瑞士、欧盟）
- bearing S.A. email（南欧、南美）
- bearing S.A.R.L.email（法国、西班牙）
- bearing B.V.email 或 bearing N.V email（荷兰、比利时）
- bearing S.P.A email 或 bearing S.R.L.email（西班牙、意大利）

图 2－5 所展示的是在 Google 搜索引擎中输入“bearing N.V email”和“bearing S.R.L.email”关键词显示的搜索结果。并且，在搜索引擎中还可以加入 importer、purchase 或 looking for 等采购词组合，搜索出来的结果就更加准确。

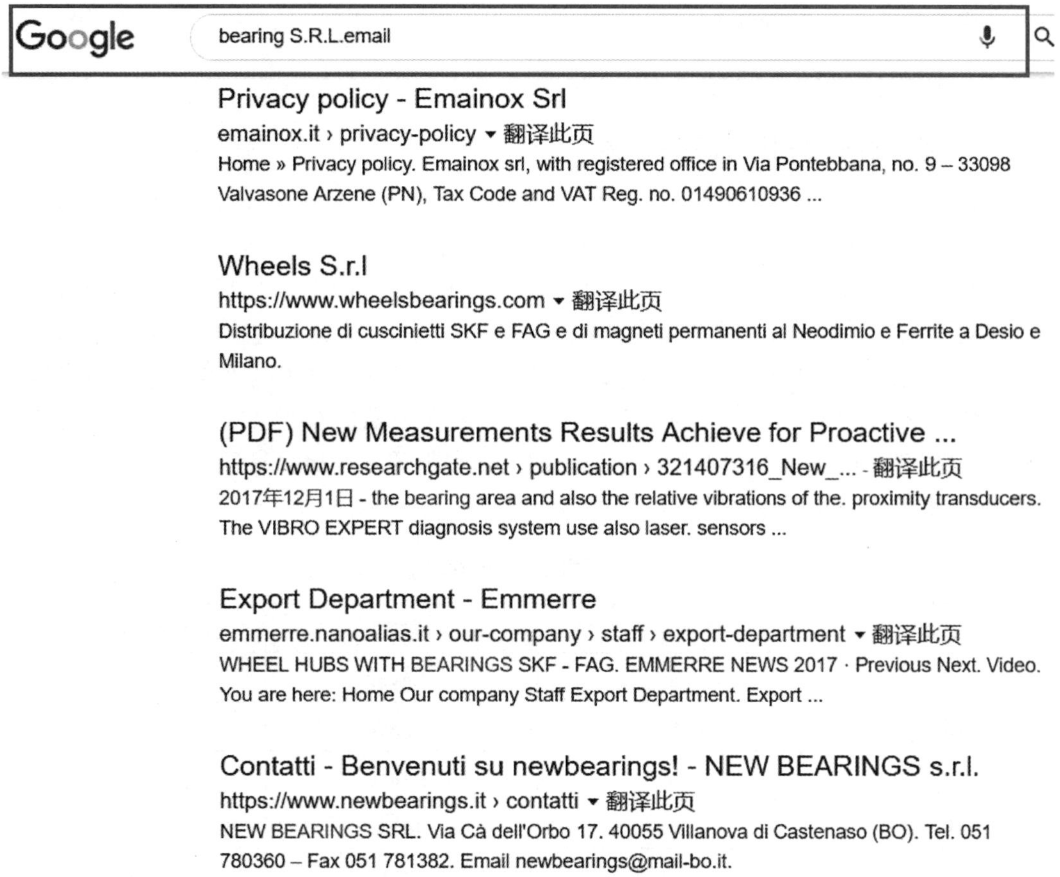

图 2－5　利用公司网站后缀寻找客户

以上元素均可以任意组合，但是基本的三项不能落下，否则搜索结果会不精确。当然也可以使用 2 个元素搜索，然后进行手工过滤。例如：

- Wanted Bearing @hotmail.com（采购词 + 产品词 + 公共电子邮箱后缀）
- Bearing inc email（产品词 + 公司后缀 + email）
- inrul：de bearing email（inurl 命令 + 域名后缀 + 产品词 + email）

其他命令如：把搜索范围限定在网页标题中——intitle；把搜索范围限定在特定站点中——site。比如，搜索德国经营地毯（Carpet）的公司信息，在 Google 搜索栏中键入："site: de. Carpet.gmbh"（注意冒号为半角字符且后面不跟空格），如果能把关键词换成德语，效果会更好，操作如下：

（1）把搜索范围限定在网页标题中——intitle: de.Carpet.gmbh

（2）把搜索范围限定在特定站点中——site: de.Carpet.gmbh

（3）把搜索范围限定在 url 链接中——inurl: de.Carpet.gmbh

其他国家的搜索也同样可以做到。例如，site: aps 丹麦；site: inc 中东；site: srl 意大利等。site 还可以替换为 insite，url，inurl，title，filetype（如 pdf. Carpet industry）。

如果想过滤掉不想要的信息，可以通过命令指定去掉某些关键词相关的搜索结果。例如：对于中国出口商来说，如果在搜索结果中不想要阿里巴巴内中国供应商信息，可以这样操作：site: de.Carpet gmbh–alibaba.com，过滤掉不想要的信息。

四、利用公司域名后缀寻找客户

（一）部分国家公司域名后缀目录

互联网上的域名就像现实生活中的门牌号码一样，具有唯一性，它可以在纷繁杂芜的网络世界里准确无误地将我们指引到所要访问的站点。在互联网发展之初并没有域名，只有一组类似数字的 IP 地址。由于当时互联网主要应用在科研领域，使用者非常少，因此记忆这样的数字并不是很困难。但是随着时间的推移，进入互联网的电脑越来越多，需要记忆的 IP 地址也越来越多，记忆这些数字串变得越来越困难，于是域名应运而生。域名就是对应于 IP 地址的用于在互联网上标识机器的有意义的字符串。如北京奥运官网的域名 beijing2008.cn，比起 IP 地址而言就更形象，也更容易记忆。

不同国家的公司域名后缀如表 2－2 所示。

表 2－2　不同国家的公司域名后缀

国家	公司域名后缀	国家	公司域名后缀
Australia	au	Egypt	eg
Belgium	be	Spain	es
Bulgaria	bg	Israel	il
Brazil	br	Jamaca	jm
Canada	ca	Nigeria	ng
Switzerland	ch	Netherlands	nl
Germany	de	South Africa	za
Denmark	dk	Belarus	by

（二）如何利用国别公司域名后缀寻找客户

用 inurl 命令（注意冒号为半角字符且后面不跟空格）和域名后缀，也可以组合 importer、purchase 或 looking for 等采购关键词再次进行搜索。请执行下列搜索，对比搜索结果的差异（见图 2－6）：

（1）inurl: de bearing email——德国；

（2）inurl: fr bearing email——法国；

（3）inurl: us bearing email——美国；

（4）inurl: it bearing email——意大利；

（5）inurl: au bearing email——澳大利亚；

（6）inurl: br bearing email——巴西；

（7）inurl: ca bearing email——加拿大；

（8）inurl: jp bearing email——日本。

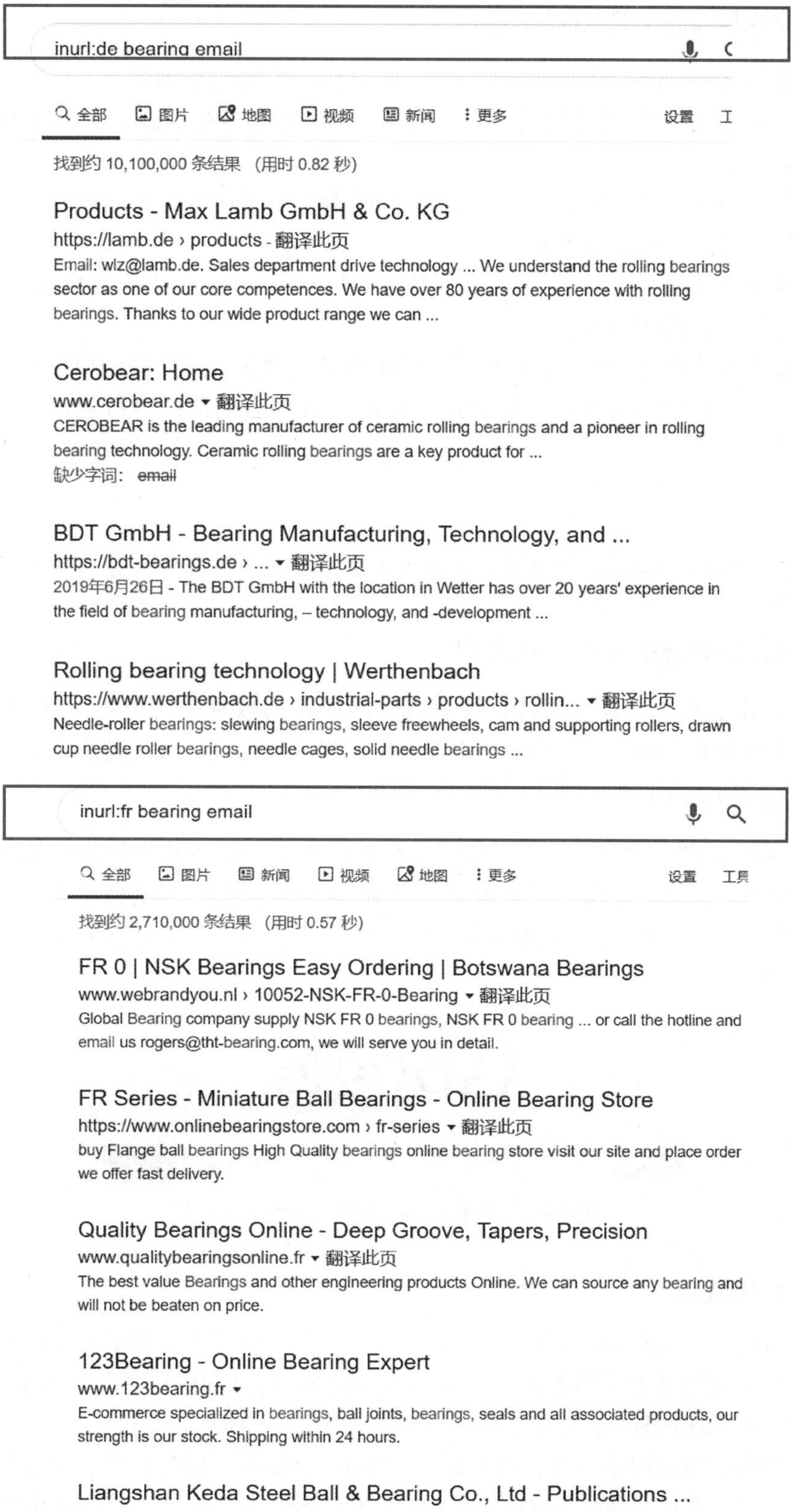

图 2-6　利用国别公司域名后缀寻找客户

五、利用 Google 地图寻找客户

人们通常在 Google 上搜索内容，很少有人尝试在 Google 地图上去搜索一些客户信息。但是 Google 地图在国外使用频率很高，很多公司都会在 Google 地图上标出自己公司的地理位置。

公司在 Google 地图标记后，当国外客户搜索与公司相关的关键词时，同等情况下公司排名就会靠前。具体步骤如下：

（1）利用产品的关键词，在 Google 关键词查询排名中定位潜在客户地区；

（2）打开 Google 地图；

（3）输入刚才查询的地区，然后在地图上找到该地区一些公司的地图标注信息；

（4）根据所标注的公司名，复制到 Google 页面对公司网站进行搜索，即可得到公司的一些信息。

学中做

请按照上述 Google 地图方法寻找经常网购的某类商品在美国的目标客户。

六、利用 Google 图片寻找客户

Google 数据库中有很多图片，计算机会将图片的数据进行分析，然后进行配对，以提高搜索结果的准确性，这给跨境电商提供了极大的便利。该类搜索方式如下：

（一）按关键词搜索

进入 Google 图片网站（images.google.com），然后在搜索栏中输入产品的英文关键词（这样搜到的信息更全面、更有针对性，排除了国内同行），就会出来很多图片，图片下面对应的是相关网站。根据图片和公司网站的名字，判断是否为我们的目标客户（见图 2－7）。

图 2－7　利用 Google 图片寻找客户（一）

（二）按图索骥

访问 images.google.com 或任意的 Google 图片搜索结果页，然后点击搜索框中的相机图标。对于在网络上托管的图片，请输入图片网址，或从计算机上传图片，点击搜索，就会出现类似的图片，并附有公司网址，如图 2－8 所示。

图片搜索跟网页搜索一样，用不同国家的 Google 和不同的语言，搜索出来的结果也都大不一样。譬如用意大利 Google，输入意大利语的关键字，搜出来的结果为意大利的图片网址。

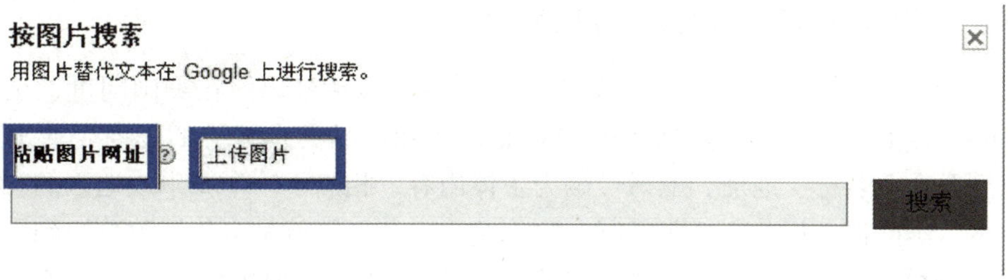

图 2－8 利用 Google 图片寻找客户（二）

七、利用国外行业协会网站 / 工会网站寻找客户

专业网站在买家、卖家信息的真实性和完整性方面一般比综合商贸网站强，分类更加细致，更容易找到相关信息。每个行业几乎都有代表性的行业网站，用关键词搜索，到某专业网站、某行业协会的具体网站，在专业网站或行业协会网站上看到会员列表，客户量很大。另外，专业网站和行业协会网站上有很多客户的相关链接，可以帮助我们找到更多相关企业信息（见图 2－9）。

在搜索引擎中输入行业名称 + Association（或其他关键词）。一般来说，每个国家的行业协会都包含制造商、经销商的相关信息。

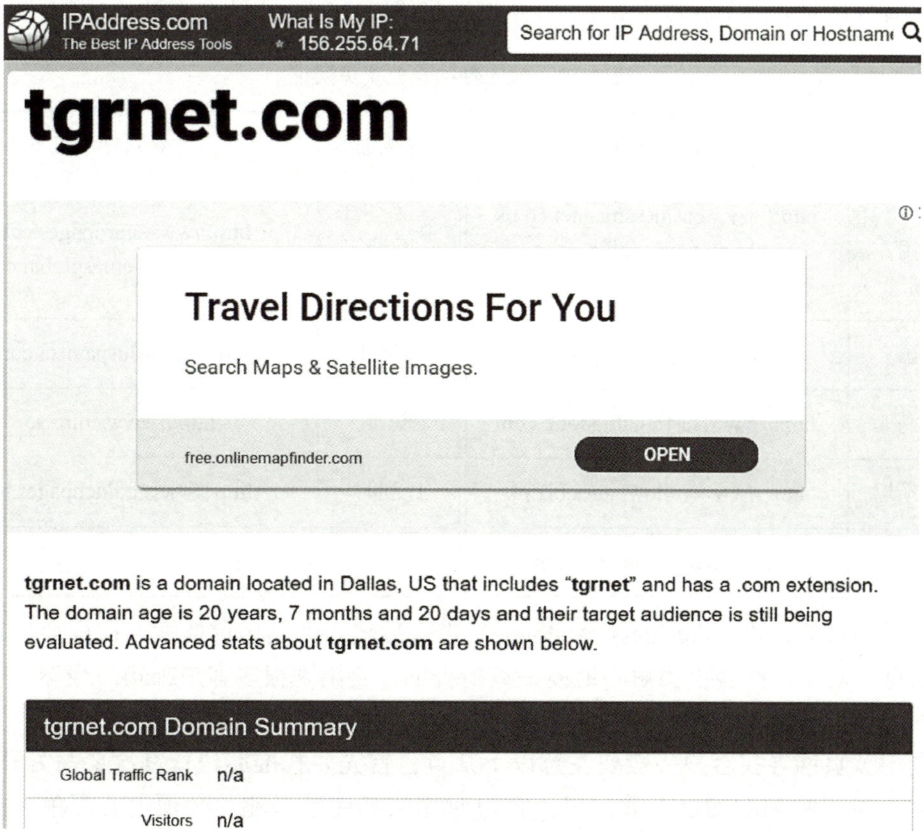

图 2－9 利用行业协会网站寻找客户

八、利用黄页网和工商目录寻找客户

黄页起源于北美洲，1880 年世界上第一本黄页电话号码簿在美国问世，至今已有 100 多年的历史。黄页是国际通用的按企业性质和产品类别编排的工商企业电话号码簿，以刊登企业名称、地址、电话号码为主体内容，相当于一个城市或地区的工商企业的户口本，国际惯例用黄色纸张印制，故称黄页。黄页网就是将传统黄页搬到网上，以互联网为载体，在网上发行、传播、应用的电话号码簿。但黄页网不是传统黄页的翻版，其内容更广泛，服务功能更多样化，它有传统黄页无法比拟的优势。

欧洲很多企业都有在黄页上刊登自己公司信息的习惯，不过网上一般没有公司的 email 信息，这就需要我们将在黄页上查到的客户信息复制到搜索引擎上以便找到更多相关的、详细的信息。比如在 Google 上输入 ABC spa 这个公司的名称，通常可以找到公司的网站，从而找到联系人和 email 地址之类的信息。了解黄页的基本知识，善于利用黄页网找到权威的客户信息，这是跨境电商从业人员又一条开发客户的有效途径。这里推荐几个黄页地址：

http://www.europages.com，欧洲黄页；

http://www.thomasglobal.com，托马斯欧洲企业名录；

http://ww.kompass.com，康帕斯。

各国黄页商务网不胜枚举，表 2－3 为一些代表性的企业黄页网址。

表 2－3　代表性的企业黄页网址

国家或地区	黄页网址	国家或地区	黄页地址
英国	http://www.businessmagnet.co.uk http://www.yell.com http://www.kellysearch.com	欧洲	http://www.europages.com http://www.thomasglobal.com
美国	http://www.superpages.com	西班牙	http://www.hispavista.com
澳大利亚	http://www.australiabigbook.com	瑞典	http://www.eniro.se
巴基斯坦	http://www.yellowpages.biz.pk	比利时	http://www.goldenpages.be
法国	http://www.kompass.com		

打开网址后，点击 business catalogue，进入后输入产品名称搜索，这样会出来很多客户信息。对于这些客户要耐心地逐一点击查询，会出现很多客户邮箱。当然，对于没有邮箱的客户，也可以把公司的名称输入 Google 再搜索。

利用黄页网寻找客户一般要注意以下几点：首先要找准客户；其次要写好开发信，由于客户每天收到的询盘无数，想让客户对你的邮件感兴趣，必须内容简单、主题突出、收件人明确以及在适当时间发送邮件；最后要跟踪好客户，最好每发一封邮件就设置一个回执功能，这样就能确认客户是否收到了邮件。

九、利用行业展会网寻找客户

到目前为止，出口营销最有效的方式还是参加面向国际贸易的行业展会。很多国内的公司没有机会出国参展，但很多展会都有自己的网站，而且在网站上有各个参展商的名单和联系方式及网址。这类网站上往往会罗列出上次展会参展商名单和本次已经报名参展的客户名单。

首先要通过 Google 搜索展览会，找出展商列表，再次回到 Google 搜索展商名称 + email。

在展会的主页上有所有参展商的联系方式、产品种类、参展商公司网站等重要资料，这些资料都是非常有价值的。由于国外的参展商既是卖家也是最大的进口商，因此这些客户要重点跟进，特别是公司网站上有我方可以销售产品的客户更是重中之重。虽然没有参加这些专业展会，但是发广告信的时候可以以“ it is my honor to know you from IFMA…”作为开头，这样可以很快拉近与客户的关系。

十、利用专业 / 商业论坛寻找客户

（一）利用国外专业 / 商业论坛寻找客户

每个国家都有自己的商业论坛，论坛中活跃的都是某个行业的专家。找到目标国的商业论坛，直接与潜在的客户进行沟通，是寻找客户的有效方法之一。因此，注册一些国外免费网站，加入其商业论坛或者进出口论坛，与商友交流或就某些问题进行讨论，顺便留下自己的产品信息和联系方式，会有意外收获。

知识拓展

国外专业 / 商业论坛网址：

（1）http://www.learncurrencytrading.com；

（2）http://forum.mrswing.com；

（3）http://www.mwtf.org.uk；

（4）http://www.chandigarhcity.com；

（5）http://www.indiabook.com；

（6）http://www.tag-board.com；

（7）http://www.ezboard.com；

（8）http://www.mymessageboard.com；

（9）http://www.trade-info.cec.eu.int。

学中做

打开“知识拓展”中所列论坛的主页，选择一个论坛注册，了解该论坛的主要内容板块，列出通过该论坛能够获得哪些重要的信息。

（二）在国内外贸论坛结识商友

一些国内专业外贸论坛也是结识商友、互通有无的好去处。国内主要的外贸论坛有福步外贸论坛（见图 2－10）、Zen Cart 论坛、EveryChina 外贸论坛、TOXUE 外贸论坛、合众外贸论坛、精英外贸论坛、跨国外贸论坛、eBay 外贸社区、敦煌网外贸论坛、外贸电子商务论坛和外贸岛等。

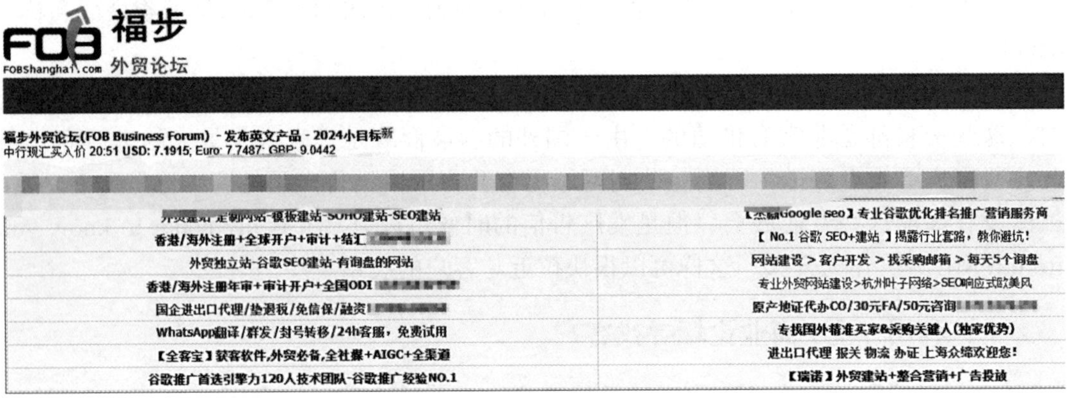

图 2－10　福步外贸论坛

十一、利用海关数据寻找客户

寻找买家名录是容易的，通过印刷品、光盘或网络都能找到，但有针对性的进口商信息、详细的交易细节、适时的商业机会却很难找到。卖方的报价网上到处都是，而买方的需求却少之又少。

全球经济一体化发展到今天，国家间的信息资源共享也得到前所未有的发展，越来越多的出口企业开始认识到目标国的海关机构通常是寻找进口商及其商业兴趣的重要渠道。理由是显而易见的，无论是习惯依靠网络或者热衷参展或者等待卖家上门的进口商，还是两个月采购一个货柜或者一个月采购上百个货柜的进口商，其相关信息在其国家的海关必然被记载得清清楚楚。有了海关记录，不仅不必担心新客户资源枯竭的问题，而且还能掌握当今最活跃的进口商的交易细节。

“利用海关数据”有三个方面的内容：第一，如何找到海关数据；第二，海关数据包含哪些信息；第三，如何有效利用海关数据找到客户。

一般来说，海关数据是不开放的，外贸人员可以从某些专业机构购买。通过分析海关数据可以了解以下内容：

（1）竞争对手的出口情况，包括竞争对手的买家的公司名称、电话、联系人、地址、成交价格、成交时间等。

（2）现有客户的忠诚度，获悉买家和哪些全球供应商交易的详细信息。

（3）产品在全球的总需求量，获悉全球需要产品的买家和买家需求量。

（4）某个向你询盘的全球买家的真实性。

（5）全球买家的采购周期和采购规模。

（6）当全球客户订单减少时，判断究竟是价格原因、质量原因还是其他原因。

学中做

阅读印度和中国海关数据，完成以下要求。

1. 了解竞争对手的出口情况，包括竞争对手的买家的公司名称、电话、联系人、地址、成交价格、成交时间等。
2. 了解现有客户的忠诚度，获悉买家和哪些全球的供应商在交易以及详细信息。
3. 了解产品在全球的总需求量，获悉全球需要产品的买家和买家需求量。
4. 了解某个向你询盘的全球买家的真实性。
5. 了解全球买家的采购周期和采购规模。
6. 当全球客户订单减少时，判断是价格原因、质量原因还是其他原因。

十二、利用“跳板客户”寻找客户

每个产品和设备都不是孤立存在的，一定有该产品的上游或者下游产品，设备还会有该设备的配套设备。

以 UV 喷涂线厂家的配套设备为例。喷涂线厂家在生产过程中通常会用到空压机，在 B2B 平台注册的空压机厂家不计其数。从网络上或者其他途径找到空压机供应商的业务人员较为容易，通过产品和设备配套，信息或资源共享等双赢方式，业务人员之间合作起来比较容易，合作成功概率和可持续性也较高。这些“跳板客户”的所有客户均成为我们的目标客户。使用同样的方式，可以找到其他厂商如生产激光机、食品机、电镀机、吸塑机等产品的厂家，开展类似的合作。

利用商业论坛、博客甚至同乡群或者校友群寻找“跳板客户”是最有效、成本最低的方式之一。初入职场者，不妨从校友群开始，你会发现“人脉”对于跨境电商也同样重要。

十三、利用中国驻各洲、各国商务参赞寻找客户

传统的国际贸易教科书中都会讲到利用使馆和中国驻外商务机构寻求目标国家客户。随着互联网的发展以及国家跨境贸易经营门槛的降低，此途径的作用越来越小，对庞大的中小外贸企业来说也不现实。但在某些关键时刻，这个途径也不失为一种找到某些跨境贸易不发达国家客户的有效方法。

我们可以进入中国商务部网站，根据目标国所属区域，找到该国，点击后即可进入中华人民共和国驻该国的经济文化参赞处（见图 2－11）。

中华人民共和国商务部 MINISTRY OF COMMERCE OF THE PEOPLE'S REPUBLIC OF CHINA | 亚洲司

返回主站 | 首页 | 信息动态 | 专项合作 | 亚洲经贸合作 | 国别信息 | 关于我们

智能问答

首页 > 国别信息

巴基斯坦	卡拉奇	土耳其	伊斯坦布尔
尼泊尔	缅甸	曼德勒	马来西亚
古晋	哥打基纳巴卢	日本	大阪
福冈	札幌	新潟	菲律宾
宿务	印度尼西亚	泗水	棉兰
泰国	宋卡	清迈	孔敬
新加坡	孟加拉	斯里兰卡	印度
孟买	加尔各答	蒙古	韩国
釜山	朝鲜	伊朗	老挝
柬埔寨	文莱	越南	胡志明市
阿富汗	东帝汶	东盟使团	马尔代夫

图 2－11　利用商务参赞寻找客户

海外红海市场的机会挖掘

知识巩固

一、选择题

（一）单选题

1. @gmail.com 是（ ）的公共电子邮箱地址。

A. 中国　　B. 英国　　C. 美国　　D. 俄罗斯

2. 通过行业协会搜索目标客户信息时，行业协会相关的关键词最不可能包括以下哪个？（ ）

A. Association　　B. Society　　C. Council　　D. Department

3. 下面哪个最有可能是美国公司网站的后缀？（ ）

A. LLC　　B. S.P.A.　　C. AG　　D. S.A.

4. 查找中国驻各国的商务参赞，需要在哪个部委的网站上查找？（ ）

A. 商务部　　B. 人力资源和社会保障部

C. 财政部　　D. 农业农村部

（二）多选题

1. 搜索目标客户的方法包括（ ）。

A. 行业协会　　B. 展会　　C. 黄页　　D. 海关数据

2. 搜索日本的目标客户，可以使用的搜索引擎包括（ ）。

A. 日本 Yahoo　　B. 美国 Google　　C. Infoseek　　D. Excite

3. 国内外贸论坛有（ ）。

A. 福步外贸论坛　　B. 合众外贸论坛　　C. Zen Cart 论坛　　D. 天涯

4. 以下关于黄页说法正确的是（ ）。

A. 黄页起源于北美洲　　B. 黄页只有纸质版

C. 黄页上不一定有公司的电子邮箱地址　　D. 每个国家只有一个黄页

二、思考题

1. 通过哪些搜索途径可以找到目标客户？
2. 通过搜索引擎搜索目标客户时关键词的选择技巧有哪些？
3. 找到目标客户联系方式后如何进一步验证客户资料的真实性？

项目实训

一、实践操作

1. 选择一种产品，通过不同搜索方法来查询目标客户，比较不同搜索渠道的搜索效率与效果。

2. 选择一种产品，根据产品的特点来确定该产品的目标客户的主要国别或地区。

二、创新与创业

1. 搜索引擎在搜索排序规则上有什么特点？
2. 如何利用搜索引擎的排序规则进行目标客户的搜索？

素养提升

要成功地找到目标客户的联系方式，需要培养什么样的心理素质和职业精神？

项目三

自建站推广

知识目标

1. 掌握跨境电商自建站建站流程
2. 掌握跨境电商自建站建设工具
3. 了解跨境电商自建站推广注意事项

技能目标

1. 能够熟悉跨境电商自建站的流程
2. 能够制作跨境电商自建站营销推广的思维导图

素养目标

1. 注意跨境电商自建站搭建规则及注意事项
2. 了解自建站搭建过程中的文案以及需要遵守的道德、法律、思想等方面的规范
3. 熟悉自建站推广过程中推广受众的禁忌和敏感点

知识导图

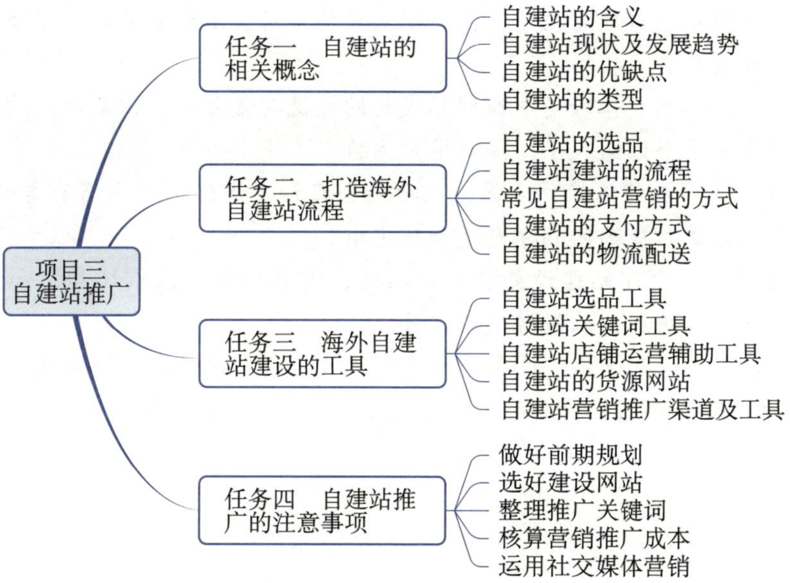

项目导入

海外自建站建设的成功案例之一是来自中国的跨境电商网站 Jollychic。Jollychic 的成功不仅在于其自建的独立站模式，更在于其精准的市场定位、丰富的产品选择、贴心的用户服务以及创新的支付方式。Jollychic 是一个专注于销售各类时尚品牌单品和套装的跨境电商网站，面向全球市场。通过自建独立站，Jollychic 能够直接掌握消费者数据资产，形成用户画像，便于精准营销和有针对性的 SKU 规划。

一、Jollychic 自建站的成功要素

市场定位：Jollychic 精准定位于时尚品牌市场，满足全球消费者对时尚、高品质商品的需求。

产品选择：Jollychic 提供多样化的时尚品牌单品和套装，满足不同消费者的个性化需求。

用户服务：Jollychic 注重用户体验，可以提供贴心的用户服务，包括快速响应的客服、便捷的购物流程等。

创新支付方式：Jollychic 引入分期付款等创新支付方式，帮助用户分担购物压力，提升购物体验。

营销推广：Jollychic 通过社交媒体、搜索引擎优化（SEO）、搜索引擎营销（SEM）等多种渠道进行推广，提高网站曝光度和品牌知名度。

二、Jollychic 自建站的建设成果

销售额增长：Jollychic 通过自建站实现了销售额的快速增长，成为全球时尚电商领域的佼佼者。

品牌影响力提升：凭借其丰富的产品选择、优质的用户服务和创新的支付方式，Jollychic 的品牌影响力在全球范围内不断提升。

用户满意度提高：用户对于 Jollychic 的购物体验给予好评，用户满意度和忠诚度提高。

三、Jollychic 自建站的案例启示

精准定位市场：在自建站之前，需要明确目标市场和消费者需求，以便更好地进行产品定位和营销策略制定。

注重用户体验：用户体验是电商网站成功的关键要素之一，需要从网站设计、购物流程、客户服务等多个方面入手，提升用户体验。

创新营销方式：在营销推广方面，需要结合目标市场的特点和消费者的购物习惯，采用创新的营销方式，提高网站曝光度和转化率。

持续优化服务：自建站建设并非一蹴而就，需要持续关注市场动态和用户需求变化，不断优化产品和服务，以保持竞争优势。

Jollychic 作为海外自建站建设成功的案例，展示了自建站在跨境电商领域的巨大潜力和优势。对于有意拓展海外市场的企业来说，建设和运营一个优秀的自建站是一个值得考虑的选择。

思考：如果你所在的公司准备建设海外自建站，你需要做好哪些准备工作呢？

通拓公司打造
自建站的经验分享

任务一　自建站的相关概念

一、自建站的含义

自建站是指拥有自己独立的域名、页面的网站，可以将其看成品牌官网。以Shopify官网为例，广告主可以通过自建站进行商品线上推广、销售等一系列交易和服务，如图3－1所示。

图3－1　自建站建站工具Shopify

自建站与亚马逊等第三方平台最大的区别在于：自建站推广所得的流量、品牌印象、知名度完全属于网站所有者，不受任何平台规则约束。

二、自建站现状及发展趋势

近几年跨境电商飞速发展，2020年全球电商销售总额高达4.29万亿美元。2021年上半年我国跨境电商出口总额增长了44.1%。随着SaaS类建站服务及配套营销推广服务的成熟，自建站已经成为企业出海营销推广的主要模式之一。

许多企业由于受到了“亚马逊封号”事件的影响，选择转向自建站推广，实现自主经营。在已有自建站的企业中，31% 的企业自建站销售额占总销售额的 30% 以上。

随着 DTC（Direct To Consumer）模式的兴起，跨境原生品牌、新消费品牌以及传统品牌都开始了全球化布局，跨境电商进入“品牌出海”时代。跨境卖家可以借助 Facebook、Google、TikTok 等渠道为自建站进行精准引流，实现高增长、高转化，打造高质量的 DTC 品牌。

三、自建站的优缺点

（一）自建站的优点

（1）可以积累私域流量，掌握客户数据，不受第三方平台限制。

（2）自由度高，不受平台政策限制，交易佣金成本低。

（3）在打造品牌、提升品牌附加值方面有天然优势。

（二）自建站的缺点

（1）前期没有流量扶持，需要多渠道引流。

（2）从搭建网站到运营引流都对团队有很高的要求。

四、自建站的类型

国内自建站经历三个阶段商业模式的演变：第一阶段是摆脱纯信息黄页展示，实现在线交易平台；第二阶段是第三方平台兴起，移动用户批量爆发；第三阶段是新型品牌官网独立站、社交电商兴起（见图 3－2）。

图 3－2　自建站商业模式演变

（一）站群铺货类

这类自建站入手相对简单，无须供应链资源，可以快速出单盈利。但账号关联风险较大，对广告依赖程度高，常有仿牌、货不对版、不发货等问题出现。

（二）垂直精品类

这类自建站适合服装、鞋子等快时尚品类，需要长期精细化运营，自有供应链的客户会有很大优势，转化率和复购率相对较高。

（三）品牌运营类

这类自建站对卖家的要求很高，适合国内品牌出海、外贸工厂打造自有品牌或已在亚马逊等第三方平台积累了一定用户口碑的卖家。

任务二 打造海外自建站流程

一、自建站的选品

令跨境电商卖家最头疼的问题之一就是选择卖什么产品。销量好的产品通常竞争激烈，单价高的产品销售困难，小众的产品客户量少。对于跨境电商卖家而言，选对好的产品非常重要。

数据研究显示，跨境电商常见产品有服饰箱包、3C 数码产品、运动户外、厨房用品等。对于刚踏入跨境电商行业的“小白”来说，最直接的方法是找热卖的产品，这也是最常规的方法。如果想要避开激烈的竞争环境，建议选择蓝海产品。

（一）自建站选品原则

自建站选品原则可以参照受众广、体积小、货值高、重量轻、无侵权、不易碎、无危险这 7 个原则，前期可以充分做好目标市场的调研工作，选择体积小的产品则易包装，货值高的产品则利润容易控制，重量轻的产品物流成本低，无侵权的产品不用担心店铺被关，不易碎的产品退货风险低，无危险的产品则安全，可以少走弯路。

（二）自建站选品渠道

自建站选品渠道可以参照以下 3 种方式进行。这 3 种方式可以帮助卖家更快、更准地选对产品，实现快速盈利。

1. 跨境电商平台选品

跨境电商平台选品是最常见，也是最简单的选品方式。卖家可以在各大平台上通过搜索自己感兴趣的产品的关键词来进行选品。常见的跨境电商平台有亚马逊、全球速卖通、Wish、Lazada 等，我们可以在平台上搜索产品的关键词，查看产品热门销量排行，再结合数据工具进行分析对比，如图 3－3 所示。

同样，我们也可以通过浏览电商平台上的分类导航，从大类到子类每个类目都点进去，看看近期热卖的产品，如图 3－4 所示。

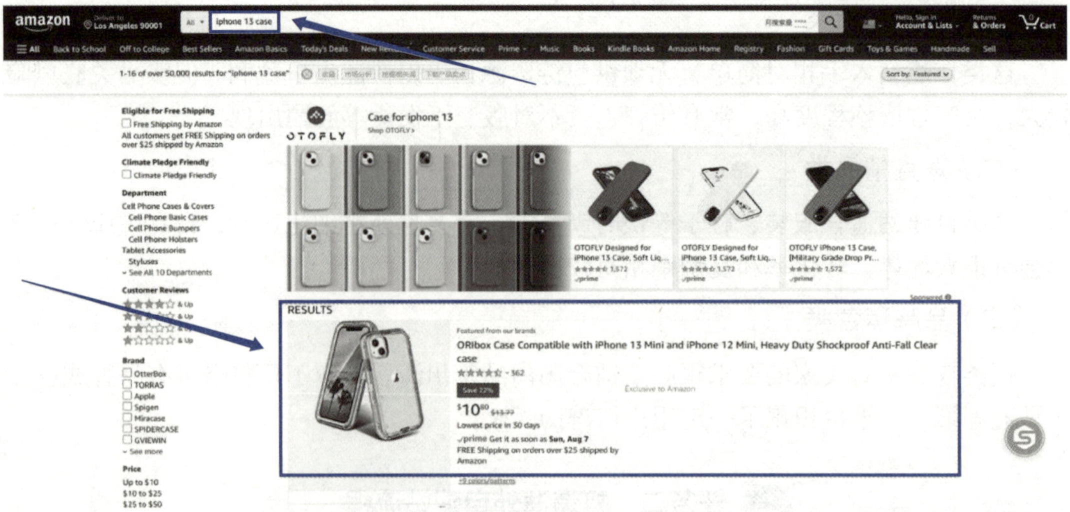

图 3－3　亚马逊平台畅销产品排行

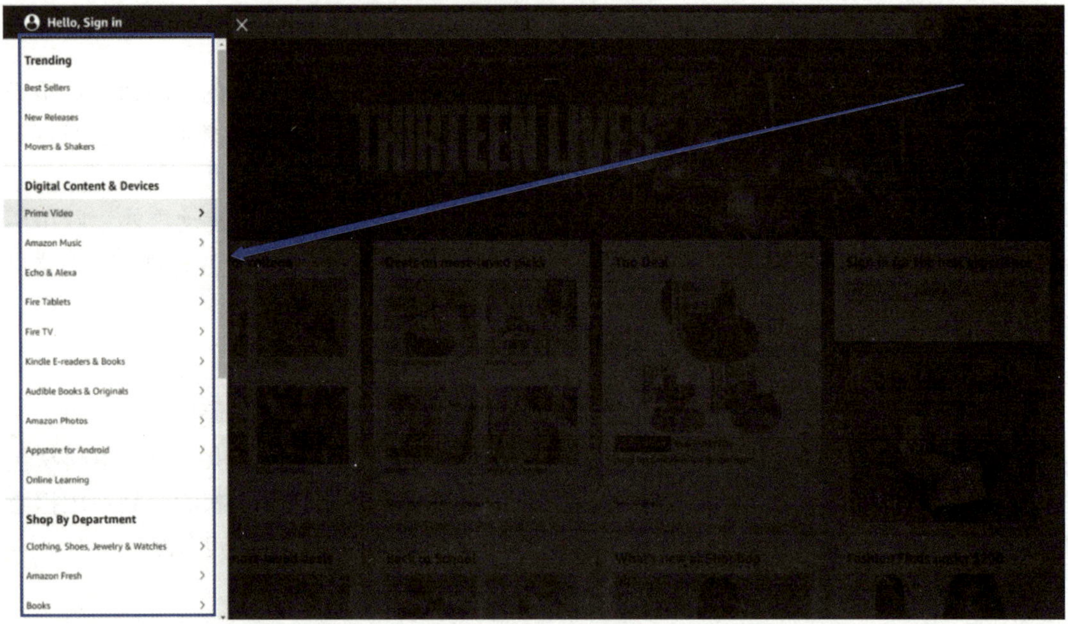

图 3－4　亚马逊平台不同品类的近期热卖品

2. 搜索引擎选品

借助海外搜索引擎进行调研，如在 Google 搜索产品核心关键词，搜索结果会出现一些热卖产品排行，然后根据搜索结果推荐的网站，选取排名靠前的网站深入分析各个网站热卖的产品，再在社交媒体如 Facebook、TikTok、Instagram 上做调研分析，了解产品在社交媒体上的受欢迎程度。

3. 工厂找产品

通过 1688 批发平台、跨境专供、线下展会等渠道去联系供应商，获取样品。有条件最好能实地考察。这种选品方式会受到地域性的制约，需要投入更高的成本。但好处就是可以深入了解需要的产品品质以及供应商的实力，如图 3－5 所示。

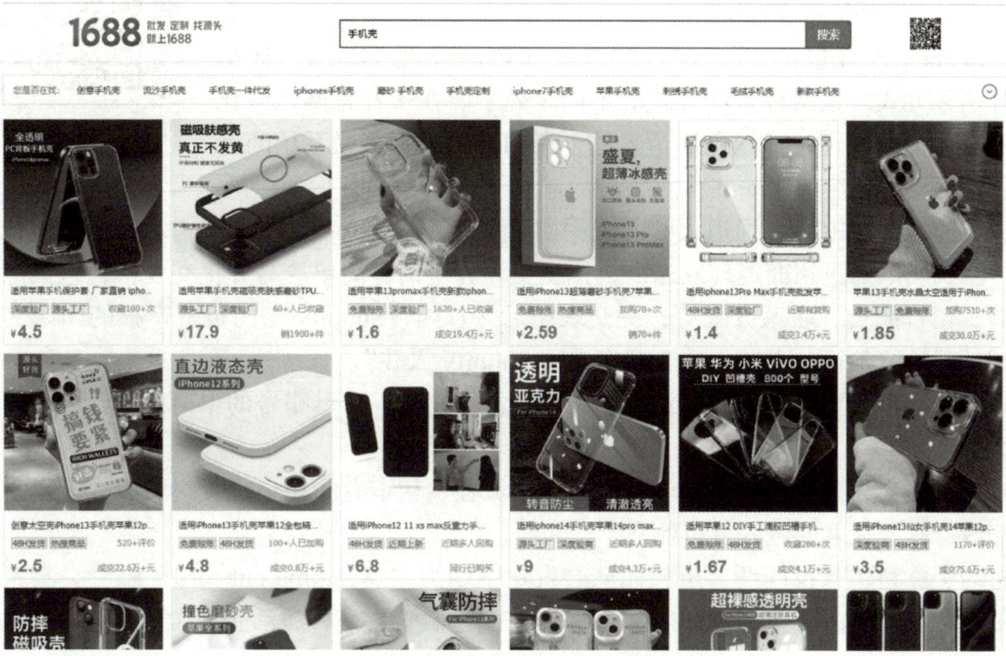

图 3－5　1688 批发平台

（三）自建站选品建议

自建站选品不只是选择产品，还要考虑以下因素：产品的后续开发能力怎么样，供应商的稳定性如何，行业内有没有其他竞品做得比这个产品好，产品的营销广告素材、运营方案好不好执行，这个产品的目标市场和目标受众是否明确。

二、自建站建站的流程

自建站建站流程

Shopify 是为电商卖家提供搭建网店的技术和模板，管理全渠道的营销、售卖、支付、物流等服务的一个平台网站。降低小型商户在网店经营上的技术门槛是 Shopify 最基础的业务之一。通过商户注册账户，选择网站模板，上传商品并添加描述，设置价格和物流选项，添加收款方式，短时间内就能生成一个美观且可靠的自建站。Shopify 提供 14 天的试用期，月收费 29 美元～ 299 美元不等。另外，Shopify 还有面向更大型商户的、提供更个性化定制的 Shopify Plus 方案。目前，已有超过一百万家企业使用 Shopify 平台创建了在线店铺。2022 年 1 月，京东与 Shopify 达成战略合作，向 Shopify 全球商户开放商品池。

Shopify 是当下最热门的自建站平台之一。Shopify 相较于其他的建站网站，更加简洁方便，相较于 Worldpress 平台而言，Shopify 只需要选定商店主题，上传产品，编辑 listing，设置物流和付款方式，点击“发布”即可，被广大卖家称为“傻瓜式”的建站操作。

该平台还有一种懒人运营模式——Dropshipping，不用处理库存和物流等环节，只需要扮演好中间商的角色，连接供应商和卖家即可。

（一）Shopify 入驻流程

Shopify 自建站成功案例

Shopify 入驻包括 Shopify 官网入驻和招商经理 VIP 绿色通道入驻两种方式。这两种入驻方式的不同之处主要在于：官网入驻比较慢；而招商经理 VIP 绿色通道入驻，有问题可以直接联系招商经理，招商经理还会给出一些重点类目的建议。

招商经理 VIP 绿色通道入驻的流程如下：

（1）卖家通过招商经理发送的链接提交入驻申请，简单填写并提交表格，包括电商经验、销售品类、联系方式等；提交表格后 2 日内，Shopify 专门负责审核的团队会发送邮件到预留邮箱，主题为“欢迎您申请 Shopify 入驻”。

（2）卖家需要根据邮件提示完成两件事情：第一，子母账号的申请；第二，公司资料的验证。

（3）提交完公司资料后，就会进入初审流程。初审有问题会把资料驳回，让卖家进行修改，修改完就会进入复审流程。

（4）资料审核没问题，审核团队会发送主题为“ Welcome onboard”邮件。卖家收到邮件后需及时注册，尽快开店（链接 7 个工作日内有效），激活企业微信并上传产品。

（二）Shopify 自建站建站流程

（1）打开浏览器输入“https:zh.shopify.com”。

（2）点击“开始免费试用”，注册成为 Shopify 会员，如图 3－6 所示。

图 3－6　开始免费试用页面

（3）获取短信验证码，并设置 Shopify 会员登录密码，点击“注册开通”即可完成注册，如图 3－7 所示。

图 3－7　注册成为 Shopify 会员

（4）Shopify 系统将自动为卖家开通 14 天试用版网站进行体验。进入 Shopify 网站后台，会有开店向导提示，卖家只需按照提示进行操作，即可快速搭建属于自己的跨境电商自建站平台，如图 3－8 所示。

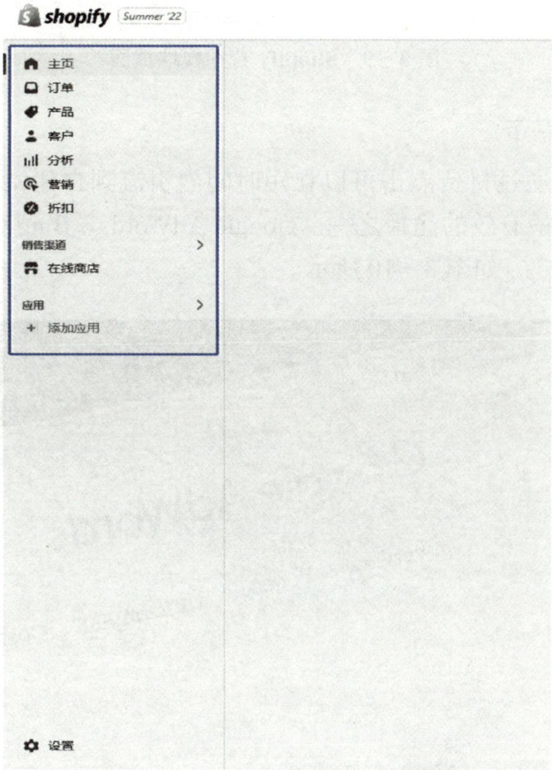

规避自建站建设过程中的“坑”

图 3－8　Shopify 试用版网站体验

三、常见自建站营销的方式

Shopify 后台拥有丰富的营销应用，可以帮助自建站卖家推广自建站网站，获得曝光，从而带来订单和转化（见图 3－9）。

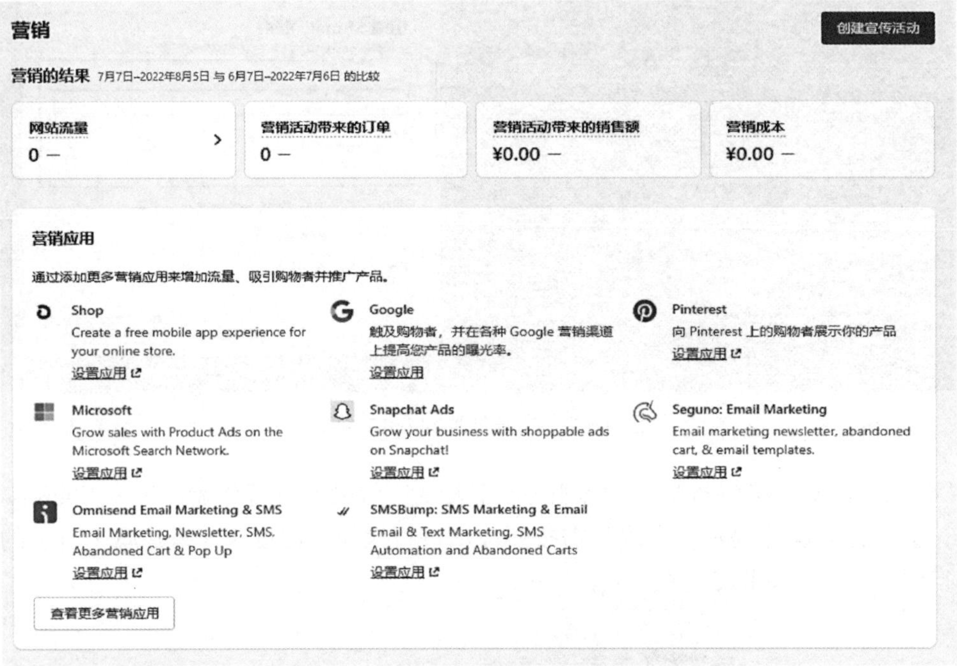

图 3－9　Shopify 营销模块页面

（一）CPC 付费点击

选择覆盖群体，通过付费点击可以在短时间内引流到自建站。控制好 ROI 是自建站做大规模最直接、最有效的途径之一。Google AdWords、Bing、Yahoo 等搜索引擎广告适合自建站前期推广，如图 3－10 所示。

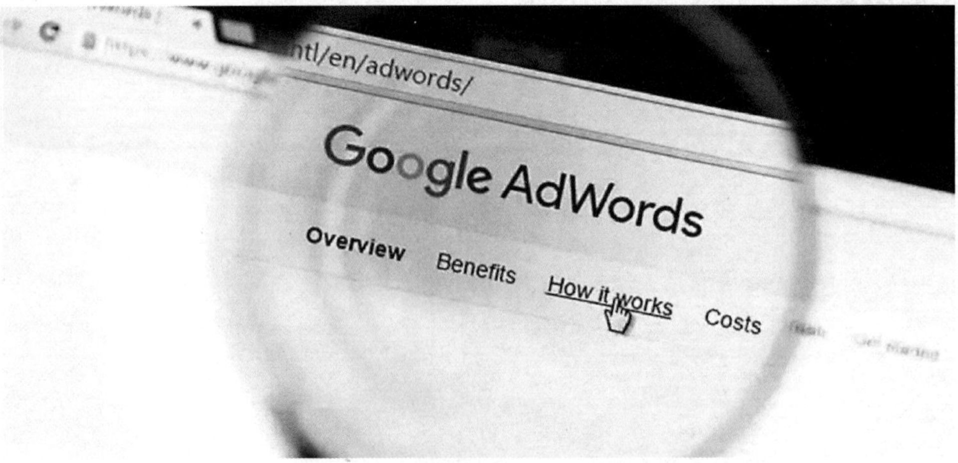

图 3－10　Google AdWords 页面

例如：Google AdWords 覆盖 200 多个国家和地区，支持 40 多种语言，包含 Search Ads、Google Shopping、Display Network、Gmail、YouTube、Remarketing 等广告类型。卖家在不同的推广时期可以选择不同的推广渠道来提升销量、提高品牌知名度。

（二）SNS 社交营销

当下发展得如火如荼的社交网络营销被众多跨境电商外贸企业重视，如 Facebook、TikTok、Instagram、Pinterest 等。这些社交网络的兴起聚集了庞大的客户群体。社交网络营销主要是指借助社交网络信息传播的快速性达到一定的营销目的。

例如：Facebook 是世界排名前列的照片分享站点，企业推广可以开通一个专业页面，选择好标题跟定位，利用 Facebook 海外用户权重高的特点，帮助跨境电商企业快速提升站内排名，流量也是非常可观的。另外，在 Facebook 上也可以做付费广告。

（三）折扣平台营销

折扣网页提供折扣商品，使追求低消费的用户享受服务，品牌商通过一定的让利，获得精准的买家，交易性价比高，流量成本较低，如图 3 - 11 所示。

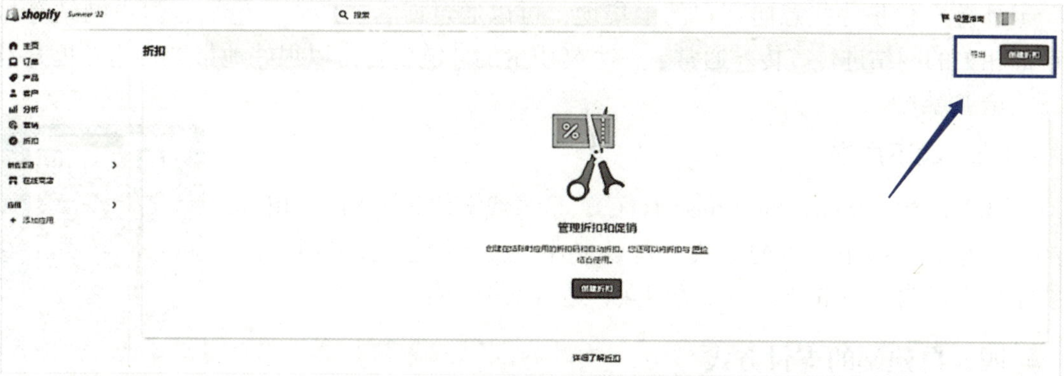

图 3 - 11　Shopify 折扣设置模块页面

（四）网红、粉丝营销

网红、粉丝营销是指以红人的品位和眼光为主导进行选款和视觉推广，再依托庞大的粉丝群体进行营销，将粉丝转化为购买力，积累足够多的资源，从而大大提高整个公司的市场营销能力，如图 3 - 12 所示。

图 3 - 12　Shopify 合作平台

（五）CPS 广告

CPS 英文全称是 Cost Per Sales，即按销售付费。CPS 广告实际上就是以实际销售产品数量来计算广告费用的广告，也是最直接的效果营销广告之一。CPS 广告就是按照这种计费方式，把广告主的广告投放到众多网站上。

CPS 广告以实际销售产品数量来换算广告刊登金额，使得品牌商广告投放风险费用更加合理化，是一种性价比很高的推广方式。

（六）搜索引擎优化

卖家要迎合搜索引擎的收录规则，对网站的整体结构、页面关键词、网站的外部链接等进行优化。搜索引擎优化可以提升网站在搜索引擎中的排名、增加店铺网站流量、提高用户体验、增强品牌曝光率和权威性、提供数据分析和市场洞察、促进内容营销、提高社交媒体影响力、实现长期稳定的营销效果。

（七）邮件营销

邮件营销即电子邮件营销，是一种利用电子邮件与受众客户进行商业交流的直销方式，广泛地应用于网络营销领域。电子邮件营销是网络营销方法中比较古老的一种，但是通过电子邮件营销可以实现二次营销，针对性强。

（八）外链广告

外链广告是寻找意向客户的聚集地，可以通过博客、广告、论坛、门户网站等与产品相关的网站进行宣传。通常，一个高质量的外链广告可以很好地帮助自建站提升引流，增加曝光量。

（九）线下广告

线下广告（Below-the-Line，BTL），是与线上广告（ATL）相对的广告形式。线下广告的形式有包裹卡片、线下展会、广告牌等。线下广告可为网站带来更多的访问量，适合长期做品牌营销。

独立站营销——以 Shein 公司独立站营销为例

四、自建站的支付方式

（一）PayPal

PayPal 是全球知名的在线支付服务提供商，也是使用人数最多的支付方式之一。这种支付方式的缺点是对于发展中国家和地区的卖家采用了更为严格的管理措施，卖家遇到违规行为容易被冻结账户甚至永久封户。

（二）西联汇款

西联汇款迄今已有 150 多年的历史，它拥有全球先进的电子汇兑金融网络，可以在全球大多数国家的西联代理点汇出款项和提款。其优点是快捷，缺点是需要客户到西联汇款的代理点进行现金汇款。

（三）COD 货到付款

目前很多 B2C 网站都使用 PayPal 作为支付方式，或者使用信用卡作为支付渠道。关于支付渠道，在不知道客户支付方式喜好的前提下，卖家应该尽可能多地去选择支付类型。为了更好地把握和留住客户，卖家可以在实践中根据主流客户喜好的支付方式进行调试和排序，以满足客户差异化的需求。

五、自建站的物流配送

如果是小、便、轻的产品，物流方式以空运为主，可以用自建站的物流配送方式。常见跨境电商自建站物流配送方式有 EMS、DHL、TNT、UPS、FedEx、香港邮政小包等，其中 EMS 具有价格和出关优势。

选择好的物流合作伙伴，不仅能为卖家节约贸易成本，还能提高客户的购物体验。海外仓储的重要性可见一斑，海外仓储当下也成为跨境电商企业的必争之地，若有条件可尝试建设海外仓。

突发事件下跨境物流管理调整

如何合理布局海外仓

通拓公司建设海外仓的经验分享

任务三 海外自建站建设的工具

“工欲善其事，必先利其器”，好的建站工具可以大大提高跨境电商营销的工作效率，并且能够快速地让产品被海外的消费者看到，提升产品的转化和销量。以下是针对不同阶段以及各个环节搭建自建站所需要的工具介绍。

一、自建站选品工具

（一）Jungle Scout

Jungle Scout：通过最近一年的大数据分析相关产品接下来的销售趋势，是案例分析、产品跟踪、提升销量的必备工具网站，可以全面、快速、高效、准确、可靠地找到极具潜力的亚马逊产品，如图 3－13 所示。

（二）Google Trends

Google Trends：这个谷歌工具对选品的参考价值较大，逆向思维也可以利用在跨境市场提供选品范围和思路，是非常实用的一个工具。

（三）Marketplace Pulse

Marketplace Pulse：可以收集大量跨境平台市场数据。该平台可以监控市场上的数百万个数据点，包括亚马逊、eBay、沃尔玛、Etsy、阿里巴巴、乐天、Mercado Libre 等（见图 3－14）。

图 3－13　Jungle Scout 网站页面

图 3－14　Marketplace Pulse 网站页面

二、自建站关键词工具

关键词既可以在前期选品阶段利用产品热度来判断市场反映，也可以成为后面推广中提升广告的 ROI 或优化 listing 的关键利器。

（一）MerchantWords

通过 MerchantWords 可以进入北美洲、欧洲、大洋洲和亚洲的买家搜索条件数据库，即时访问全球受众。专有算法使用人工智能来梳理广泛的数据库，计算每个搜索关键词的排名，并产生预估的搜索量，利用关键词热度来作为选品参考，如图 3－15 所示。

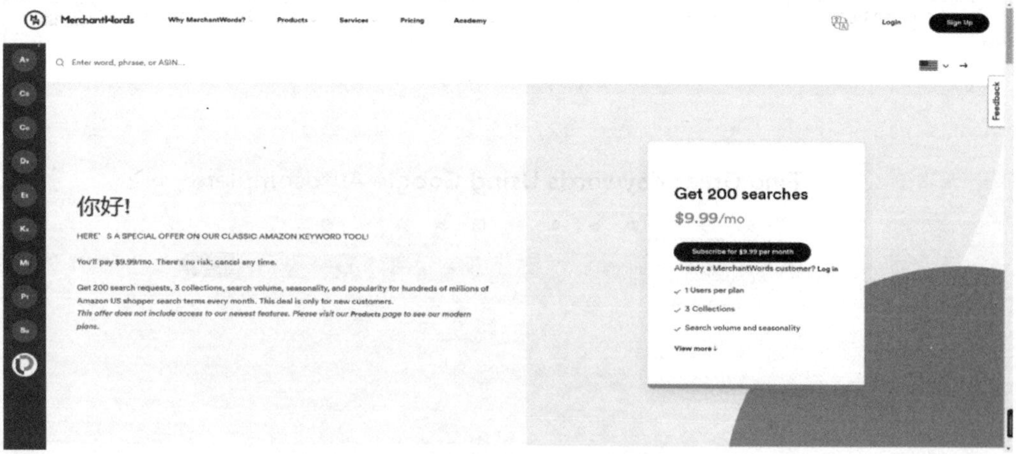

图 3－15 MerchantWords 网站页面

（二）Sonar

Sonar 是可以帮助跨境电商卖家快速反查同行或竞争对手的推广关键词的工具网站。Sonar 网站后台能不断更新亚马逊“产品 / 关键字”组合以及关键字工具的数据库。但是 Sonar 网站仅包含以 ASIN 为单位在亚马逊网站搜索结果第一页上排名的关键字。如果产品相对较新或排名不高，Sonar 网站则不会收录。关键字数据库包含已输入亚马逊的所有产品类别的客户搜索记录（未考虑其他来源，如 Google）。Sonar 网站页面如图 3－16 所示。

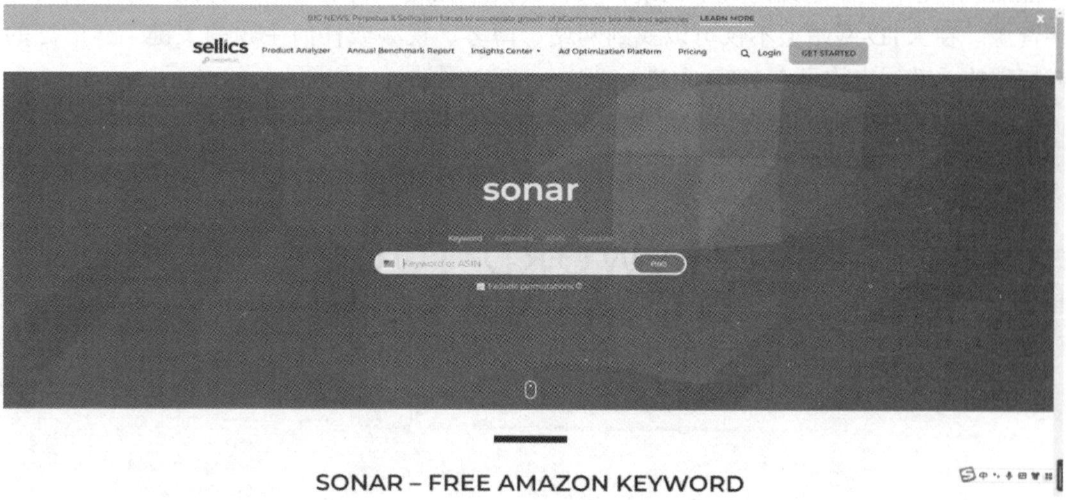

图 3－16 Sonar 网站页面

（三）Keyword Tool

Keyword Tool 是一款操作简单、方便快捷的关键字规划工具。它凭借多语言支持、详细数据分析、平台兼容性以及高级功能等优势，在 SEO 和在线营销领域取得了广泛应用。无论是个人博客、中小企业还是大型跨国公司，都可以通过 Keyword Tool 来提升自己的在线竞争力和市场影响力。Keyword Tool 网站页面如图 3－17 所示。

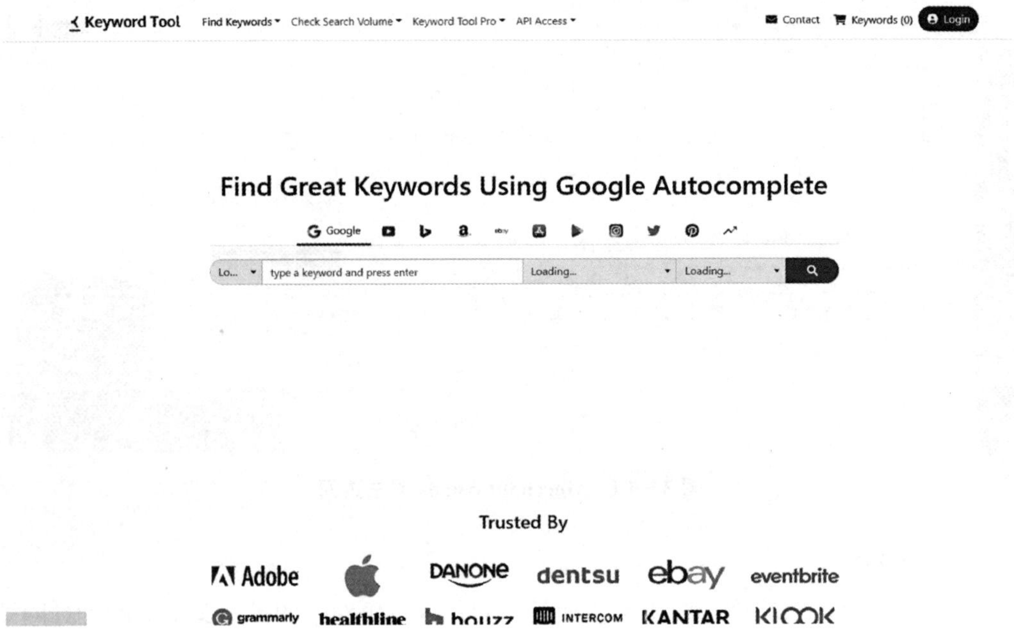

图 3－17　Keyword Tool 网站页面

（四）Keyword Tool Dominator

Keyword Tool Dominator（KTD）覆盖 Google、YouTube、亚马逊、Etsy、eBay、Walmart 等几个主流网站的大量词组，从各类大型在线平台实时访问并抓取最新的关键字资源。在 KTD 网站上不仅可以找到网站、博客、视频或任何主题的关键字，广泛的或特殊的关键词也均可在 KTD 上进行搜索。KTD 网站页面如图 3－18 所示。

图 3－18　KTD 网站页面

三、自建站店铺运营辅助工具

（一）店小秘

店小秘是美云集网络科技有限公司旗下一款为全球电商卖家提供一站式服务的SaaS系统，深度连接了电商平台端、物流端和商家端；通过海量电商交易大数据，提供行业趋势、优质货源、资金供应和买家营销等多维度服务，为全球电商卖家保驾护航；最终连接全球上千万的电商卖家和制造工厂，让“买全球、卖全球”变得更简单。

截至2023年底，店小秘服务的全球用户已超过190万，并与全球70多家顶级电商平台、1 700多家优质物流商及130多家海外仓实现深度合作，年处理的订单交易金额超3 700亿元人民币。店小秘网站页面如图3－19所示。

图3－19 店小秘网站页面

（二）速易特

深圳市速易特科技有限公司创建于2009年，是一家专门从事电商ERP开发的软件公司。软件产品“SellingExpress”集成了亚马逊、eBay、Wish、Shopify等多个平台信息，能直接对接到店铺的ERP。速易特网站页面如图3－20所示。

（三）芒果店长

芒果店长可以一键抓取多平台产品进行铺货，寻求供应商，功能强大。2014年，芒果店长率先推出SaaS模式的跨境电商ERP平台，先后服务了超过50万名全球电商卖家。

平台与 20 余家顶级电商平台实现对接，支持 300 多家物流公司 API 接口，日处理订单超 500 万元人民币。芒果店长深度打通电商平台、物流仓储与商家，通过电商大数据和云技术，提供优质货源、物流对接、仓库管理以及智能化网店运营等多维度服务，旨在为中国电商卖家提供一站式网店运营管理服务。芒果店长网站页面如图 3－21 所示。

图 3－20　速易特网站页面

图 3－21　芒果店长网站页面

（四）马帮

马帮具有四个优势：（1）跨平台多店铺自动审单，可提升近 27% 的订单处理效率；（2）科学的采购计算方法可以提升近 57% 的库存周转率；（3）物流自动最低匹配，可节省近 13% 的物流成本；（4）跨平台多店铺一键搬家，提升近 39% 的上架效率。马帮网站页面如图 3－22 所示。

图 3－22　马帮网站页面

（五）通途

通途立足于 IT，服务于外贸行业。基于云服务的安全保障机制，通途站在“巨人的肩膀上”，为客户提供更好的产品与服务。在产品设计中，通途对平台账号、仓库、供应商等资源数据也做了相应的控制与保护，让权限管理更安全、严谨、细致。通途网站页面如图 3－23 所示。

图 3－23　通途网站页面

四、自建站的货源网站

（一）全球速卖通

全球速卖通网址为 https://sell.aliexpress.com。全球速卖通是阿里巴巴旗下的面向国际市场打造的跨境电商平台，被广大卖家称为“国际版淘宝”。全球速卖通面向海外买家客户，通过支付宝国际账户进行担保交易，并使用国际物流渠道运输发货，是全球第三大英文在线购物网站。全球速卖通本身就是一个跨境电商平台工具网站。全球速卖通上的产品种类多、价格低，非常适合直销模式的货源网站，选品拿货一件代发。全球速卖通网站页面如图 3-24 所示。

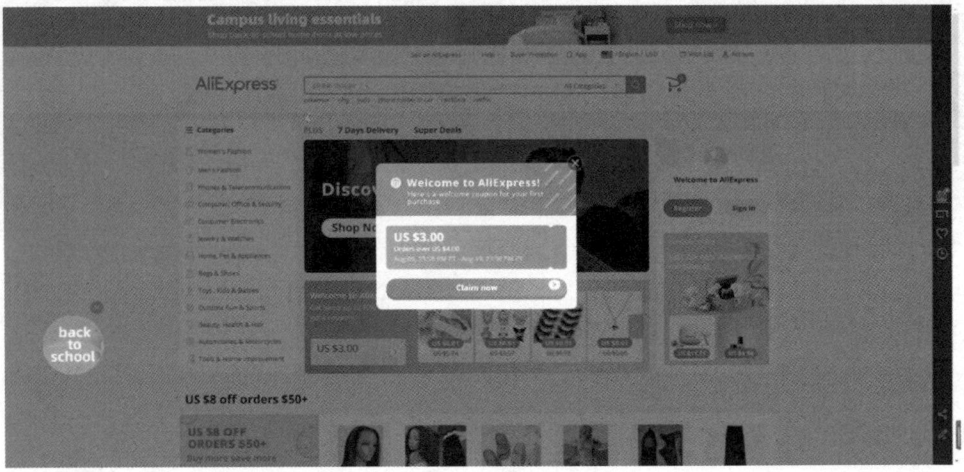

图 3-24　全球速卖通网站页面

（二）1688

1688 网址为 https://re.1688.com，与全球速卖通类似，1688 主要做集采和批发业务，面向的是 B 端客户，产品种类丰富，价格也比较低，适合大批量采购。1688 以批发和采购业务为核心，通过专业化运营，完善客户体验，全面优化企业电子商务的业务模式。1688 已覆盖原材料、工业品、服装服饰、家居百货、小商品等 16 个行业大类，提供从原料采购、生产加工到现货批发等一系列服务。1688 网站页面如图 3-25 所示。

（三）义乌购

义乌购网址为 http://www.yiwugo.com。义乌购是义乌小商品线上市场，把义乌小商品市场搬上网，线上线下对应，找货更方便。在义乌小商品市场的基础上，覆盖全国小商品产业的优质供应商，助力中小微企业开拓线上市场。义乌购是为小商品商家量身打造的，操作简单，通过智能流量分发机制可以大幅降低电商流量成本。义乌购的特点是：

（1）一手货源。服务产业链上游 200 万家中小微企业，背靠“全球最大小商品批发市场”，品质商品更低价。

（2）品类丰富。在线商品达 500 万种，涉及 26 个大类。

（3）交易有保障。360° 全景店铺及直播，线上线下一一对应，依托实体市场的诚信优势，让每一笔交易都有保障。

图 3－25　1688 网站页面

五、自建站营销推广渠道及工具

（一）自建站营销推广渠道

（1）以 Google AdWords 为代表的付费推广渠道：如 Facebook、YouTube、Instagram 等社交媒体账号的广告。

（2）邮件营销：免费电子邮件发送工具，每个月可以发送 12 000 封邮件。

（3）社交网络红人营销：在社交媒体与网络红人、账号大 V 合作，帮助店铺引流。

（4）Facebook 专业粉丝获取。网址为 https://decor.io，如图 3－26 所示。

图 3－26　decor 专业粉丝网站

（二）自建站营销推广工具

海外独立站建设的工具

1. Nicetranslator 小语种翻译

Nicetranslator 的网址为 https://nicetranslator.com，可以自动检测所需要翻译的语言，是一个快速便捷的在线翻译网站，如图 3－27 所示。

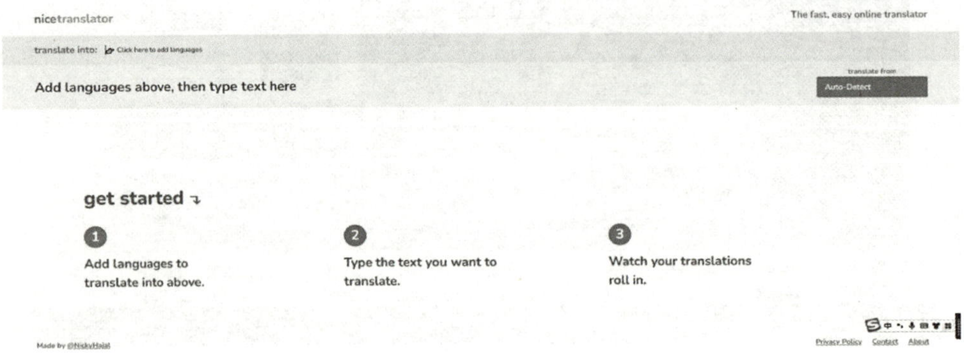

图 3－27　Nicetranslator 网站页面

2. Timeanddate

Timeanddate 网址为 https://www.timeanddate.com。面对不同的国家和地区的市场，可以针对目标地区受众的习惯、节日特性开展对应的营销活动，也可以在店铺常规运营阶段避开受众地区的节日禁忌等，还可以实时查询不同地区的时间和天气，如图 3－28 所示。

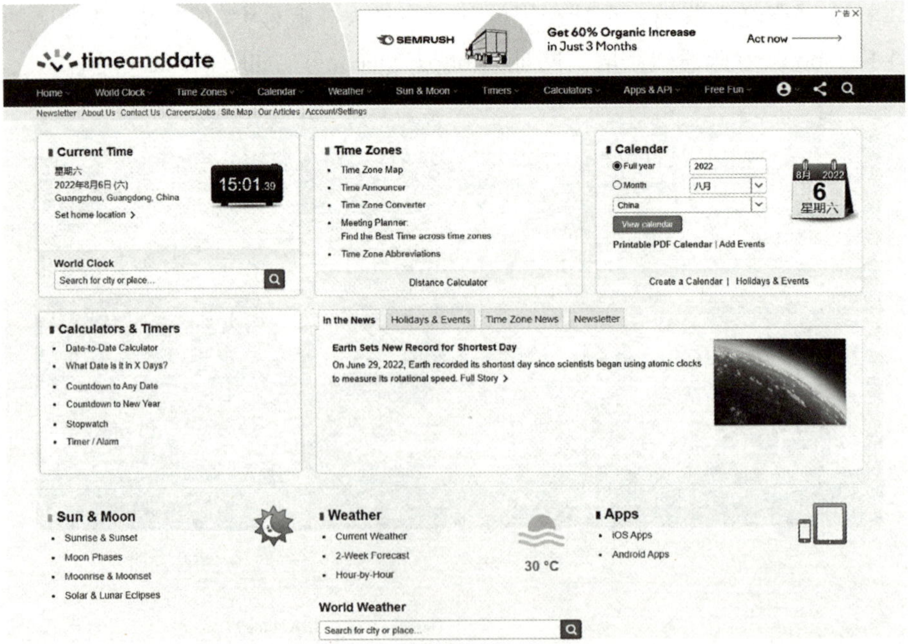

图 3－28　Timeanddate 网站页面

3. Shopify 自带工具

Shopify 有上百种精选电商主题模板，可以一键应用，卡片式操作，卖家无需技术和设计能力，便可以快速拥有一个既体现品牌调性且安全、稳定、高速的跨境电商自建站。Shopify 有丰富多元的应用市场、成熟完善的服务生态，提供选品供应、引流获客、物流履约、功能拓展、客户管理等多种工具与服务。其一站式工作台打通了 Facebook、Google 等海外主流营销平台，简洁易用的中文操作界面可以让卖家轻松管理商店运营的一切事务（见图 3－29）。

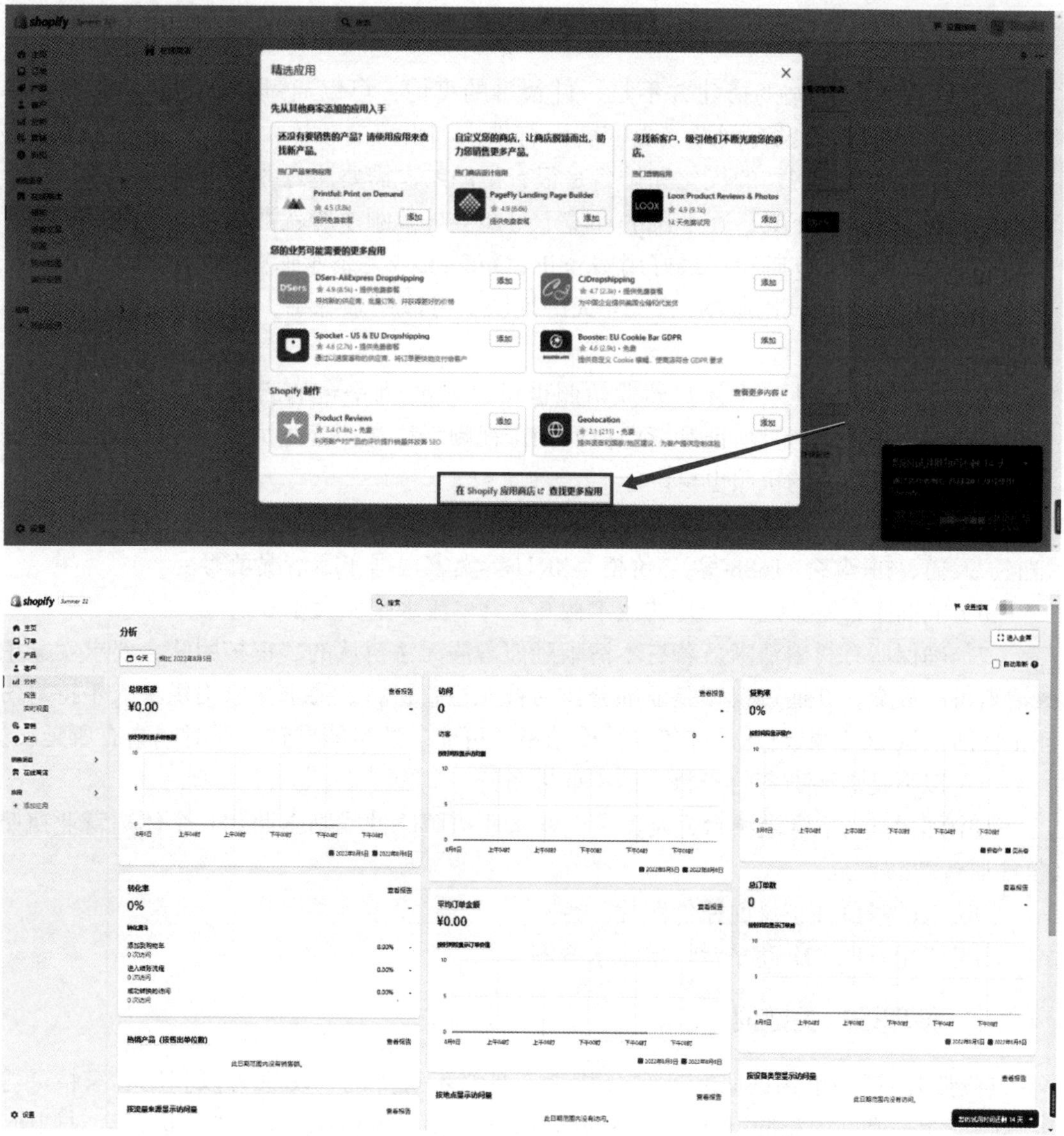

图 3－29　Shopify 精选电商主题模板

任务四　自建站推广的注意事项

一、做好前期规划

自建站建设前期如何进行营销推广？在思考这个问题之前，卖家需要明确自己的目标客户群、目标市场、计划推广渠道等，还要搞清楚何时开始寻找客户、找谁以及各阶段的目标等，这样才能够使自建站前期如何进行推广的思路变得更加清晰。

二、选好建设网站

在技术上，自建站的搭建并不是一件很难的事情，可以通过专业的建站平台来搭建，如 Shopify。如果没有网站，卖家就没有推广和引流的载体，并且自建站需要与谷歌网站兼容，这对于网站的优化和排名是很有帮助的。需要注意的事项是：

（1）要关闭上网工具，在上网的环境下可能会导致刚注册就被封号。

（2）尽量不用 QQ 邮箱，最好用 Gmail、Outlook 或者企业邮箱。

（3）刚开始可用试用版本，有 14 天的期限，可以用来练手，熟悉后台操作和基本设置。

（4）准备营业执照（个体户营业执照也可以）、电商平台的店铺链接、近 3 个月流水订单截图，法人手持身份证和营业执照拍摄视频。注意：营业执照对经营范围没有要求，水果店、奶茶店的执照也可以。

（5）店铺链接主营的近 3 个月的店铺链接（如 eBay、Wish、亚马逊、全球速卖通、淘宝、天猫、拼多多、1688 等）、价格、SKU 等卖家根据实际情况填写。

（6）电商平台链接近 3 个月的流水截图（订单流水金额大于 0）。

（7）确保所有材料清晰，若有不清晰疑似虚假无法辨认的，审核团队会要求卖家拍摄清晰再次提交，并通过视频验证部分作为补充检查材料，要求卖家提供法人手持身份证正反面拍摄 20 秒视频，并有随机抽检拍摄的可能。这可能导致注册时间会有所延长。

（8）以下是需要准备的资料，请提前准备好：

①中国大陆（不含港澳台）或香港企业营业执照原件或副本照片，个体户营业执照（仅注册台湾站点）。

②法人的身份证正反面原件照片。

③近 3 个月线上电商平台订单流水截图。

三、整理推广关键词

自建站前期的市场调研和产品分析工作是必不可少的，卖家可以利用卖家精灵等工具收集亚马逊站内相同行业、产品的信息，或利用 ShopiStores 等工具进行竞对调研，如图 3－30 所示。

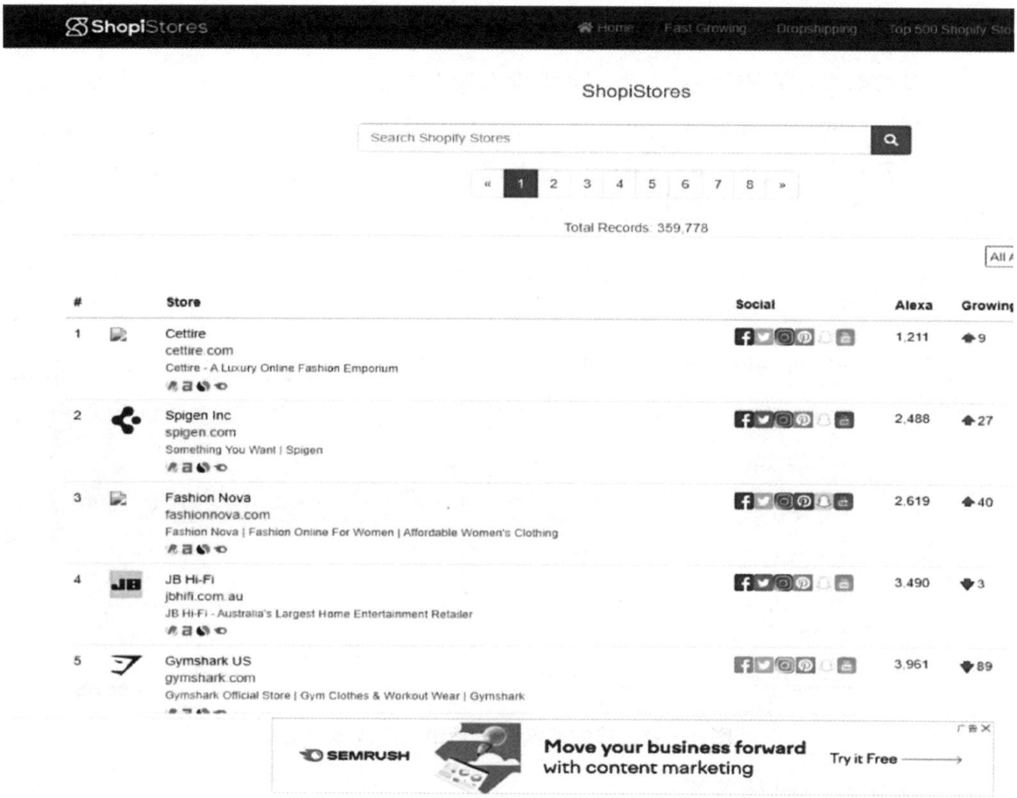

图 3－30　ShopiStores 工具页面

建站早期需要收集和整理自建站的关键词，确保关键词的准确性、搜索量、优化难度和竞争力等。营销关键词的获取一方面是利用 Facebook 等社交媒体及亚马逊等第三方平台搜索相关产品词汇；另一方面可以利用 Semruch、Ahref、Moz、Google KeyWords 等工具进行关键词收集分析。自建站的关键词抽取如图 3－31 所示。

图 3－31　自建站的关键词抽取

四、核算营销推广成本

谷歌搜索引擎用户点击不收费，因此成本相对较低，但是效果也不会快速显现。如果不想花费太多的时间和成本，可以找专业的优化人员或优化公司。自建站卖家如果想快速获得排名并看到效果，可以考虑付费渠道。例如，谷歌竞价方式，可帮助自建站卖家快速获得谷歌主页排名，如图 3－32 所示。

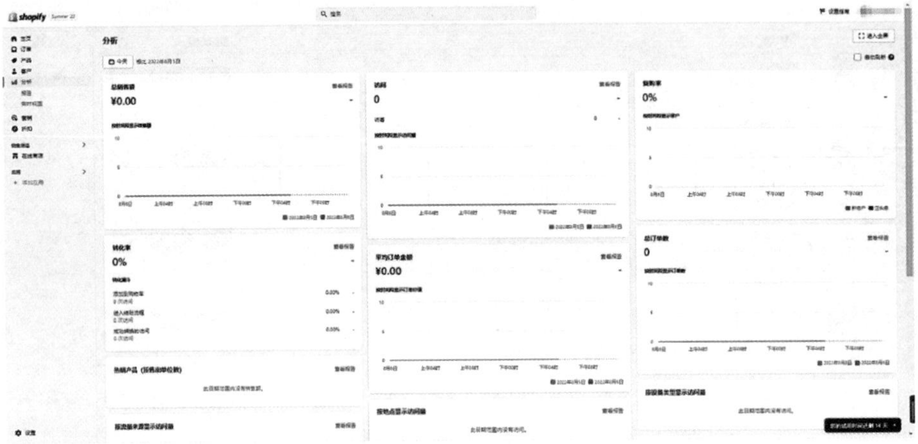

图 3－32　谷歌搜索引擎营销推广成本页面

五、运用社交媒体营销

对于跨境电商来说，有效利用海外社交媒体营销是非常主流的方式，如 Facebook、Instagram、TikTok、YouTube、X 等渠道，可以借助海外社交媒体注册个人和企业账户来进行宣传和引流，如图 3－33 所示。

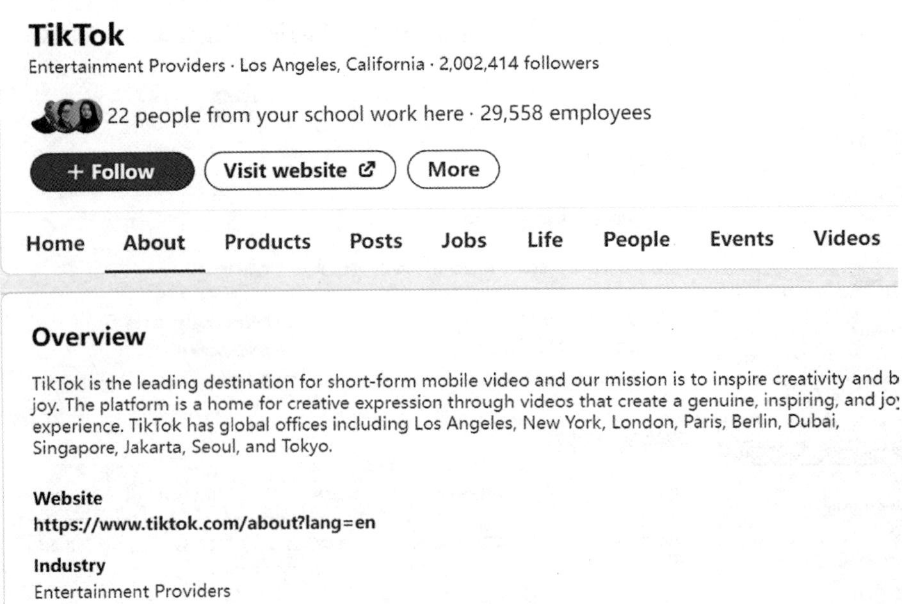

图 3－33　TikTok 营销渠道

TikTok 营销经验
之小视频营销

知识巩固

一、选择题

（一）单选题

1. 以下不是自建站的优点的是（　　）。
   A. 可以积累私域流量，掌握客户数据，不受第三方平台限制
   B. 推广费用少，可以帮助企业节省推广成本
   C. 自由度高，不受平台政策限制，交易佣金成本低
   D. 在打造品牌、提升品牌附加值方面有天然优势
2. Shopify 作为当下最热门的建站平台，以下不是其特征的是（　　）。
   A. 更加简洁方便　　B. 提供搭建网店的技术和模板
   C. 有一种懒人运营模式 Dropshipping　　D. 不要建站费用
3. Shopify 入驻包括哪两种方式？（　　）
   A. 官网入驻和联盟平台链接通道入驻
   B. 招商经理绿色通道入驻和联盟平台链接通道入驻
   C. 官网入驻和招商经理绿色通道入驻
   D. 联盟平台链接通道入驻和其他通道
4. 以下不是 Shopify 自建站的支付方式的是（　　）。
   A. PayPal　　B. 西联汇款　　C. COD 货到付款　　D. 支付宝

（二）多选题

1. 跨境电商企业建设自建站的困境是（　　）。
   A. 前期没有流量扶持　　B. 需要多渠道引流
   B. 对团队要求较高　　D. 从搭建网站到运营引流都很难
2. 当前跨境电商企业自建站的主要类型有（　　）。
   A. 站群铺货类　　B. 企业联盟类　　C. 垂直精品类　　D. 品牌运营类
3. 自建站选品来源渠道有（　　）。
   A. 跨境电商平台选品　　B. 搜索引擎选品
   C. 工厂找产品　　D. 同行企业推荐

4. Shopify 自建站建站流程是（　　）。

A. 打开浏览器输入“https://zh.shopify.com”

B. 点击“开始免费试用”，注册成为 Shopify 会员

C. 设置 Shopify 会员登录密码，点击“注册开通”即可完成注册

D. 自动开通 14 天试用版网站，进入 Shopify 网站后台，根据开店向导提示搭建

5. 常见跨境电商自建站产品配送方式有（　　）。

A. EMS

B. DHL、TNT、UPS、FedEx

C. 香港邮政小包

D. 邮政小包

二、思考题

1. 跨境电商自建站平台建站流程是什么?
2. 海外自建站建设的主要工具有哪些?
3. 自建站店铺运营辅助工具有哪些?
4. 海外自建站推广有哪些注意事项?

项目实训

一、实践操作

1. 请以小组为单位，使用 Shopify 工具尝试建设一个简洁版的自建站。

2. 请分别从自建站选品工具、自建站关键词工具、自建站店铺运营辅助工具和自建站营销推广渠道中选取两种及以上工具建成组合，运用到“实践操作 1”自建站建设中。

二、创新与创业

作为跨境电商的负责人，在自建站选品时最好不要只选一个产品，这是因为要考虑哪些层面的问题?

素养提升

营销是跨境电商企业获得成功的重要武器，在本项目所采取的营销模式中，需要遵守哪些商业伦理?

项目四

搜索引擎营销

知识目标

1. 理解跨境电商搜索引擎营销的概念
2. 熟悉 Google AdWords 广告平台的运作机制、规则
3. 掌握搜索引擎营销的具体操作方法

技能目标

1. 能够区分不同跨境电商搜索引擎营销的区别
2. 能够制作跨境电商搜索引擎营销操作的思维导图

素养目标

1. 注意并遵守跨境电商营销推广过程中的国际惯例
2. 注意跨境电商营销推广过程中的形象、语言以及货物本身等需要遵守的道德、法律、思想等方面的规范
3. 尊重推广过程中推广受众的禁忌和敏感点

知识导图

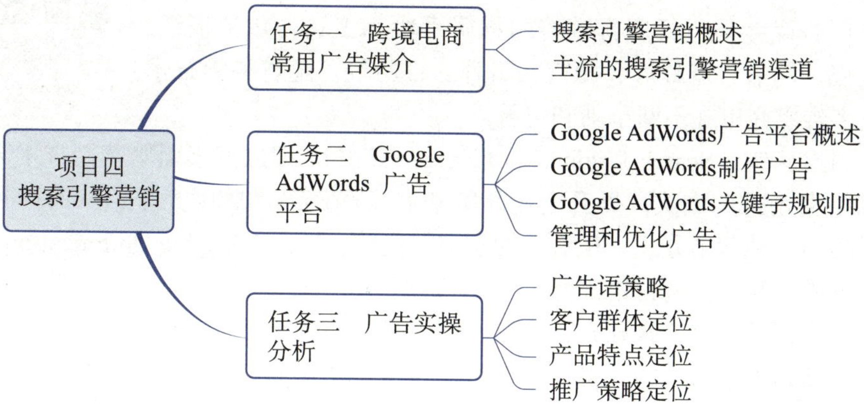

项目导入

M 公司作为一家全国领先的在线广告技术与服务提供商，归纳了现阶段电子商务企业营销过程中遇到的六大瓶颈：搜索营销的竞争程度只增不减；广告转化率低下，无法全程跟踪订单；转化效果无法精细化监控，不够精确及实时；跨平台多账户大量关键词的管理效能低；用户留存率低，二次购买分析不精准；营销前端及运营后台系统无法实时打通对接。

为了提升企业搜索引擎营销的利用效率，需要把搜索广告、展示 & 社交广告、移动广告等广告营销在内的多渠道营销策略、营销分析与营销优化及后端系统打通，实现一站式营销优化，全面提升搜索引擎营销的组合效益、效率、效能。

为此，M 公司自主研发了“在线广告效果分析平台 TopBox（智投分析）”及“SEM 智能竞价投放平台 TopSem（竞价易）”。国内某大型在线酒店预订网站，利用 TopBox 及 TopSem 的全程系统优化，针对“转化路径剖析”“全程订单跟踪”“用户行为分析”3 个环节在该网站全程精准营销过程中发挥重要作用。该酒店在同等的广告投入下，3 个月时间内订单的转化率提升了 40%，为该网站每个月节省了近百万元的广告预算。

M 公司的 TopBox 及 TopSem 两套系统将电商企业的营销前端及运营后台打通，将广告管理系统、用户行为分析系统、订单系统、CRM 系统、进销存系统，甚至供应链系统进行一站式无缝对接。

思考：请同学们讨论一下跨境电商企业如何利用 SEM 进行推广和引流。

任务一　跨境电商常用广告媒介

一、搜索引擎营销概述

（一）搜索引擎营销的含义

SEM 介绍

广告营销是指企业通过广告对产品展开宣传推广，促成消费者下单购买，扩大产品的销售，提高企业的知名度、美誉度和影响力的活动。广告媒介是进行广告宣传的物质手段和工具，包括报纸、杂志、电视、广播、霓虹灯、橱窗、路牌、日历等。随着科学技术的发展，广告媒介也在不断革新和更替。

搜索引擎营销（Search Engine Marketing，SEM），即以搜索引擎营销技术为主，融合各种网络营销推广方式，提升企业品牌知名度和产品品牌曝光率，从而达到增加销售收入目的的一种营销方式。相对于搜索引擎优化（Search Engine Optimization，SEO），搜索引擎营销更侧重付费营销部分。

搜索引擎营销就是广告媒介，其核心逻辑是：在各类搜索引擎中，通过投放广告来推广产品。搜索引擎营销的优势在于快捷、精准、覆盖面广、流量大，容易在短时间产生大量订单，不足之处在于主流搜索引擎营销平台竞价激烈，推广成本高。

学中做

请同学们思考搜索引擎营销和搜索引擎优化的区别有哪些?

(二)搜索引擎营销的几个重要概念

1. 点击量

点击量(Click)是考核搜索引擎营销效果的最核心指标,它表示企业在搜索引擎或相关联的网络上投放的广告到底给企业带来了多少流量。点击是需要花费成本的,这决定了企业为每个流量付出的成本。考核点击成本是否合理主要通过两方面:一是出价是否符合行业的平均水平及企业搜索引擎营销账户的水平;二是关键字的选择是否合理,不同的词条有不同的标准,通过竞价排名选择通用高频词,相应的成本自然攀升。

2. 转化率

转化率(Click Value Rate,CVR)是指用户点击广告而到达目标页面并有效注册或者购买商品的转化比率。转化率可以用公式表示:

转化率 =(转化数量 / 点击数量)× 100%

3. 页面浏览量与独立访问者

页面浏览量(Page View,PV)是指一个网站页面被浏览的次数。通常情况下,一次刷新被计数一次,因此无法单独用页面浏览量来衡量一个网页的浏览量高低,但浏览量高的网页,其页面浏览量值通常也较高。

独立访问者(Unique Visitor,UV)是指访问某个站点或点击某个网页的不同 IP 地址的人数,一台电脑客户端被定义为一个访客,而且在 00:00—24:00 内相同的客户端只被计算一次。

4. 投资回报率

投资回报率(Return On Investment,ROI)是指投入与产出的比值,用于衡量在搜索引擎营销上花费了多少广告费,带来了多少直接销售额。其计算公式为:

投资回报率 = 销售额 / 花费 × 100%

其中,销售额 = 独立访问者 × 转化率 × 客单价。通常情况下,若商品销售毛利润率为 25%,投资回报率的值要大于 4,该广告投放才有意义,否则为不赚钱的交易。

5. CPC、CPM、CPS

搜索引擎营销是付费营销,付费有很多种模式,最主要的有以下三种:

CPC(Cost Per Click),意思是按点击付费,用户点击一次付一次费用,这是搜索引擎营销中最常见的形式。

CPM(Cost Per Mille),意思是按千次展示量进行付费。广告主的某个广告在目标网页上每展示一千次,需要向广告位提供商支付的价格。

CPS(Cost Per Sales),意思是按实际销售额来换算广告付费金额,相当于广告费不用提前支付,有了实际销售后再按照约定的提成比例结算。

二、主流的搜索引擎营销渠道

当前跨境电商搜索引擎营销渠道有多个,如 Google、Facebook、Bing、Yahoo、

Yandex 等全球顶级搜索引擎平台。每个平台有多种类型的广告形式，主要有搜索广告、视频广告、购物广告、展示广告，不同的广告类型的计费方式也各有差异（见图 4-1 及表 4-1）。

主流的 SEM 渠道

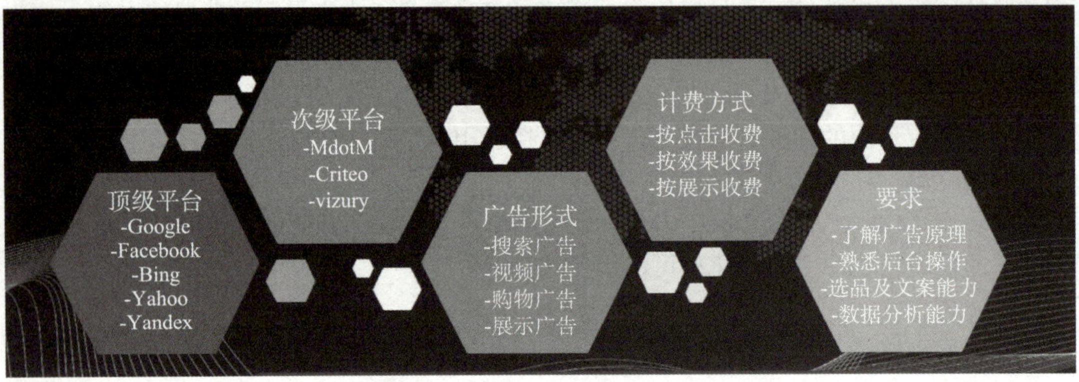

图 4-1　搜索引擎营销渠道介绍

表 4-1　广告渠道和主要的广告形式

已有渠道	广告形式	主要市场	媒介（广告显示在什么地方）
Google AdWords	搜索	全球	Google 搜索和搜索网络合作伙伴
	展示		由合作伙伴网站组成的 Google 广告网络
	购物		Google 购物、Google 搜索和搜索网络合作伙伴
	App 下载		搜索、展示和 YouTube 广告网络
	视频		YouTube 广告网络
Bing	搜索	美国	bing.com
Yahoo		日本	yahoo.com
Yandex		俄罗斯	yandex.com
Facebook	展示、视频	全球	facebook.com

（一）Google

谷歌公司（Google Inc.）创立于 1998 年 9 月 4 日，其运营着目前全球最大的搜索引擎平台。这家位于美国的跨国科技企业，业务包括互联网搜索、云计算、广告技术等，同时开发并提供大量基于互联网的产品与服务，主要利润来自 AdWords 等广告服务。

（二）Bing

Bing 是一款由微软公司推出，用以取代 Live Search 的搜索引擎，中文名称翻译为

“必应”，寓意“有求必应”。与传统搜索引擎只单独列出一个搜索列表不同，Bing 搜索引擎还会对搜索返回的结果进行分类。

（三）Yandex

Yandex 是俄罗斯重要的门户网站之一，提供包括搜索、新闻、地图、百科、电子邮件、电子商务、互联网广告等服务。Yandex 搜索引擎因掌握了大量复杂的俄语语法而深受俄罗斯人喜爱，其市场份额已远超俄罗斯谷歌。同时，Yandex 也是欧洲第二大流行的搜索引擎。

（四）Yahoo

Yahoo 是全球第一家提供互联网导航服务的网站，是美国著名的门户网站，其服务包括搜索引擎、电子邮件、新闻等。Yahoo 是最老的“分类目录”搜索数据库，也是最重要的搜索服务网站之一。从网站全球的用户分布看，虽然市场占有率不如之前，但是雅虎搜索仍然是美国第三大流行的网络搜索引擎，在日本市场更是能与谷歌分庭抗礼，占据很大的市场。

学中做

请在上述四种不同的搜索引擎中输入一个相同的商品关键词，仔细分析不同搜索引擎出现的搜索结果，比较各种搜索引擎的特点。

任务二 Google AdWords 广告平台

一、Google AdWords 广告平台概述

互联网的应用主要有三大块：资讯、娱乐、商务。而除了被动地从门户网站获取资讯或接受推送外，大多数人已经知道可以通过搜索引擎来获取自己想要的信息。因此，搜索引擎的“关键字”愈发重要。通过关键字搜索得到的结果可以分为自然搜索结果和关键字广告两个部分。关键字广告通常会被标注为“赞助商链接”。广告主可以根据设定的关键字发布相应的广告，这就是 Google AdWords 的基本原理。

Google AdWords 介绍

Google AdWords 是搜索引擎营销的基本平台，它通过使用 Google 关键字广告或 Google 全球内容联盟网络来为广告主提供广告推广，广告形式可以是文字、图片、视频等多种形式。本任务将以 Google AdWords 为例说明如何进行搜索引擎营销，包括 Google AdWords 的优势、Google AdWords 的组织方式、Google AdWords 的费用计算方式、Google 搜索广告、Google 展示广告、Google 视频广告、Google 购物广告。

（一）Google AdWords 的优势

Google AdWords 具有五大优势：（1）可以根据不同营销目标定制广告；（2）精确

定位目标受众群体；（3）只按效果付费；（4）轻松衡量广告效果；（5）跨平台投放广告。这五大优势让 Google AdWords 成为全球流行的广告投放平台。

（二）Google AdWords 的组织方式

在 Google Adwords 平台投放广告前首先需要注册 Google AdWords 账号。在注册账号之前，最好先注册一个 Gmail 邮箱。Gmail 是 Google 的免费网络邮件服务，是一款直观、高效、实用的电子邮件应用，免费提供 15GB 存储空间，垃圾邮件较少，而且支持移动端访问。当然也可以使用其他邮箱注册 Google AdWords 账号，但是用 Gmail 注册相对会方便很多（见图 4－2）。

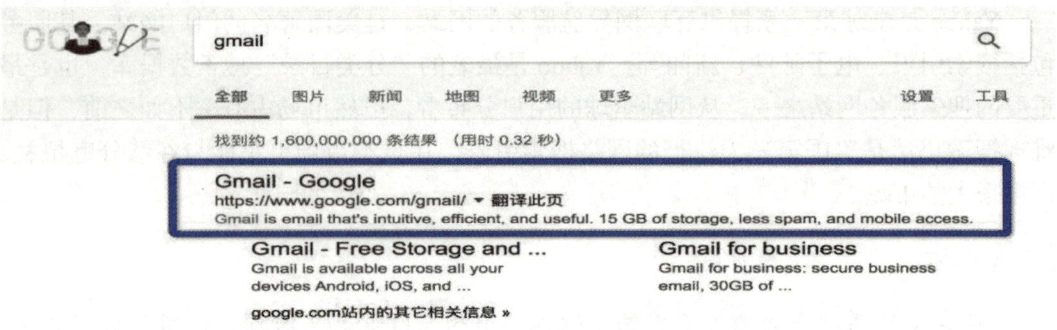

图 4－2　注册 Gmail 邮箱

在 Google 中通过搜索进入 Google AdWords 页面后，点击“立即试用”进入注册页面。注册 Google AdWords 账号与在其他网站上注册账号不太一样，通常只需要填写用户名、密码、必要的个人信息就可完成。注册 Google AdWords 账号首先要选择注册者的语言和地区，即可初步制作自己的第一个关键字广告，如图 4－3、图 4－4 所示。

图 4－3　找到 Google AdWords

图 4－4 注册 Google AdWords 账号

1. 首个广告系列

在输入电子邮件地址和想要推广的目标网站地址后，可进入后台“您的首个广告系列”的登记页面。Google 提示：“一个广告系列应专注于宣传一个主题或一组产品。要制作广告系列，需要设置预算、选择受众群体并撰写广告。请注意，不会向您收取选择选项的费用，您以后也可以随时对所做的选择进行更改。”如果在第一次设置时出现错误，在正式使用的时候还可以再做调整，有些项目可以直接默认为设置选择。

2. 预算与出价

“预算”是指广告主打算每天在 Google 推广上花多少钱，“出价”是指广告主愿意为广告所获得的每次点击支付的最高费用。这里设置有两种选择：一是让 AdWords 自动设置出价，二是人工设置。点击次数多并不代表回报就会更高，也就是说花钱多并不代表投资回报率会高，需要多次尝试和调整去找到最合适的关键字以及最合适的出价。Google 推荐系统自动出价，用以帮助用户在预算范围内争取尽可能多的点击，在没有摸清关键词出价门道之前，这是个不错的选择，系统会根据市场出价总体情况及时调整出价。

3. 选择关键字

关键字，顾名思义就是一个句子中的关键内容。客户一旦搜索到这些关键字，即可关联到相应的广告，这是关键字广告制作和管理中最重要的一环。因此在正式投放关键字广告之前，必须深入调研确定广告的核心关键字。Google 后台会推荐一批关键词供客户参考，客户可根据广告主自身的实际情况决定是否采用。

4. 撰写广告

第一项是着陆页。“着陆页”是指希望客户在点击广告后到达的指定网址。这是广告推广的目的指向。然后需要填写两个标题，这是呈现在搜索结果上的重要标题。第一个标题相当于主题广告语；第二个标题相当于副标题，这个需要慎重构思，尽量有吸引力。由于 Google 有字符数限制，因此标题还必须简短。最后是填写广告语，尽量按照 Google 提示来制作：使用清晰明确的号召性用语，至少包含一个关键字，每个单词的首字母大写，包含具体价格或促销优惠。

5. 完成注册

填写用来支付广告费用的银行账号信息后才能完成注册。在没有正式发布广告产生费用之前，Google 不会收取任何费用。注册完成后商家可以通过 Google 商家后台进行操作，在我的账户—广告系列—广告组进行广告投放，如图 4－5 所示。

图 4－5　Google 商家后台

商家在进行广告投放时，关键词的选取非常重要，会影响广告投放人群和广告效果，建议用广告组的形式进行投放，如表 4－2 所示。

表 4－2　广告组与关键词

广告组 1：甜品	广告组 2：饮料	广告组 3：零食
杯型蛋糕	苏打水	马铃薯薯片
南瓜饼	咖啡	皮塔薯片
苹果派	冰咖啡	牛肉干
巧克力蛋糕	冰茶	咸花生
冰激凌	气泡水	混合坚果
饼干	橘子汁	米饼

学中做

请按照上述步骤，自己尝试注册一个 Google AdWords 账号。

（三）Google AdWords 的费用计算方式

Google AdWords 的费用计算方式主要包括三种，即关注广告获得的点击次数、关

AdWords 的计费方式

注广告获得的可见展示次数和关注广告获得的转化次数，区别如下：

（1）关注广告获得的点击次数。这种出价策略被称为 CPC 出价。如果商家希望为网站吸引流量，建议选用 CPC 出价方式。

（2）关注广告获得的可见展示次数（即广告在可见位置上展示的次数）。这种出价策略被称为 CPM 出价。如果商家希望提高自己的品牌知名度，建议选用 CPM 出价方式。请注意：CPM 出价方式仅适用于投放到展示广告网络的广告系列。

（3）关注广告获得的转化次数（即用户点击广告之后在网站上执行特定的操作）。这种出价策略被称为每次转化费用出价。如果是经验丰富的 AdWords 广告客户对转化（如购买或注册）感兴趣，建议选用每次转化费用出价方式。

知识拓展

下面以 Google Adwords 中关注广告获得的点击次数竞价方式来具体学习一下 CPC 竞价如何收取费用。

如果使用每次点击费用出价策略，AdWords 针对每次点击收取的费用一定程度上取决于账户中设置的每次点击费用的最高出价。该金额表示愿意为一次广告点击支付的最高金额（除非设置了出价调整，或启用了智能点击付费）。事实上，需要支付的最高费用是保持广告排名以及广告所展示的任何广告格式所需的最低费用（包括可能适用于展示广告网络的广告系列的任何服务费）。因此，需要支付的金额通常低于最高出价，而最后实际支付的金额称为实际每次点击费用。

通常认为：假设为广告设置的每次点击费用的最高出价是 1 元，如果用户点击广告，需要支付的最高费用就是 1 元。然而在 Google AdWords 平台会有所差异，谷歌 CPC 竞价系统的规则为：同一个广告位，实际支付的广告费为第二名的 CPC 出价 + 0.01。假设一个关键词出价为 5 元，两个同行公司出价分别为 A 公司 3 元、C 公司 2 元，此时获得展示和点击，但是实际需要支付的每次点击费用并不是 5 元，而是 3.01 元。

（四）谷歌搜索广告

谷歌搜索广告

谷歌搜索广告主要包括搜索广告的工作原理、搜索广告在 Google 上的展示位置、关键词抽取逻辑这三个方面。

1. 搜索广告的工作原理

在搜索广告中，谷歌根据用户搜索的字词或词组来与搜索结果页进行匹配。例如：如果用户在 Google 上搜索“家庭管道维修”，就可能会看到使用该词组作为关键字相匹配的广告。

2. 搜索广告在 Google 上的展示位置

“搜索网络”广告系列通常致力于促使用户采取行动。例如：点击广告或致电商家。此类广告系列会向那些主动搜索信息的用户展示广告。若用户有意寻找与之类似的产品或服务的信息，用户就会认为出现的广告是非常有用的，因此更有意愿点击该广告。

3. 关键词抽取逻辑

对搜索广告而言，关键词多多益善，能想到的关键词都可以添加到广告组中进行测试，但是需要设置好关键词的匹配类型和出价，并通过长期打理，排除掉不相关的关键词，将表现好的关键词提高出价，进而获得更多曝光量。

关键词一般分为大词和精准词，大词就是产品类型的产品词，精准词就是有多个修饰语的长尾词或者精确到品牌型号的词。以手机品类为例，phone、5G phone 就是大词，elephone p9000 lite、where to buy cheap phone 等就是精准词。

大词的流量大，但是精准度不高，客户的购买意愿不强烈，花费多，但转化率低，因此需要控制出价；精准词精准，比起大词更容易带来转化，但是流量小出价相对较高。关键词的抽取逻辑总体来说就是最大可能地发掘精准词。搜索关键词展示如图 4－6 所示。

图 4－6　搜索关键词展示

学中做

如果是生产手机壳的厂商，所生产的手机壳包含华为、苹果、小米三个品牌，请尝试根据产品列出相应的大词和精准词。

（五）谷歌展示广告

谷歌展示广告的主要内容包含展示广告的工作原理、展示广告的展示位置、展示广告网络定位方式、展示广告创建演示这四个部分。下面主要介绍前三个部分。

谷歌展示广告

1. 展示广告的工作原理

谷歌展示广告旨在帮助商家找到合适的受众群体，其能在恰当的位置和时机向潜在客户展示广告信息。以下一些示例说明了如何使用展示广告的定位功能：

（1）利用受众群体寻找新客户或吸引现有客户。商家借助类似受众群体和有具体兴趣的受众群体，可以定位到最有可能对产品感兴趣的用户，从而找到新的潜在客户。同时，商家还可以利用再营销列表等数据来吸引之前访问过网站的用户。

（2）利用自动定位功能促成更多转化。自动定位功能可根据现有的受众群体和着陆页找出效果突出的受众群体，从而帮助商家获得更多转化。在经过一段时间的自动转化后，AdWords 可以了解哪些受众群体适合该网站。自动出价功能可自动调整广告的关键词出价，帮助商家实现投资回报率目标。智能型展示广告系列能够综合运用自动定位功能、自动出价功能以及广告素材的最大优势，最大限度地提高产品在 AdWords 上获得的转化次数。

2. 展示广告的展示位置

在网盟的网站、移动应用和视频内容中展示广告位置，如图 4－7 所示。

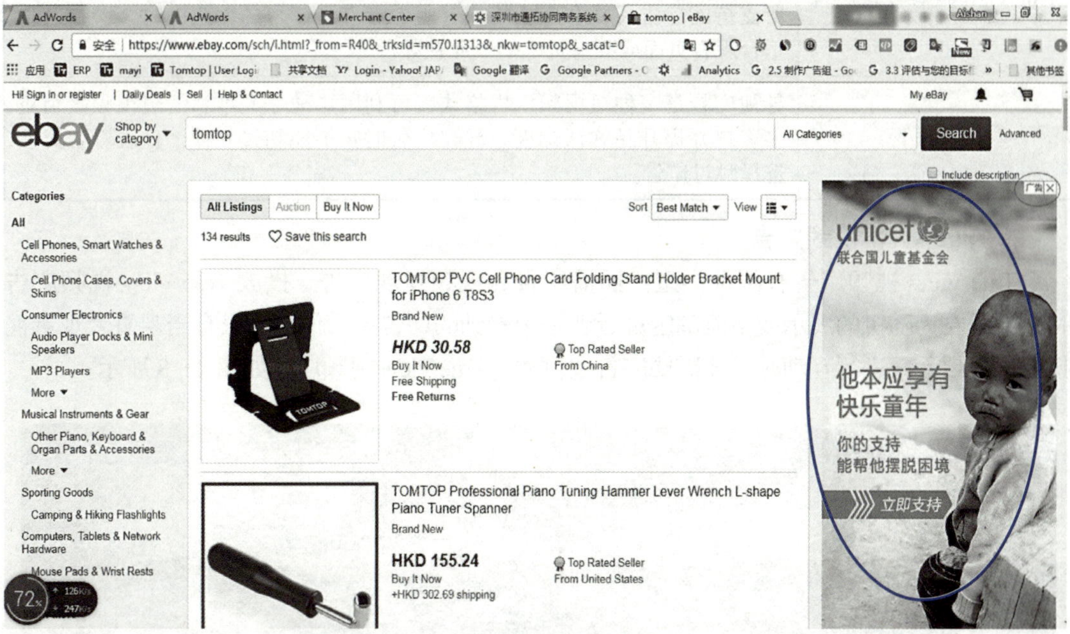

图 4－7 展示广告位置网页

3. 展示广告网络定位方式

展示广告网络定位方式包括：关键字定位、主题定位、展示位置定位、受众群体定位、地理位置定位、语言定位和设备定位。

例如：假设销售节日服装，可以加入关键字“购买节日服装”，将主题设为“爱好与休闲 > 特殊场合 > 假日与时令活动”，然后将图片广告定位至 iPhone 或 Android 设备。当用户使用手机访问包含有关购买节日服装信息的展示广告网络中的网站或者访问万圣节或狂欢节的相关网页时，节日服装的图片广告就可能会出现。

谷歌视频广告

（六）谷歌视频广告

1. 视频广告的工作原理及展示位置

谷歌现有的视频广告格式包括 True View 视频广告（包括 True

View 插播广告、True View 视频发现广告）和导视广告（见表 4－3）。

表 4－3　谷歌现有的视频广告的三种广告类型

广告格式	展示方式
True View 插播广告	可以在其他平台的视频播放前、播放中或播放后投放，也可以在整个展示广告网络的网站、游戏或应用中投放。此类广告还可以在嵌入其他网站的视频中投放。视频播放 5 秒后，观看者可以选择跳过广告。该广告形式类似于国内盛行的优酷推荐。
True View 视频发现广告	只会在用户寻找特定内容时在其他平台上展示，从而吸引用户与广告互动。True View 视频发现广告的外观会有所不同，具体取决于内容发布商所支持的广告尺寸和广告格式。观看者点击广告的缩略图时，会在其他平台观看页面或频道页上播放此视频。
导视广告	导视广告是一种短视频广告格式，可利用这种令人难忘的短视频吸引更多客户并提升品牌认知度。导视广告时长不能超过 6 秒，且观看者无法选择跳过广告。

2. True View 视频广告

True View 视频广告有两种类型：插播广告和视频发现广告。投放 True View 视频广告时，不需要为随机的展示或不能确定观看者是否看到的广告展示付费。只有当观看者观看视频或与视频元素进行互动时，才需要广告主付费。True View 视频广告如图 4－8 所示。

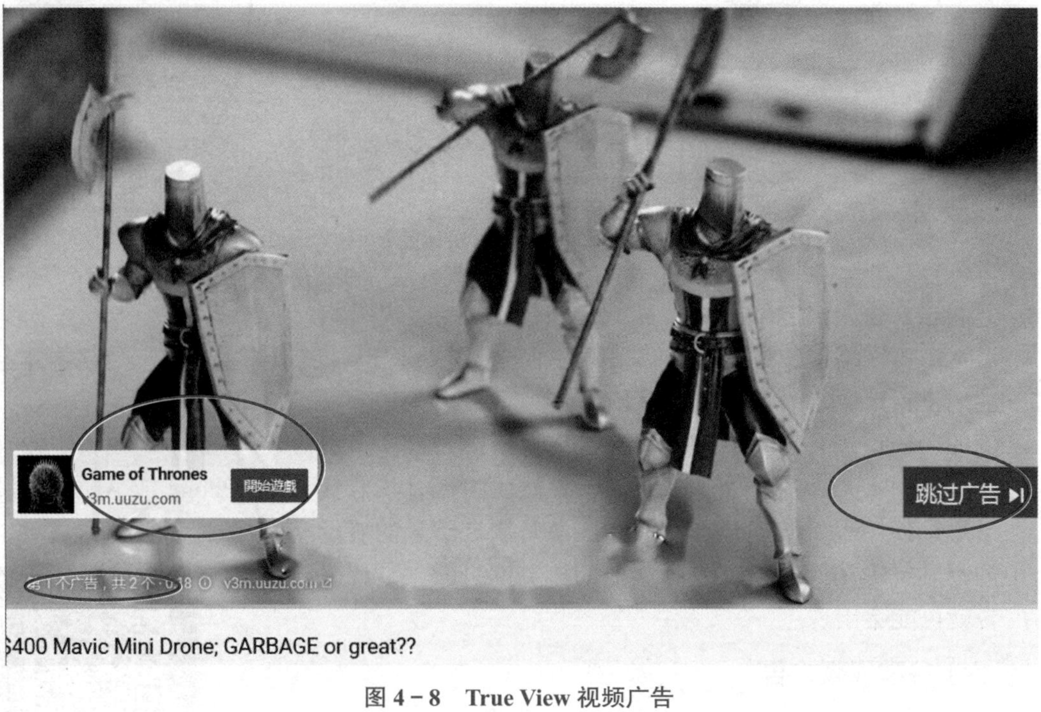

图 4－8　True View 视频广告

True View 视频广告是一种双赢的广告方式。观看者可以观看他们感兴趣的视频，商家也可以从感兴趣的受众群体那里获得更多推广次数。商家可以自行选择希望为每次观看支付的费用，因此能够以适当的价格吸引到理想的受众群体。与每千次展示费用的付费方式不同，True View 视频广告并非每次广告展示都需要付费。

True View 视频广告是一种灵活自由的广告方式，可以投放时长超过 30 秒的视频广告，以便测试不同的广告格式；也可以投放较长的产品演示、客户赞誉或演示产品使用方法的视频指南。

（1）True View 插播广告。

应该在什么情况下使用 True View 插播广告？当想在其他 YouTube 视频前以及整个 Google 展示广告网络中宣传视频内容时，可以使用此广告形式。

True View 插播广告的工作原理是：视频广告可在其他视频的播放前、播放中或播放后播放广告。广告播放 5 秒之后，观看者可以选择跳过广告。

True View 插播广告可以在 YouTube 的观看页面以及展示广告网络中的视频合作伙伴网站和应用中展示。

当观看者观看的视频达 30 秒（如果视频时长不足 30 秒，则为视频时长）或与视频进行互动时，商家才需要付费。

（2）True View 视频发现广告。

True View 视频发现广告如图 4－9 所示。

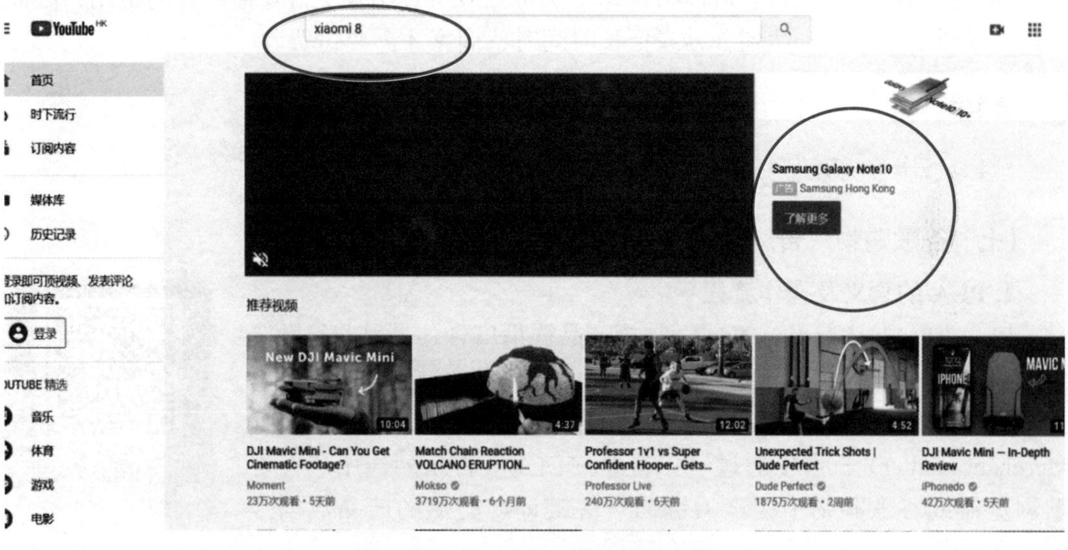

图 4－9 True View 视频发现广告

（1）True View 视频发现广告的使用背景：可以利用此格式在相关网站视频的旁边、网站搜索结果中或是在移动版网站首页上的视频发现 TrueView 广告的位置展示。

（2）True View 视频发现广告的工作原理：广告由来自视频的一张缩略图和一些文字组成。虽然展示位置不同，广告的确切尺寸和外观可能会有所变化，不过视频发现广告总是吸引人们点击观看。然后，视频会在网站观看页面或频道页面上播放。

（3）True View 视频发现广告的展示位置：在网站搜索结果中、在相关网站视频旁边、在移动版网站的首页上。

（4）True View 视频发现广告系统的收费。只有观看者通过点击缩略图选择观看广告时，商家才需要付费。

（5）视频发现广告的适用范围：提升品牌认知度和覆盖面、提升产品和品牌中意度，这类广告通常可以不用制作成系列广告。

3. 外播广告

外播广告是专门面向移动设备（手机和平板电脑设备）的视频广告，可在合作伙伴网站上和应用内播放。

（1）外播广告的使用背景。外播广告是一种拓展视频广告在移动设备上的覆盖面的方式，可帮助商家吸引更多客户。

（2）外播广告的工作原理。外播广告在关闭声音的状态下开始播放。用户可以点按广告取消静音。只有当一半以上的广告幅面在屏幕空间上显示 2 秒或更长时间时，广告主才需要付费。

（3）外播广告展示位置。同一视频模板可以在纵向和全屏两种模式的移动设备展示位置上运行，包括移动网站、移动应用插页式广告、Feed 内广告和原生广告。外播广告是专门面向移动设备的广告，仅在 Google 展示广告的合作伙伴的网站和应用中展示。此广告格式尚未在 YouTube 上提供。

（4）外播广告的收费。可以根据每千次可见展示费用来支付外播广告的费用，因此当用户观看的视频广告达到 2 秒或更长时间时，商家才需要付费。

学中做

谷歌视频广告跟传统电视广告有什么区别？

（七）谷歌购物广告

1. PLA 的含义及操作流程

PLA（Product Listing Ads），是指产品详情广告，是目前谷歌广告中效果最好的一种广告形式。

PLA 的操作流程是：上传商品数据至谷歌商家中心（Google Merchant Center）—审核通过—广告账户创建广告系列—用户在谷歌浏览器或谷歌购物中搜索关键词—关键词与提供的产品数据匹配—展示广告。

谷歌购物广告

2. PLA 广告制作步骤

首先，获取和整理商品数据，然后将商品数据上传至谷歌商家中心。其次，确认商品数据全部上传成功。最后，数据接受审核，通常需要等待 1 ～ 3 天。通过审核后再到谷歌广告账户中创建购物广告，此时需要将广告账户与谷歌商家中心关联，这样才能成功调取通过审核的数据。

3. 制作优质的 PLA 广告结构

步骤 1：确定 PLA 广告分国家投放。

步骤 2：确定 PLA 广告系列。

步骤 3：确定广告组（分品类）。

步骤 4：确定产品组（分价格区间、潜力单品）。

步骤 5：确定广告具体商品。

4. PLA 广告的优化

（1）商品数据层面。

1）整理商品数据源：更新 API、上架新品、下架违规等。

2）解决账户的各类警告：处理违规产品、语言不符等情况。

3）优化产品数据的各项属性值。

优化 PLA 广告，主要是对广告的标题、描述、图片链接、Google category 等方面进行优化。PLA 广告是根据商家在 Google PLA 广告后台上传的商品信息关键词与用户的搜索词相匹配而引发广告推送的。如果在广告后台没有设置该关键词，就不能针对某个关键词单独出价。

（2）广告账户层面。

1）广告系列设置：广告投放时间、设备类型。

2）广告组：流量、花费、ROI 排序，找出 ROI 低的关键词组的原因，控制调价。

3）产品组：转化次数、转化金额、给予 ROI 高的组更多关注，提出表现好的产品并单独出价测试。

4）关键词：看 search term 数据，不相关的、效果特别差的添加到否定关键词；流量大、ROI 高的搜索词要添加到商品数据的标题和描述里。

5）搜索再营销：在受众群里加入网站的再营销列表，提高出价。

二、Google AdWords 制作广告

如何制作广告

（一）明确广告系列目标

在 Google AdWords 正式制作广告前，首先要明确广告投放的系列目标是什么。Google AdWords 后台会要求投放广告的商家选择本次广告投放的目标是什么，包括：①销售；②潜在客户；③网站流量；④产品和品牌中意度；⑤品牌认知度和覆盖面；⑥应用推广。广告主要提前明确好广告投放目标，有利于后期对广告效果进行合理评价。

（二）选择广告系列类型和广告网络

广告系列类型包括搜索网络广告系列、展示网络广告系列、购物广告系列、视频广告系列、通用应用广告系列。广告系列类型围绕 Google 搜索网络、Google 展示网络和 YouTube 网络划分。

（三）制作广告的过程

首先，打开 Google AdWords，然后根据系统提示创建制作广告组、广告和关键词，如图 4－10 所示。

Google Ads
通拓 > Tomtop >
Tomtop-USC-WX 802-043-3629
所有广告系列
所有广告系列
购物广告系列
智能广告系列
已启用
TT_USC_AU_WX
TT_USC_BE_WX
TT_USC_CA_WX
TT_USC_CH_WX
TT_USC_DE_WX
TT_USC_ES_WX
TT_USC_FR_WX
TT_USC_SE_WX
概览
建议
广告系列
广告组
产品组
广告与附加信息
着陆页
关键字
受众群体
展示位置
设置
地理位置
广告系列
竞价分析
US$1,000.00
US$500.00
US$0.00
2019年10月1日
新广告系列
加载广告系列设置
添加过滤条件
新广告系列
预算
状态
US$180.00/天
有效
US$140.00/天
有效
TT_USC_FR_WX
US$120.00/天
有效
请选择想要达到的目标，该广告系列只要达到这一目标，对您而言即取得理想效果
销售
潜在客户
网站流量
产品和品牌钟意度
品牌认知度和覆盖面
应用宣传
在没有目标导向的情况下制作广告系列
继续
取消
Select a campaign type
Search
Get more sales with text or call ads that show near search results of Google.com, on Google search partners sites, and more
Display
Run different kinds of ads across the web
Shopping
Promote your products with Shopping ads
Video
Reach and engage viewers on YouTube and across the web
Smart
Reach your business goals with automated ads on Google and across the web

选择您希望通过何种方式达成目标
网站访问次数
tomtop.com
来电
实体店光顾
应用下载

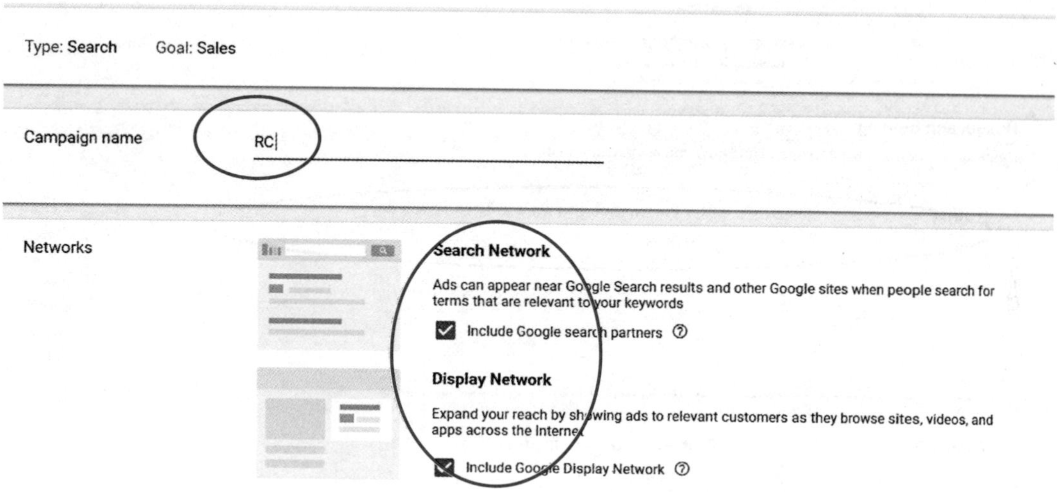
Type: Search
Goal: Sales
Campaign name
RC
Networks
Search Network
Ads can appear near Google Search results and other Google sites when people search for terms that are relevant to your keywords
Include Google search partners
Display Network
Expand your reach by showing ads to relevant customers as they browse sites, videos, and apps across the Internet
Include Google Display Network

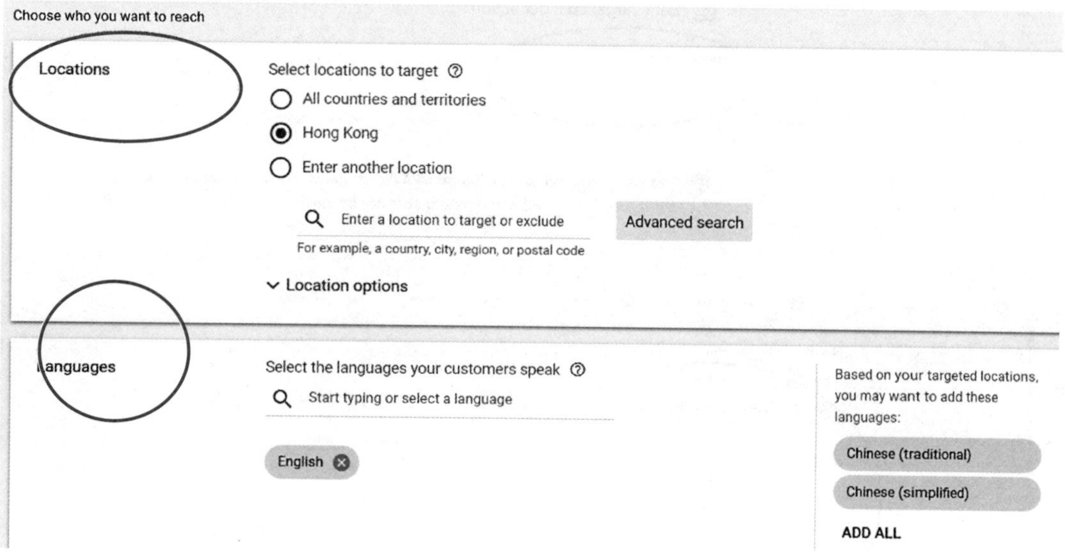
Choose who you want to reach
Locations
Select locations to target
All countries and territories
Hong Kong
Enter another location
Enter a location to target or exclude
For example, a country, city, region, or postal code
Advanced search
Location options
Languages
Select the languages your customers speak
Start typing or select a language
English
Based on your targeted locations, you may want to add these languages:
Chinese (traditional)
Chinese (simplified)
ADD ALL

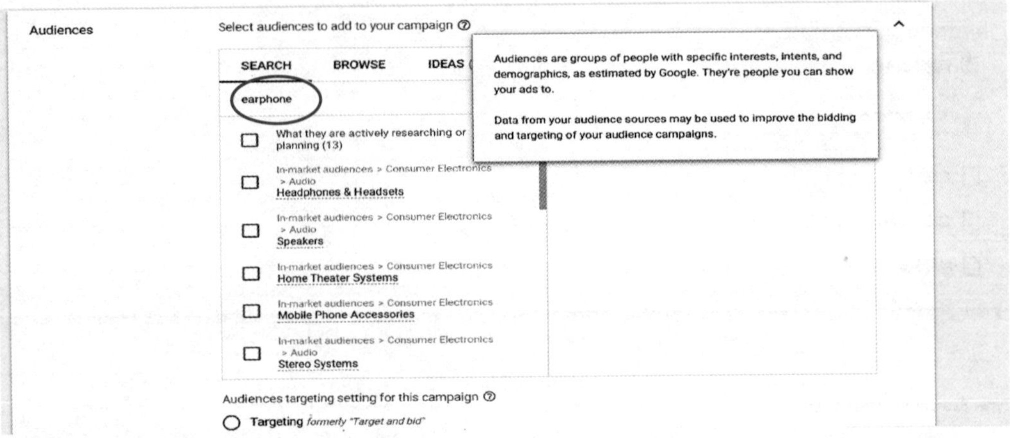

Audiences
Select audiences to add to your campaign
SEARCH
BROWSE
IDEAS
earphone
Audiences are groups of people with specific interests, intents, and demographics, as estimated by Google. They're people you can show your ads to.
Data from your audience sources may be used to improve the bidding and targeting of your audience campaigns.
What they are actively researching or planning (13)
In-market audiences > Consumer Electronics > Audio
Headphones & Headsets
In-market audiences > Consumer Electronics > Audio
Speakers
In-market audiences > Consumer Electronics
Home Theater Systems
In-market audiences > Consumer Electronics
Mobile Phone Accessories
In-market audiences > Consumer Electronics > Audio
Stereo Systems
Audiences targeting setting for this campaign
Targeting formerly "Target and bid"

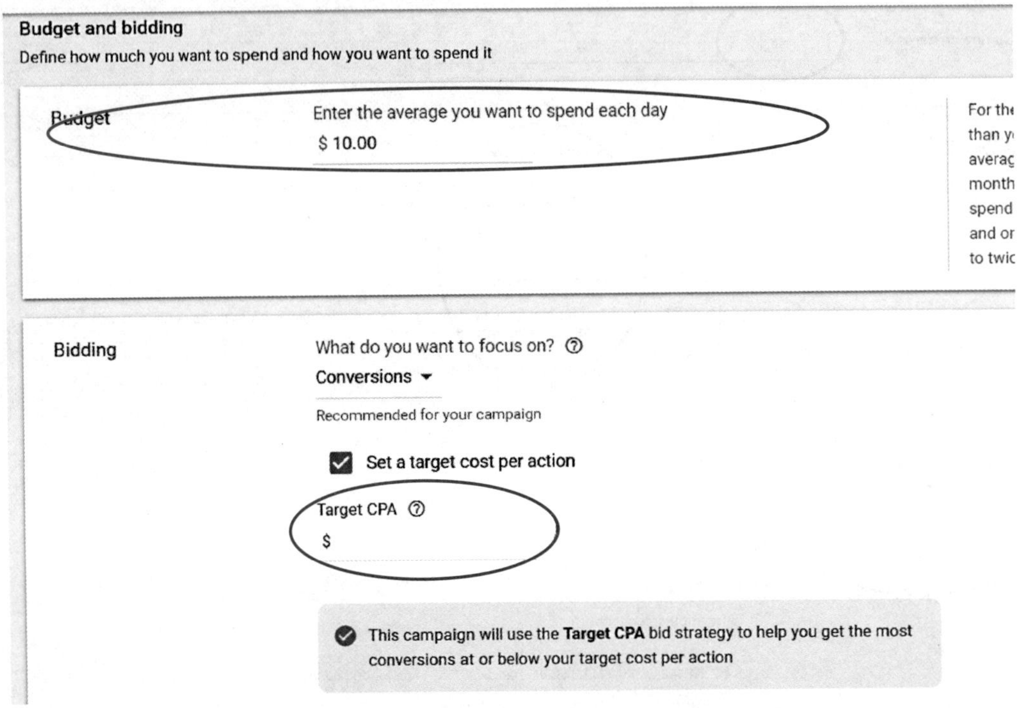

Budget and bidding
Define how much you want to spend and how you want to spend it
Budget
Enter the average you want to spend each day
$ 10.00
Bidding
What do you want to focus on?
Conversions
Recommended for your campaign
Set a target cost per action
Target CPA
$
This campaign will use the Target CPA bid strategy to help you get the most conversions at or below your target cost per action

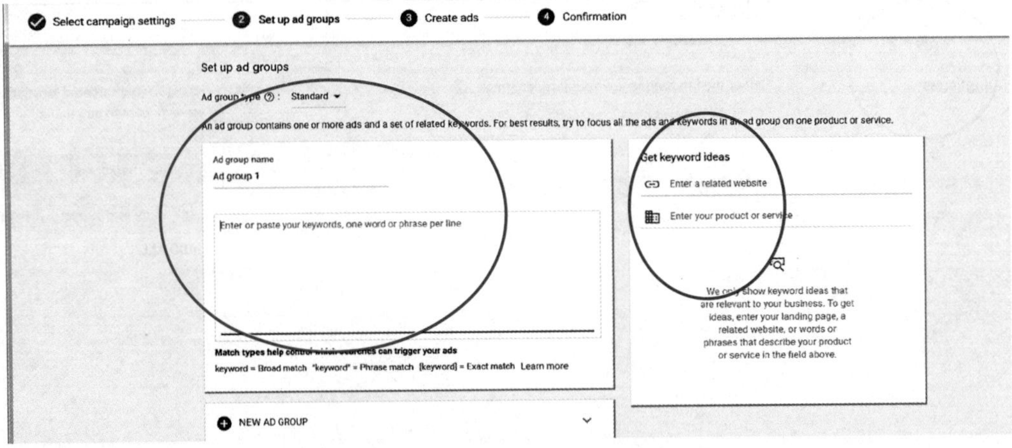

Select campaign settings
Set up ad groups
Create ads
Confirmation
Set up ad groups
Standard
Ad group name
Ad group 1
Enter or paste your keywords, one word or phrase per line
Get keyword ideas
Enter a related website
NEW AD GROUP

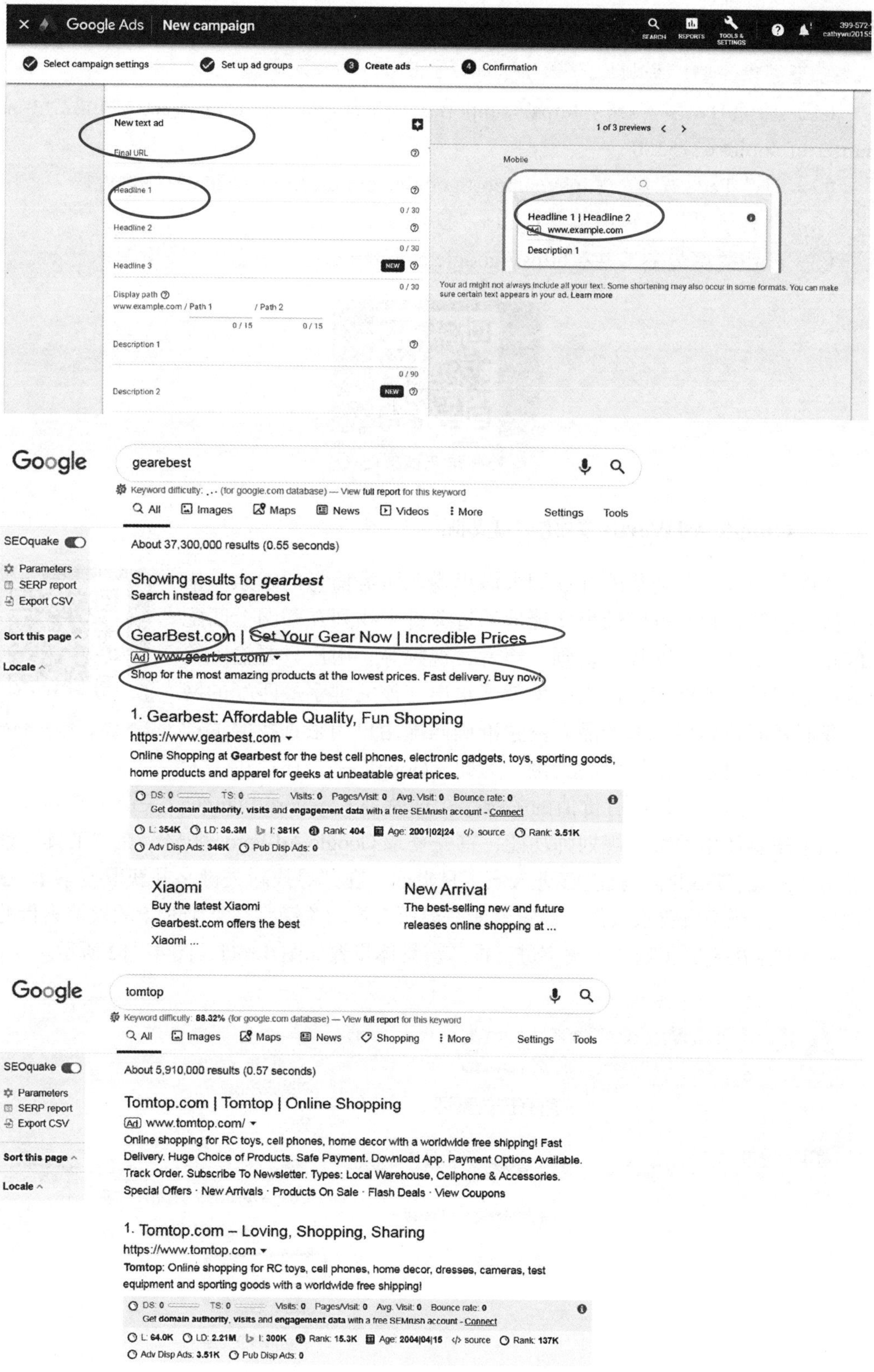

图 4－10 Google AdWords 操作指引界面

知识拓展

以下提供一些广告制作的参考资料与工具：

（1）购物广告介绍：https://support.google.com/adwords/answer/2454022?hl=zh-Hans&ref_topic=6275320。

（2）商品 Feed 规范：https://support.google.com/merchants/answer/188494。

（3）免费使用的关键词工具：https://keywordtool.io/。

（3）产品热度趋势工具：https://google.com/trends/。

海外知识产权风险点

三、Google AdWords 关键字规划师

关键字规划师

关键字是人们在茫茫的互联网大海里捞取所需信息的线索。借助于搜索引擎，我们可以较为便捷地通过关键字找到互联网上匹配的信息，包括文字、图片、动画、声音、视频等。用户只要输入符合该产品特点的关键字，搜索引擎就能给出与该关键字最匹配的网页，我们就能找到想要的产品。商家准确匹配用户用来查找的关键字就成了搜索引擎营销推广的关键。为此，Google 平台还提供了专门工具来帮助商家寻找最有价值的关键字，这就是 Keyword Planner（关键字规划师）。

如果需要使用关键字规划师功能，首先登录 Google AdWords 账号，在“工具”菜单下点击“关键字规划师”就能够进入该工具页面。在“寻找新关键字并获取搜索量数据”的栏目下，按照栏目要求操作，商家就能获取所查找的关键字在某个时段的被搜索量的次数，从而判断决定购买哪些关键字进行推广。具体步骤如图 4－11、图 4－12 所示。

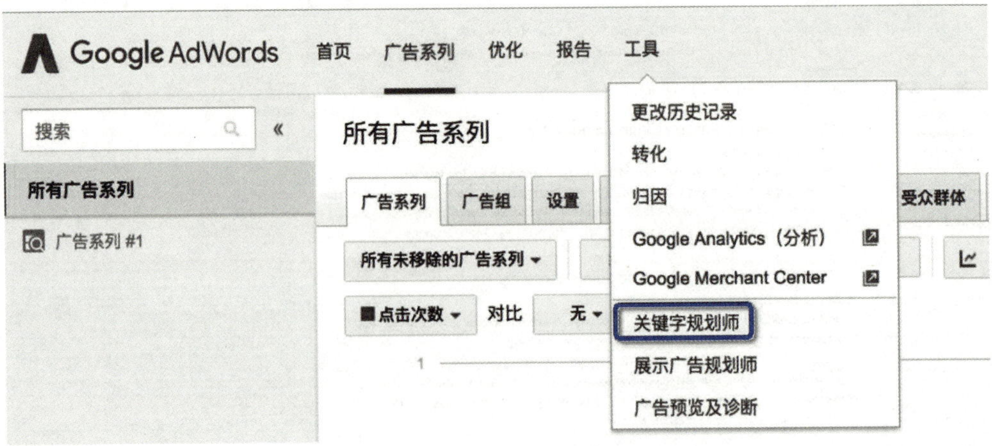

图 4－11　进入“关键字规划师”页面

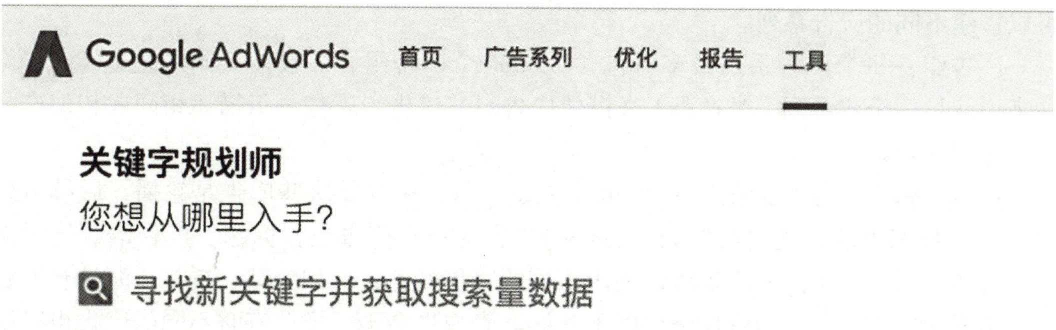

图 4－12 “关键字规划师”页面

四、管理和优化广告

进入 Google AdWords 账号，开始进行广告推广工作。在“广告系列”菜单下，可以看到账户下所有广告的表现状况，此时可对所有已投放的广告项目进行管理，如图 4－13 所示。

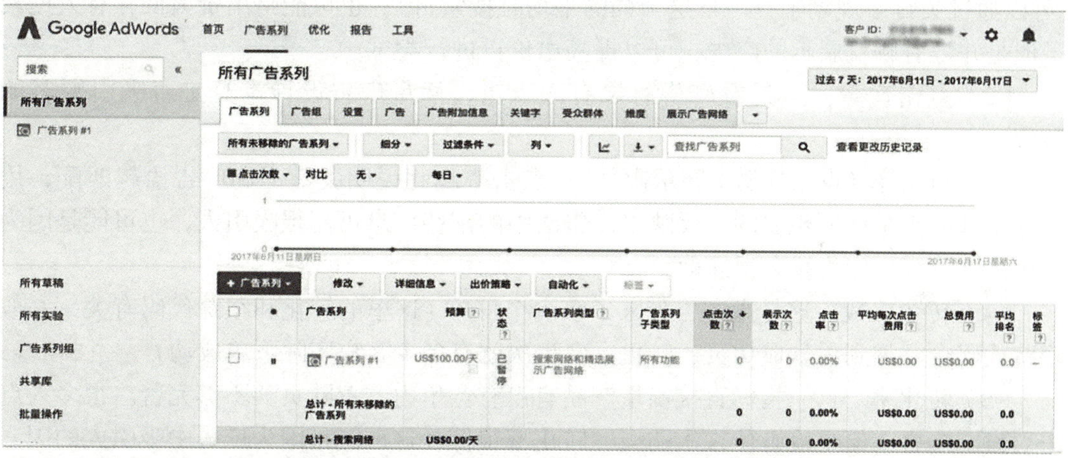

图 4－13 Google AdWords 广告系列管理页面

（一）广告账户、广告系列、广告组、广告的搭建逻辑

广告账户：一个广告账户一般为同一个站点投放广告，因此要在站点上安装这个广告账户生成的转化统计代码。

广告系列：一个 Google AdWords 账户最多可包含 10 000 个广告系列（包括有效的和已暂停的广告系列），在广告系列的维度可以设置投放国家、语言、设备、预算、广告形式等，因此广告系列可以根据不同的测试需要进行搭建。例如：同样的产品想用不同的语言投放不同的国家时，就可以根据语言拆分成多个广告系列；同样的产品想更直观地监控不同设备的表现时，可以根据 PC、平板、M 端拆分广告系列；同样的产品想尝试不同的广告形式（搜索广告、展示广告、PLA 广告、视频广告、App 广告）时，也可以搭建不同的广告系列。

广告组：每个广告系列最多可包含 20 000 个广告组，一般按共同的主题（对于网站来说就是一个或者同一类产品）来搭建广告组，广告组就是一组描述相同或相似产品的关键词的合集。

广告：每个广告组最多可包含 50 个文字广告，一开始这些广告是轮播，后续可以根据历史数据表现，优先投放效果更好的广告。每则广告包含标题、广告语、显示网址、着陆页网址。不同的广告可以突出不同的宣传概念，比如免邮、折扣、海外仓发货等。不同的广告对不同的用户吸引度不一样，表现也会不一样；有时不同的广告也可以指向不同的着陆页进行测试，比如指向产品详情页或者活动页，同个类目页按热度排序或者按评论排序等。

（二）广告账户数据监控与优化

广告账户数据监控日常关注的数据指标包括展示次数、点击次数、点击率、转化次数、转化率、转化价值、花费、ROI。

（1）展示次数。这是看广告有没有投放出去，呈现的是搜索这个关键词的人群多不多，产品热度高不高。如果展示次数偏低，可能是产品没有热度，这个关键词没有人搜（可以通过关键字规划师查一下这个词的平均月搜索量）；也可能是出价太低，有人搜索了但是并没有触发展示的广告，可以提高出价再进行尝试。

（2）点击次数。这是看广告有没有人点击，衡量广告设计本身是否吸引顾客的数值。

（3）点击率（点击次数 / 展示次数）。点击率越高说明关键词和广告语越匹配，用户搜索到的正是他所想要的；反映出广告语中的某些信息可能很吸引人，也可能是因为关键词出价高，广告排名很靠前。

（4）转化次数。这是指广告带来了多少个订单（这里的转化和跟踪代码有关，一般跟踪代码会添加到付款成功页，转化了多少次就有多少客户实际下单成功）。

（5）转化率。这一指标直接衡量产品有没有竞争力，着陆页够不够完善。很多人点击引发了广告，但是没有什么人购买，转化率很低。这可能是因为广告中吸引人的因素是虚假的，如广告语价格是 100 欧元，到了页面用户发现是 200 欧元；也有可能是产品的竞争力不够，比如运费很高、详情描述不够清楚等。

（6）转化价值。这是指实际销售额，这个指标越高越好。

（7）花费。看广告费有没有花出去，有没有超过预算。

（8）ROI（投资回报率）。这一指标直接衡量这个广告值不值得目前的投入。

除了以上需要关注的指标，商家还要经常进行相关优化操作：根据转化价值和 ROI，商家可以决定是否扩量、加大广告投入，是否尝试投放更多的国家，提高广告的出价。另外，商家还要分析转化率低的原因是点击率低，还是根本就没有投放出去导致展示次数很少，再据此相应地优化广告投放策略。

任务三 广告实操分析

一、广告语策略

商品传播的关键因素就是广告语，让人记忆深刻的广告语无疑能带来消费者的高度认知并引起销量的攀升。例如，红牛饮料来源于泰国，销往全球 70 多个国家，在中国市场的广告语叫“困了累了喝红牛”“能量超乎想象”，但在欧洲的广告语变成了“Redbull gives you wings”。在不同的文化背景下，广告语的内涵完全不同。

跨境电商广告推广经验

搜索引擎营销中，吸引流量是赢得销售的基础，而靠广告语来吸引流量是十分关键的。网络上流传过一个短片：视频中一个盲人坐在路边乞讨，身旁的纸牌上写着“I’m blind, please help（我是盲人，请帮帮我）”。人来人往，驻足的人寥寥；一位女士路过，看到此情此景，拿起纸牌在反面写上了“It’s a beautiful day and I can’t see it（多么美好的一天，我却无法亲眼看见）”，结果看到后面纸牌内容的人都会慷慨解囊，乞丐收获满满。短片的结尾有两行字：“Change your words, Change your world”，意思是“改变说话的方式，就能改变世界”。

如果将用户的每次搜索都看作一次提问，那么广告语就是回答。回答让用户满意，用户自然而然会继续点击前往一探究竟。广告语需要传递什么样的信息就成了广告投放前必须首先确定的内容，这就是广告制作的定位。

学中做

选择一种日常用品，比较不同的生产厂家的广告语的特点。

二、客户群体定位

不同的国家和地区，文化差异很大；不同的消费群体，消费理念差异很大；不同年龄段的人，兴趣差异很大。商家必须根据客户群体的差异构思不同的广告语。

三、产品特点定位

不同的客户群体最关注产品的哪一部分，广告语就应突出哪一部分。比如印度客户更在意价格，德国客户更在意质量，美国客户更关心安全性能，英国客户也许更在意售后服务等，广告语要投其所好。

四、推广策略定位

若仅是品牌推广，增加网站的流量以达到提升网站排名，暂且不用过多考虑转化率，那广告语就不要加太多限制；反之，广告语必须精准，只有真正有需求的客户点击跳转才有可能提高转化率。

知识巩固

一、选择题

（一）单选题

1. 从销售额和投资回报率来看，目前谷歌广告中效果最好的一种广告形式是（　　）。

A. 谷歌购物广告　　B. 谷歌展示广告

C. 谷歌搜索广告　　D. 谷歌视频广告

2. CVR 表示转化率，用公式表示为（　　）。

A. 转化数量 / 点击数量 ×100%

B. 点击数量 / 转化数量 ×100%

C. 转化客户数量 / 点击客户数量 ×100%

D. 点击客户数量 / 转化客户数量 ×100%

3. 按照谷歌 CPC 竞价系统，同一个广告位，我方出价 3 元，另外两个买家出价分别为 2 元和 2.5 元，那最终我方实际支出的费用为（　　）。

A. 3　　B. 2　　C. 2.51　　D.2.5

4. 只有当一半以上的广告幅面在屏幕空间上显示（　　）或更长时间时，广告客户才需要付费。

A. 10 秒　　B. 5 秒　　C. 3 秒　　D. 2 秒

（二）多选题

1. 主流的搜索引擎营销渠道有（　　）。

A. Google　　B. Bing　　C. Yandex　　D. Yahoo

2. True View 包含的视频广告类型有（　　）。

A. 插播广告　　B. 视频发现广告　　C. 导视广告　　D. 外播广告

3. 广告账户主要需要监控以下哪些指标数据？（　　）

A. ROI　　B. 转化率　　C. 点击次数　　D. 转化次数

4. True View 视频发现广告可以展示在哪里？（　　）

A. YouTube 搜索结果中　　B. 相关 YouTube 视频旁边

C. 移动版 YouTube 首页上　　D. 网盟网站上

二、思考题

1. 相对于传统营销而言，跨境电商搜索引擎营销有哪些显著的特点？

2. 搜索引擎营销中如何实现投入产出的最优化？

3. 决定搜索引擎营销转化率的主要因素有哪些？

4. 如何选择不同的搜索引擎营销策略？

项目实训

一、实践操作

1. 请选择某种产品，选择一种谷歌广告模式，为其制订营销方案。

2. 选择某一类商品，在谷歌广告中搜集这类商品的广告，结合本项目内容进行比较，总结提炼出优秀的谷歌广告的主要特点。

二、创新与创业

1. 跨境电商企业负责人应如何在较高的搜索引擎营销成本和回报之间达成一个平衡？

2. 谷歌这种依赖搜索引擎营销广告的模式能获得成功的前提条件有哪些？

素养提升

营销是跨境电商企业获得成功的重要武器，在本项目所采取的营销模式中，商家需要遵守哪些商业伦理？

项目五

社交网络营销

知识目标

1. 熟悉社交网络营销的特点
2. 学会运用多种途径开展社交网络营销
3. 重点了解 Facebook 开展社交网络营销的方法

技能目标

1. 能够区分多种社交网络营销平台的差别
2. 能够通过 Facebook 开展社交网络营销
3. 能够掌握本项目社交网络营销案例的要点

素养目标

1. 了解与尊重客户的社交习惯与文化
2. 培养文化自信，助力品牌出海

知识导图

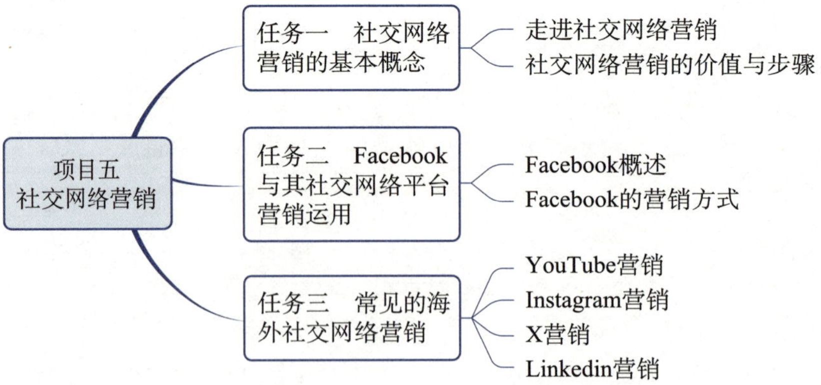

项目导入

从“酒香不怕巷子深”到“王婆卖瓜自卖自夸”，人们销售商品的方式方法不断发生变化，营销手段也不断经历着变革。

曾经人们接触到的信息量太少，且极度不对称，自觉不自觉地接受着类似电视台、广播电台、报纸等权威媒体狂轰滥炸般的广告和宣传，传统媒体传播着各种各样的信息。1995 年 11 月 8 日，山东临朐县一县属小厂秦池酒以 6 666 万元夺得央视广告标王，1996 年销售收入就高达 9 亿多元。这是最早的一代营销模式。

随着互联网的蓬勃发展，用户可以主动出击，主动搜索获得信息，与搜索引擎工程师斗智斗勇成为搜索营销时代的最大特点。

微博、论坛崛起后，商家可以通过信息传播过程中意见领袖的中转和放大效应达到营销的目的。明星、大 V、专栏作者、论坛版主等凭借庞大的粉丝群体，成为商业代言的香饽饽，这就是红人营销。通过红人们的中转传播，商品的可信度、转化率都大大提高，商家也能获得巨大收益。

随着移动互联网的兴起，信息开始渗透到与每个个体息息相关的角落。人们通过 QQ、微信、微博、短信等各种沟通工具，无孔不入地传播信息、传播口碑，这就是关系型传播。关系型传播的主要平台是社交网络，社交网络营销应运而生。

思考：社交网络营销是如何利用我们周边的关系网实现推广和引流的？

任务一　社交网络营销的基本概念

一、走进社交网络营销

走进社交网络营销

1967 年哈佛大学心理学教授斯坦利·米尔格兰姆进行了一个“小世界实验”。研究人员将几封信件随机交给两地的几位志愿者，并以这两地的志愿者为起点，以第三地的几位志愿者作为目标。起点的志愿者要通过认识目标的人把信转达给目标者，实验的成功率虽然不高，但是研究人员发现送达的信件在社会网络中平均走了大约六步，这就是“六度分隔”现象（见图 5－1），归纳为任意两个陌生人之间所间隔的人不会超过五个。也就是说，每个人最多通过五个中间人就能认识任何一个陌生人。社交网络印证了这个实验现象。在微信朋友圈里，我们发现很多熟悉的人为同一个人的消息点赞，而之前我们根本不知道他们之间竟然认识。

社交网络有两种翻译：一种是 Social Network Site，中文称为社交网站；另一种是 Social Networking Services，中文称为社会性网络服务。其实大量网站都在提供某种服务，对于社交网络营销来说，其概念无须限定是对所有社交网站的概括，还是指社交类网站和应用。社交网络平台提供发布、评论和转发日志、消息、照片、音乐、视频等服务，用户发布和转发的任何信息都可以被其好友看到，并以这种方式为基础进行沟通交流。

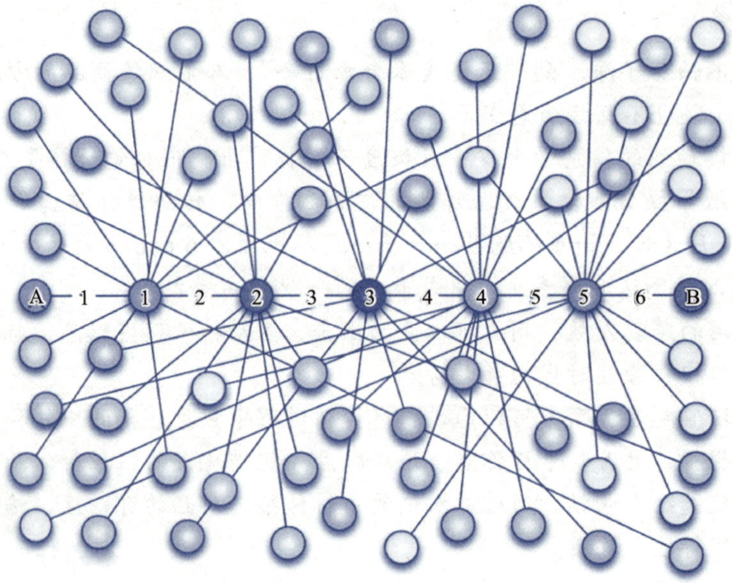

图 5－1 社交网络的传播原理

我们平时使用比较多的是国内社交网站，但是如果要进行跨境社交网络营销，那么就必须使用目标市场的社交网站进行营销。国际上以 Facebook、X、Instagram、Pinterest、VK 等社交网络平台为代表，旨在帮助人们建立社会性网络的互联网应用服务。其中，Facebook 比较接近国内的人人网，X 类似于微博，而 Instagram 就比较接近小红书。

使用社交网络营销有四个特点：（1）直接面对消费人群，商家可以在社交网络上注册账号，在合适的社交网络上发表信息，这样目标人群集中、宣传直接、可信度高，更有利于口碑宣传。（2）以点带面，覆盖广，内容由用户生产并共享，特别是一些有价值、有趣的内容，用户可以根据自己的喜好进行转发。（3）交互性强，在社交媒体上，媒体与受众进行双向互动，受众之间也能够自由互动，更符合当代年轻人的使用习惯。（4）社交网络是关系型网络，用户之间基于共同的兴趣或特征，交织成不同的圈子，形成不同的小组，聚合性强。

目前常见的一些国外社交网站，除了 Facebook、Instagram，使用较多的还有 Whatsapp（类似于国内的微信）、YouTube（类似于国内的优酷、爱奇艺）、Linkedin（专注于职场社交），在俄罗斯比较流行的是 VK，在韩国用户人数最多的是 Line。世界主要的社交网络平台如表 5－1 所示。

表 5－1 世界主要的社交网络平台

渠道	中文名	类型	特色	所属企业	所属国家	主要用户分布
Facebook	脸书	综合社交	全面	Facebook	美国	全球
Instagram	照片墙	图片分享		Facebook	美国	全球
Whatsapp	瓦次普	移动端聊天		Facebook	美国	全球

续表

渠道	中文名	类型	特色	所属企业	所属国家	主要用户分布
YouTube	优兔	视频	最大的视频网站	Alphabet	美国	全球
Google+	谷歌	综合社交	全面	Alphabet	美国	全球
Linkedin	领英	职场社交		Microsoft	美国	全球
Skype		聊天		Microsoft	美国	全球
Tumblr	汤博乐	轻博客		Yahoo	美国	全球
Snapchat	色拉布	综合	阅后即焚	Snapchat	美国	全球
X		微博		X	美国	全球
Pinterest		图片分享	街拍图片	Pinterest	美国	全球
VK		综合社交		Doraview Limited	俄罗斯	全球
OK		综合社交			俄罗斯	全球
Telegram		聊天	加密聊天	Mail.ru	俄罗斯	东欧、西欧
Line		聊天		NHN	韩国	韩国、日本
微信		移动端聊天		腾讯	中国	中国
微博		博客		新浪	中国	中国
QQ		聊天		腾讯	中国	中国

二、社交网络营销的价值与步骤

社交网络营销具有六大渠道：（1）企业的品牌和产品的展示渠道；（2）企业发布消息的渠道；（3）企业粉丝的运营渠道；（4）企业的客户服务渠道；（5）企业搜集反馈的渠道；（6）企业引流和销售的渠道。既然社交网络平台对于企业有这么多价值，那么营销人员应该如何进行社交网络营销呢？

第一，要选择合适的社交网络。企业在利用社交网络平台进行营销时，应选择与自身特性及发展需求相符的社交媒体平台。与大范围的营销推广相比，锁定适合企业自身、能够对目标用户实施针对性营销的平台才是企业的最佳选择，如图 5-2 所示。

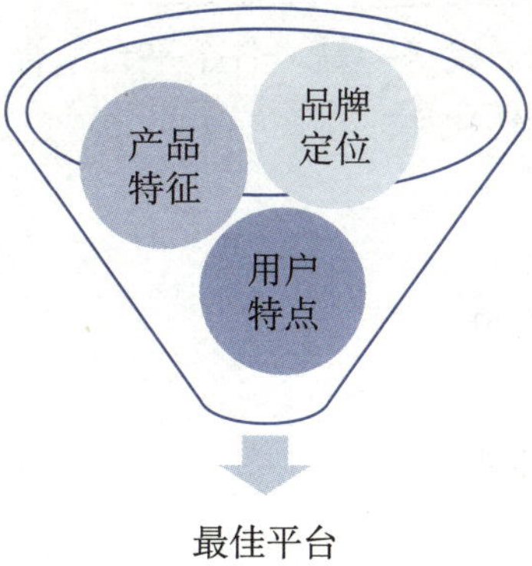

图 5-2 社交网络的传播原理

第二，营销人员需要完善企业信息，保证自己的头像、简介、封面形象等保持完整状态，通过完善信息资料向用户展示品牌的良好状态。在视觉表达方面，营销人员应保持各个社交媒体的统一，方便用户记忆。例如：在 X 与 Facebook 中使用相同的头像，在文字表达上应该在简介与信息展示方面凸显自身的独特风格。例如，SHEIN 品牌的企业信息在不同平台上都是保持统一的，如图 5－3 所示。

图 5－3　SHEIN 在 Facebook 上的广告投放页面

第三，确定营销基调。可以将品牌看作个人来经营，思考以下问题：这个品牌的性格特点是怎样的；与客户之间的关系是怎样的；哪些个性特征是与商家没有任何关系，需要回避的；是否有与自身存在共性的企业；其共性体现在哪里。考虑完这些问题后就可以大致确定企业营销的调性了。

第四，选择发帖的策略。从形式上来说，视频优于图片，图片优于文字，可以带来更高的点击率与评论。从发帖的频率来看，需要从内容质量、信息触达面、行业等多种因素进行考量，并了解适合不同社交平台的发帖频率。Facebook 适合每周发送 5 ～ 10 篇；X 适合每日发送 5 篇及以上；Linkedin 适合在工作日每天发送一篇。各个平台适合发帖的时间也需要注意，合适的时间可以带来更高的流量与转化率。

★ X：工作日 13:00—15:00

★ Facebook：工作日 13:00—16:00，14:00—17:00

★ Linkedin：周二、周三和周四 7:00—8:30，17:00—18:00

★ Tumblr：工作日 19:00—22:00，周五 16:00

★ Instagram：工作日 17:00—18:00，周一 18:00 以及 20:00

★ Google+：工作日 9:00—11:00

第五，发布了内容并不代表工作结束，好的内容需要反复进行分析和测试。常见的方法是进行 AB 测试（AB testing）。可以提前准备两个版本的内容，让 A 组客户观看第一个版本，让B组客户观看第二个版本（见图5－4），然后对比两组客户的转化数据，总结哪一个版本更为适合，基于总结分析，再改进优化。

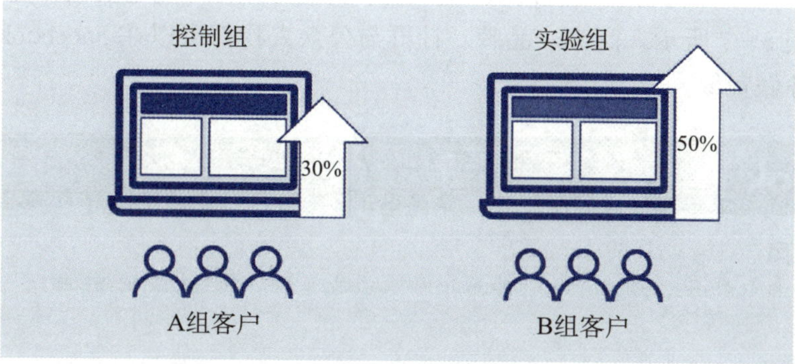

图5－4 广告投放改进

任务二 Facebook与其社交网络平台营销运用

一、Facebook概述

Facebook概述

Facebook是全球社交媒体的领跑者，全球有超过30亿用户在Facebook上分享生活，2亿多家企业通过Facebook定位客户，每天约有14亿活跃用户，日均上传照片约为3亿张，平台日均视频播放量达到80亿。

用户可以在Facebook上分享照片、个人兴趣爱好、生活碎片等，除了与好友互动，也可以进行在线交易，因此Facebook是获取流量的重要渠道之一。与国内的社交网站相同，Facebook个人账号的使用是免费的，在官网上就可以注册。个人账户注册网址：https://www.facebook.com/。Facebook注册页面如图5－5所示。

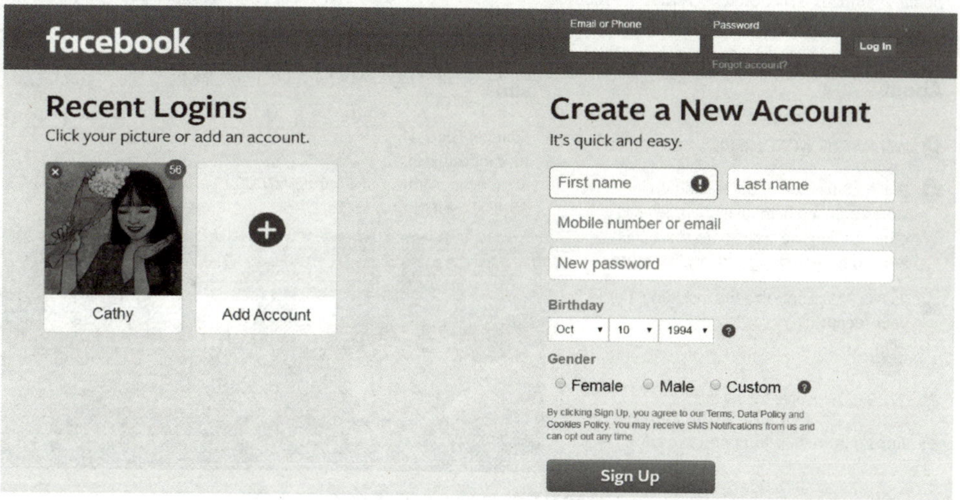

图5－5 Facebook注册页面

除了个人账户，用户还可以创建公共主页（又称粉丝专页或 Facebook 商业主页），如图 5－6 所示。开设公共主页的前提是先有一个个人账号。公共主页是企业、品牌和组织用于分享动态并与粉丝交流的页面。国内非常成功的跨境电商网站是 SHEIN 的公共主页，如图 5－7 所示。商家、品牌、社群与公众人物都可以在 Facebook 中创建公共主页，为业务做宣传。

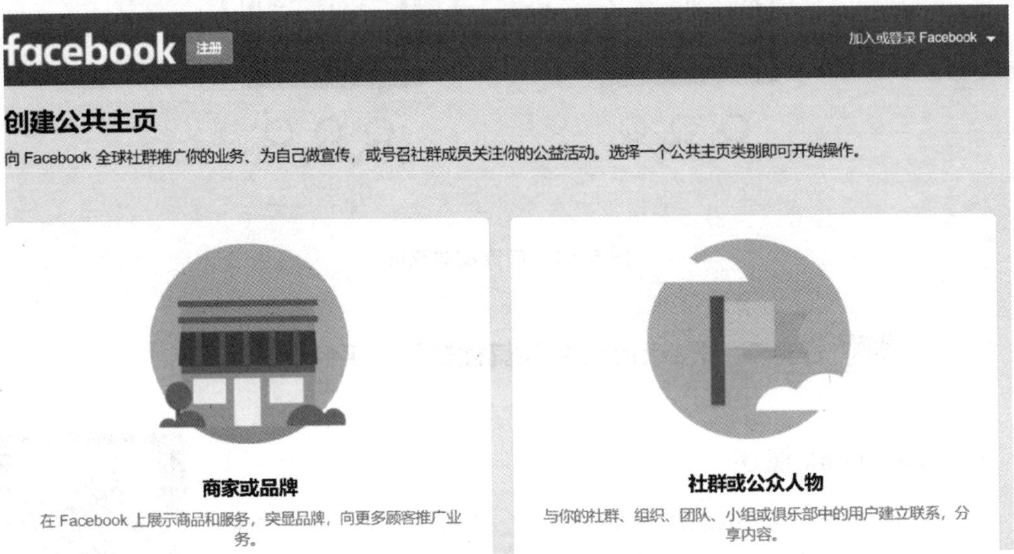

图 5－6　在 Facebook 创建公共主页

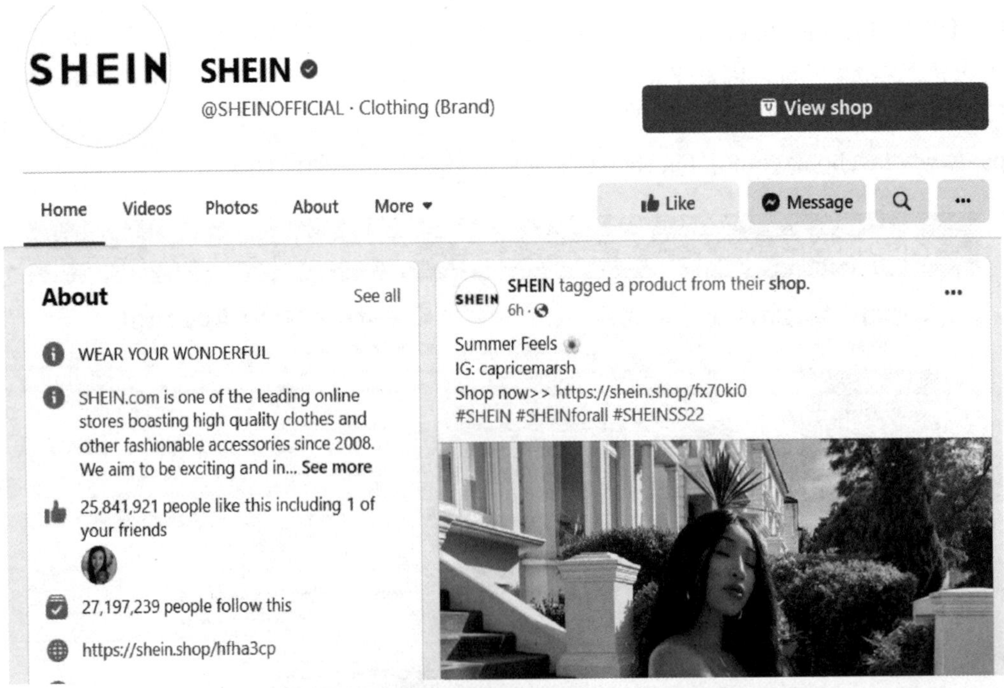

图 5－7　SHEIN 在 Facebook 上的公共主页

相比其他社交网络网站，Facebook 的独特优势是用户画像非常丰富。Facebook 用户群体庞大，覆盖各个国家、职业、年龄段，基于用户在该平台上的分享，Facebook 收集了大量且详细的用户数据。因此商家在 Facebook 上投放广告时可以用地区、年龄、兴趣，甚至行为的定位去寻找适合、精准的用户，可以做到精准投放，提高流量的转化率（见图 5－8）。

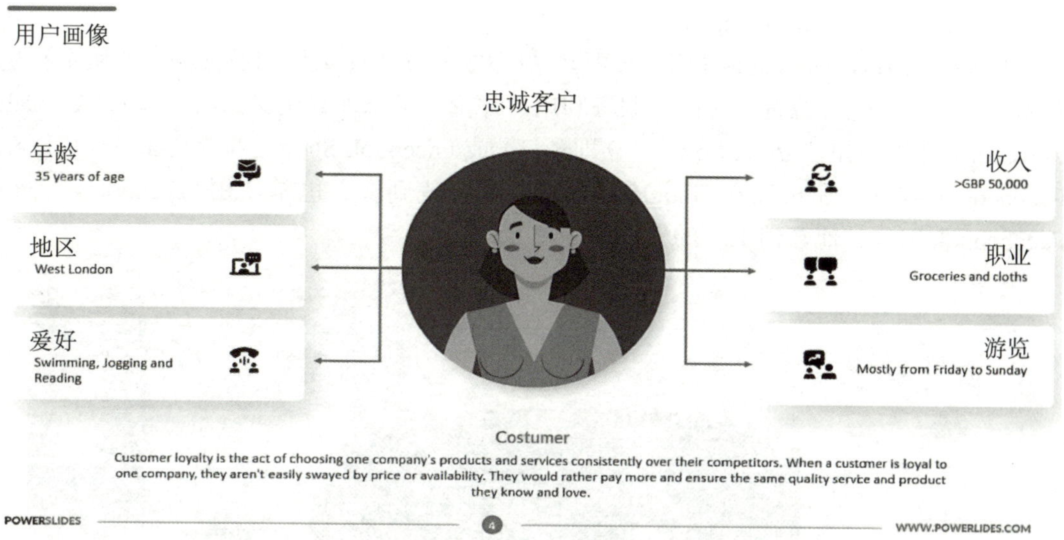

图 5－8 客户群体特征分析

二、Facebook 的营销方式

（一）Facebook 的营销策略

Facebook 营销方式

Facebook 有两种主要的营销策略，分别是自然社交和付费社交。

自然社交作为一种长期的免费社交增长策略，其核心在于逐步构建和强化品牌在社交平台上的影响力。这一策略涵盖了从建立专业且具有吸引力的商业页面开始，到定期生成高质量、有吸引力的帖子，再到通过评论、聊天和分享等互动方式与关注者建立紧密的联系，形成一个活跃且忠诚的社群。自然社交策略注重内容的持续性和创新性，以及与用户之间的真实互动，旨在通过口碑传播和用户的自然分享实现品牌的长期稳定增长。

付费社交是一种更为直接且短期内能够快速见效的策略。它主要通过 Facebook Ads Manager 这一强大的广告管理工具来精准地定位和管理广告活动。付费社交允许品牌根据特定的目标受众、兴趣、地理位置等多维度进行广告投放，以实现更高效的触达和转化。这一策略适用于需要快速提升品牌曝光度、促进产品销售或推动特定营销活动的场景。通过精准的付费推广，企业能够在短时间内获得显著的营销效果。

Facebook 的自然社交和付费社交策略各具特色，分别适用于不同的营销目标和场景。企业可以根据自身的需求和资源，灵活选择和组合这两种策略，以实现最佳的营销效果。

（二）Facebook 的营销渠道

Facebook 主要的营销渠道有四种。

1. Facebook Business Pages

Facebook Business Pages（商业页面）（见图 5－9）是个人资料页面的商业版本，是免费使用的。它包含位置、时间、服务和用户评论，可添加自定义选项卡和 CTA（Call to Action）选项，如“Book now”（立即预订）或 Facebook Shop。商业页面不仅可以在 Facebook 上找到，还可以在 Google 等搜索引擎中找到。它也是使用 Facebook 广告和 Facebook 群组等其他营销工具的先决条件之一。

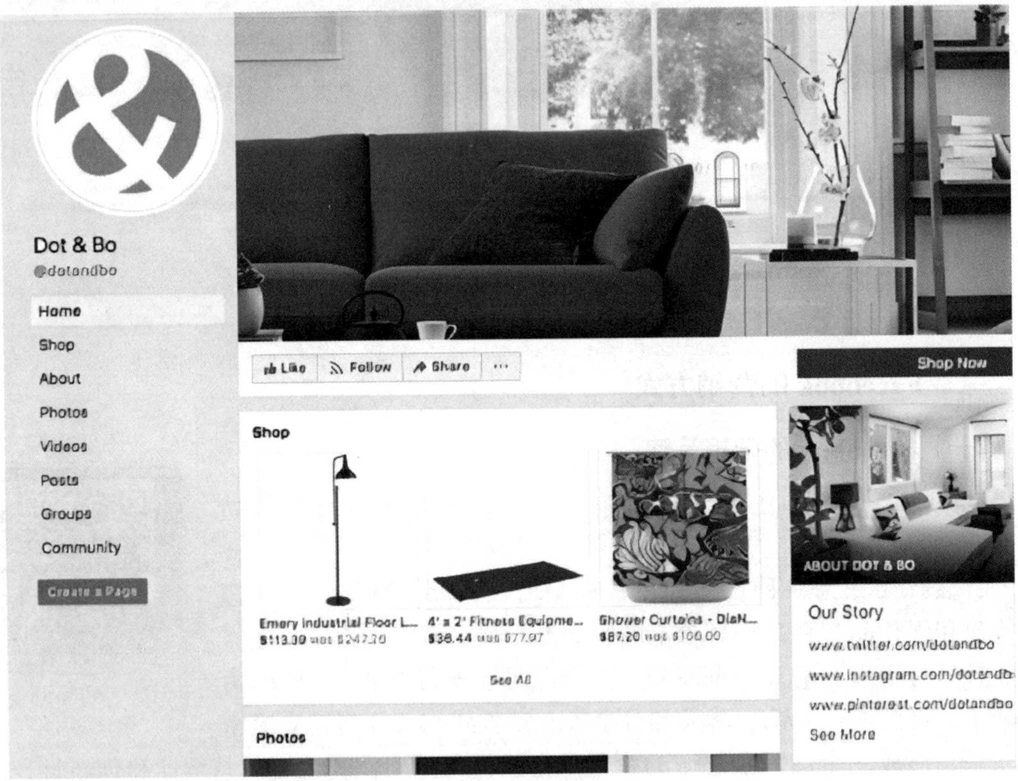

图 5－9　Facebook Business Pages

2. 收费的 Facebook 广告

该广告有两种形式，一种是出现在页面右边的广告，一种是出现在朋友动态中的信息流广告。Facebook 广告是一种按点击付费的广告，企业根据点击、视频观看次数或转化率等来付费。任何拥有 Facebook 商业页面的企业都可以通过 Facebook Ads Manager 设置广告。根据用户数据与特征，Facebook 广告客户可以精确地找到他们想要把广告展示给哪些客户群体。

3. Facebook 群组

Facebook 群组是用户为了共同的兴趣或业务而建立联系的社区。通过积极参与现有的群组或创建和管理自己的 Facebook 群组来进行营销，企业可以获得自然关注并接触到积极参与的目标受众。Facebook 群组并不是一种直接的广告形式或一种推广平台。相反，其重点是群组中的成员。群组成员围绕他们的共同兴趣、目标或事业建立社区。

4. Facebook Marketplace

Facebook Marketplace（见图 5－10）类似于分类信息网站 Craigslist 或 Gumtree。类似于国内大众点评和闲鱼的混合体。虽然通过平台销售的大部分群体是个人，但企业也可以在平台上销售产品。这并非企业的主要销售渠道。

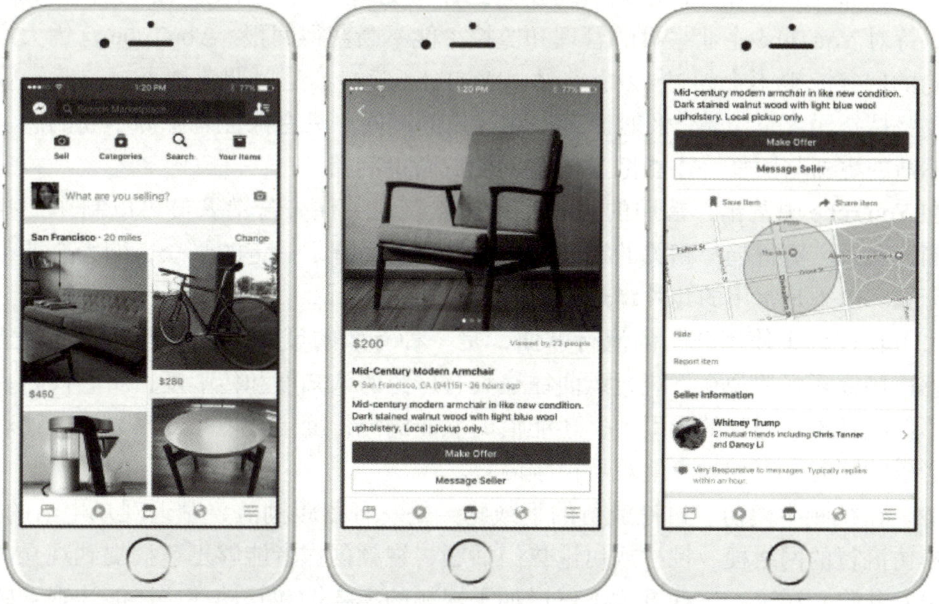

图 5－10 Facebook Marketplace 展示

任务三 常见的海外社交网络营销

一、YouTube 营销

YouTube 营销

YouTube 类似于国内的优酷、爱奇艺。它是 Google 旗下的视频网站，也是全球最大的视频网站。YouTube 拥有 10 亿以上用户，可以为广告带来海量的曝光与点击。YouTube 可以投放视频广告、图片广告、图文广告等，以视频广告为主。YouTube 是企业进行海外视频推广非常不错的选择。

什么样的行业适合做 YouTube 营销呢？除了在视频展示中没有优势的工业原料和半成品产品，几乎所有的成品行业，如机械设备、电子器材、家用电器、家居用品、艺术摆设、日用品等，都可以通过不同的 YouTube 营销方式进行推广。

YouTube 营销的视频大致分为四类：（1）教程类视频，即用视频讲解产品使用说明；（2）排行类视频，即将类似产品做排行比较，突出自身产品特色；（3）非常流行的开箱视频，特别适合用在化妆品、服装、电子产品等品类上；（4）在国外市场很受欢迎的 DIY 视频，由于国外人工费用比较贵，因此很多消费者都非常热衷于自己动手 DIY。

在 YouTube 进行营销，首先要建立企业自己的视频主页。企业可以选择在 YouTube 上建立以自己企业命名的视频频道主页。通过视频主页，企业可以将自己上传的所有视频进行集中展示、分类、推荐，让潜在的客户更系统地获得企业希望传达的产品信息。同时，企业还可以通过视频主页将客户引导到企业独立官网、B2C 或 B2B 网站，让意向客户可以快速转换为真正的买家。

除了发布视频之外，营销人员还要做到保持更新和及时回复。商机是稍纵即逝的，只有保持对 YouTube 企业主页的管理和监控才能不断获得回报。YouTube 营销大户对客户评论的回复一般不会超过 12 个小时。YouTube 营销不是短期营销平台，营销管理人员需要坚持登录 YouTube，及时回复潜在客户的询问。只有保证有源源不断的忠实浏览者及不断的更新与回复，才能把 YouTube 变成营销利器。

在 YouTube 中营销，常用的策略是蹭热点获取关注。营销人员可以制作一些与热点新闻、名人、流行趋势相关的视频。这些新闻已经有了一定的受众，能为企业吸引到新的订阅。以下是常用的几种蹭热点的方式：

（1）在视频中使用现有的流行歌曲，是一种有效的策略，可以吸引那些对这首歌有情感连接或喜好的观众。流行歌曲往往具有广泛的认知度和传唱度，将它们融入视频中，不仅能够增加视频的吸引力，还能借助歌曲的流行度提升视频的曝光率，让观众在享受音乐的同时，更加投入地观看视频内容。

（2）在视频中模仿、讨论流行的事或物，是一种紧跟潮流、贴近观众生活的方式。通过模仿流行的网络梗、挑战或讨论热门话题，视频创作者能够迅速捕捉到观众的注意力，引发共鸣和讨论。这种方式不仅增加了视频的趣味性和互动性，还能让观众感受到视频内容的时效性和相关性，从而提升视频的吸引力和传播力。

（3）在视频中回应其他热门视频创作者，是一种建立联系、扩大影响力的有效方法。通过提及、点评或合作，视频创作者可以吸引对方粉丝的关注，同时也能让自己的观众了解到更多有趣的内容创作者。这种跨视频的互动不仅丰富了视频内容，还为观众提供了更加多元化的观看体验，有助于形成良性的内容生态。

（4）对热门视频做出反应，如模仿、评论等，是一种积极参与网络文化、与观众共同分享乐趣的方式。通过模仿热门视频的风格、桥段或对话，视频创作者可以展示自己的创意和幽默感，同时也能让观众在熟悉的元素中找到新鲜感。而对热门视频进行评论，则能表达个人观点，引发思考，促进观众与视频创作者之间的交流和讨论。

（5）对热门新闻发表自己的想法、观点等，是视频创作者展现社会责任感、引导公众舆论的重要方式。通过及时关注并解读热门新闻事件，视频创作者可以为观众提供不同的视角和思考方向，帮助他们更全面地了解事件背景和深层含义。同时，发表个人观点也能激发观众的共鸣和思考，促进网络空间的多元化和理性讨论。

二、Instagram 营销

Instagram 营销

经常能听到“ins 风”这个词，所谓的 ins 就出自 Instagram，是一个主流的图片分享网站。Instagram 用户群体很大，每月活跃用户超过 13.93 亿，用户平均每天在 Instagram 上花费 30 分钟，黏性很高。Instagram 这个名字源自 Instamatic（拍立得），是柯达从 1963 年便开始销售的一个低价便携傻瓜相机的系列名称。Instagram 提供了这样一套顺畅的操作流程：拍照→滤镜特效→添加说明 / 添加地点→分享（可以共享到 X、Facebook、Tumblr、Flickr 等主流社交网络）。同时，Instagram 基于这些照片建立了一个微社区，在这里可以通过关注、评论、点赞等操作与其他用户进行互动。

在 Instagram 进行营销最特别之处在于“标签”，也就是使用 hashtag，也叫话题标签。通常社交媒体上的内容很多，平台要对众多的内容做出分类和有效分发，标签是带动内容分发、促进内容曝光的一个很重要的手段。无论是对于创作者还是商家来说，hashtag 的功能价值都很大。标签最重要的功能是增加曝光率。例如：搜一个标签 #makeup（化妆品），点第一个进去看到的页面是带有这个标签词的所有帖子。标签页面分为两部分，即 Top posts（电脑端展示 9 个热门帖子）和 Most recent（按发布时间顺序排列）。如果有人对某个话题感兴趣，会进行搜索或者关注。如果帖子使用了正确和最相关的标签，会带来意想不到的效果。第一，其他人在搜索这个标签词时就有可能发现帖子。第二，某种概率上 Instagram 平台会将帖子自动推送给关注了此标签的人，引起与帖子互动且 follow。第三，商家完全可以针对受众创建并使用品牌标签，来展示品牌产品和服务，并鼓励大家去使用它。第四，标签可以帮助商家寻找网红和代言人，甚至找客户。例如：化妆品帖子可以搜索 makeup 这个标签，然后在里面筛选关注度高的用户进行联系，发展为代言人。

Instagram 平台中常见的标签可以分为：品牌标签，如 xiaomi；产品标签，如 hat；活动标签，如 giveaways（让利）；节日标签，如 christmas（圣诞节）；位置标签，如 Shen zhen；通用标签，如 love、fashion 等，如图 5 - 11 所示。

在具体操作时，营销人员可以关注最近热门的 hashtag。系统对于标签的限制是最多 2200 个字符，30 个话题标签。一般是 8 ～ 15 个效果较好。最后，保留效果比较好的帖子里的 hashtag 列表，复制和粘贴相同的一组标签，进行部分替换即可。

三、X 营销

X 营销

X 的前身是 Twitter，类似于微博，信息简短且新闻性强，允许用户更新不超过 140 个字符的消息。X 上聚集了 80% 的全球 500 强企业 CEO、知名政经人物、科技新贵。作为新鲜资讯与权威信息的发布平台，X 的用户信息接受度高出其他平台 50% 以上，是当下全球最有影响力的平台之一。与大部分以“look at me”（来看我）为主要社交心态的社交平台不同，X 用户的使用心理是“ look at this”。

图 5－11　常见标签展示

X 的用户想要知道最新的事情，想要看世界上发生了什么最酷最新的信息，这对国内的 3C 科技类品牌来说是一个利好。X 的内部调研显示：80% 的 X 用户每天在平台上搜索有哪些最新的科技、产品、音乐、流行、电商、游戏，其中还有超过 65% 的用户愿意成为第一个使用最新款手机的人。对中国品牌而言，这些用户行为都为品牌在 X 上去介绍品牌故事、产品特色培育了良好的土壤。

中国品牌的创新开发能力、研发速度全球领先，但在海外的知名度跟好感度还需要很多加强和努力。X 是一个适合宣传中国品牌、讲中国故事的平台。当然，在海外平台讲好中国故事不是一件容易的事，可以尝试以下几种方法。

（一）与海外节日活动相结合

以大疆为例，大疆在圣诞节、情人节等热点节日期间在 X 上不断造势，让它的产品成为父母给孩子、丈夫给妻子、男友给女友的礼物之选。2023 年三八妇女节，大疆针对女性市场为其无人机做了一系列推广，让女性用户了解到无人机的简易操作，从而提升了大疆在女性群体中的渗透力。如图 5－12 所示，大疆的文案 “Celebrating Women Who Fly”(庆祝能飞翔的女性)，对于女性受众非常有感染力。

图 5－12　大疆三八妇女节文案

（二）尝试与热点事件相结合

在历届世界杯期间，X 成为不少海外用户观看和讨论赛事的重要渠道。例如：华为在印度尼西亚市场与 X 合作，买下世界杯赛事的广告，提升品牌在当地市场的知名度与好感度。

（三）尝试与本土文化相结合

针对出海品牌的本土化营销，X 给出的建议是要结合本土的市场特征，特别是当地文化特色。X 在帮助美图手机扩大在日本市场的知名度时，借势了日本每年的夏日盛会——烟花大会，在 X 上告诉用户用美图手机可以拍出更好的烟花以及自己。X 的团队会进行深入的调研来帮助品牌了解当地本土用户的消费特点。一个有趣的小洞察是：手游品牌在日本市场做会员增长时，会建议品牌在每月的 25 日之后开始营销活动，这是因为日本全国各地普遍的发薪日是 25 日，25 日之后进行推广效果会更好。

四、Linkedin 营销

虽然 Linkedin 的知名度没有前面几家平台大，但却是跨境电商和外贸从业者越来越多选择的营销平台。Linkedin 作为全球知名的职场社交平台，覆盖全球超 8 亿会员。Linkedin 致力于打造“一站式职业发展平台”，帮助职场人连接无限机会。网站的目的是让注册用户维护他们在商业交往中认识并信任的联系人，俗称“人脉”。用户可以邀请他认识的人成为“关系”圈的人。Linkedin 正在成为一个不容忽视的社交媒体平台，特别是针对 B2B 营销。相比其他社交平台，Linkedin 在增加流量、产生高质量的潜在客户和建立思想领导力方面有着独特的优势。

Linkedin 的营销分为免费营销和付费营销。付费营销与其他网站类似，包括信息流广告、站内信广告、增粉广告等。其中信息流广告的效果是相对来说是比较好的。除付费营销方法外，Linkedin 中也有很多免费营销方法。最直接的方法是加好友开发客户，这主要用于 B2B 场景中。当搜索客户的姓名后，可以直接搜索合作客户来加好友，也可以用产品关键词加好友或者目标客户公司名加好友。添加好友对象前还需要筛选，查看他（她）的主页是否是 Key Person 或 Decision Maker。

除加好友外，还可以在 Linkedin 上发布行业趋势、策略指南和思想领导力等内容。据统计，在 Linkedin 上分享次数最多的文章标题是行业趋势和策略指南类文章。在主页上发布思想领导力内容是增加 Linkedin 受众的有效方式之一。发帖内容可以包括：行业思想领导力——您对新闻和趋势的看法；组织思想领导力——公司的愿景和文化；产品思想领导力——以客户为中心的最佳解决方案等。

在 Linkedin 上发帖时需要找到最佳时间。可尝试不同的发布时间并进行记录，借助 Linkedin 公司主页“数据分析”工具，根据目标确定最高点击率或参与率的热门帖子，将这些帖子与其发布时间做对比。每个工作日安排 1 篇帖子，每月 20 篇帖子可以覆盖接近 60% 的独特受众。

持续优化公司的主页有利于搜索。因此，在公司简介中一定要加入关键词，清楚地表明公司的主营业务和方向；提前考虑潜在目标客户在搜索企业的产品或服务时经常会使用的词或词组；在个人档案中同样不要忘记添加“About us”和“Skills”模块。

知识巩固

一、选择题

（一）单选题

1. Facebook 创建于（　　）。

   A. 美国　　B. 巴西　　C. 土耳其　　D. 英国

2. 以下不属于 Facebook 三大广告精准定向方式的是（　　）。

   A. 核心受众　　B. 熟人匹配　　C. 相似度匹配　　D. 关键词匹配

3. “六度分隔”现象可以归纳为任意两个陌生人之间所间隔的人不会超过（　　）。

   A. 五个　　B. 六个　　C. 七个　　D. 八个

4. 拼多多前期营销模式是（　　）的典型代表。

   A. 病毒式营销　　B. 联合营销　　C. 社会化营销　　D. 借势营销

（二）多选题

1. 社交网络营销具有以下哪些特点？（　　）

   A. 直接面对消费人群　　B. 以点带面，覆盖广

   C. 交互性强　　D. 只能在单一的社交网络渠道进行

2. Facebook 内容营销几大趋势是（　　）。

   A. 原生视频 = 高到达　　B. Instant Articles

   C. 多图多视频　　D. GIF=Slideshow 小视频

3. Linkedin 的营销也分为免费营销和付费营销，其中付费营销有哪些？（　　）

   A. 信息流广告　　B. 站内信广告

   C. 增粉广告　　D. 加好友开发顾客

4. YouTube 营销的视频类别有哪些？（　　）

   A. 教程类视频　　B. 排行类视频　　C. 开箱视频　　D. DIY 视频

二、思考题

1. 社交网络营销的心理学基础是什么？
2. 海外社交网络营销的渠道有哪些？
3. 借势营销取得成功的关键是什么？
4. 在 Facebook 上进行品牌营销，吸引粉丝、保持粉丝要注意哪些问题？
5. 举例说明什么是饥饿营销。
6. 病毒式营销的基本原理是什么？

项目实训

一、实践操作

请选择一种产品，为其设计一个跨境电商病毒式营销的方案。

二、创新与创业

1. 当社交网络营销越来越普遍，人们对社交网络营销是否会产生厌倦感？社交网络营销应该如何创新？

2. 如何成功在 Facebook 上进行企业品牌的营销？

素质提升

社交网络营销中存在一些杀熟的情况，破坏了社交网络营销的整体环境。如何在社交网络营销中遵循商业伦理以降低这种风险？

项目六

直播营销

知识目标

1. 熟悉零售发展的四个阶段和特点
2. 了解新零售思维的核心概念
3. 熟悉新零售思维在直播营销中的运用

技能目标

1. 能够区分新零售思维和传统零售思维的要点
2. 能够理解新零售思维在直播营销中的重点
3. 能够掌握本项目直播营销案例的要点

素养目标

1. 了解直播营销中服饰穿着的注意事项
2. 了解直播中语言的文明规范
3. 在直播中实事求是地介绍产品，自觉抵制虚假宣传

知识导图

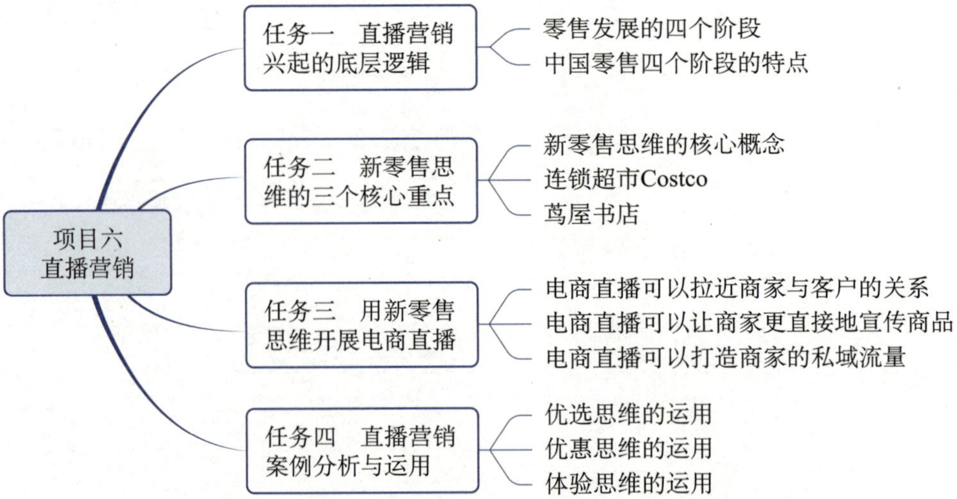

项目导入

束氏茶界作为茶行业新零售的领军者，在营销推广方面不断创新。春季刚过去，束氏茶界携手又一城，在“束氏茶界”App上发起安吉白茶和西湖龙井的直播营销活动，取得了非常好的效果。四场直播下来，束氏茶界成功吸引粉丝高达3万人，交易额近6万元。束氏茶界是怎么做到的呢？

束氏的整个春茶直播周期分为直播预告、直播开始和直播回放三个过程。首先是预热，束氏茶界发动门店数千名创客和导购，在朋友圈分享直播预热的H5页面，引起大范围的关注。其次，在直播活动开始时，束氏茶界再次组织广大网友推送朋友圈，吸引更多用户进入直播间观看，并在直播间直接下单。直播结束后，束氏茶界的导购和创客还可以推送直播回放，让此前没时间观看直播的用户观看直播并再次下单，产生二次销售。

束氏茶界的春茶直播活动大获成功，有两方面影响：一方面，预售下单的会员通过直播观看他们即将收到的茶叶的采摘和制作情况，提升束氏茶界品牌影响力；另一方面，束氏茶界通过用户分享直播，吸引了更多的用户下单，实现了最大化的引流和拉新。

思考：束氏茶界的直播推广活动为我们开展直播营销活动带来了哪些启示？

任务一 直播营销兴起的底层逻辑

一、零售发展的四个阶段

直播电商的本质是一种零售渠道和零售方式，所以在做直播之前需要深刻理解零售的底层逻辑。除了商品的差异，不同的零售渠道也满足了人们不同的购买需求。常见的零售渠道有市场、商城、电商平台、直播间（见图6－1）。

中国零售发展的四个阶段

学中做

你们喜欢哪种购物方式？父辈更喜欢哪种购物方式？

零售的发展经历了四个显著的阶段，最初是传统零售阶段，这一阶段主要以实体店铺为主，交易方式较单一，依赖顾客到店购买。随后进入现代零售阶段，这一阶段引入了更多的现代化管理技术和经营理念，如连锁经营、信息化管理等，提升了零售效率和客户体验。进入21世纪，零售迎来了电商零售阶段，互联网技术的飞速发展为零售行业带来了革命性的变化。电商平台如雨后春笋般涌现，消费者开始享受线上购物的便捷，零售业务逐渐从线下转移到线上，形成了全新的商业模式和消费习惯。目前，电商零售已经发展到一个相对成熟的阶段，市场竞争激烈，技术和服务不断创新。

随着科技的进步和消费者需求的多样化，零售行业开始向新零售形式转变。新零售融合了线上线下，利用大数据、人工智能等先进技术，提供更加个性化、智能化的购物

市场

商城

电商平台

直播间

图 6－1　常见的零售渠道

体验。它打破了传统零售和电商零售的界限，实现了全渠道、无缝隙的购物方式，让消费者在任何时间、任何地点都能享受到便捷、高效的购物服务。这一转变标志着零售行业进入了一个全新的发展阶段，预示着未来零售的无限可能。

国内零售业态的不断发展，实际上是“用户需求”的不断发展。传统零售中用户的核心需求集中在多选、廉价和便利这三个领域。这三个领域可以从零售发展的不同业态中满足零售的核心效用（见图 6－2）。

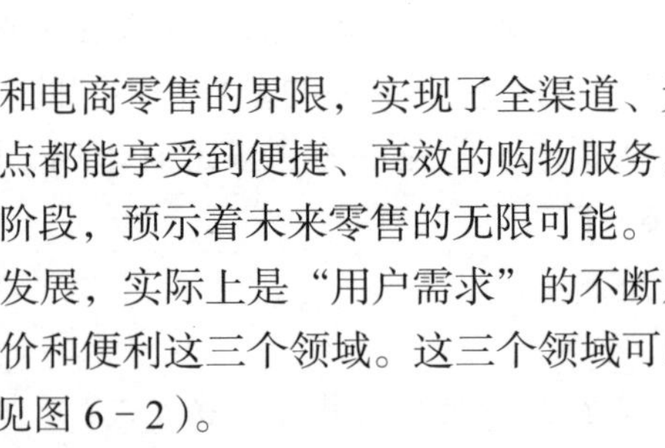

图 6－2　零售三角核心效用

二、中国零售四个阶段的特点

（一）传统零售阶段

中国零售发展的四个阶段演变－1

传统零售阶段具体形式有杂货店零售、批发市场销售和百货商场销售这三种。这三种零售形式都只能满足多选、廉价和便利三个效用中的一个效用。传统零售的商业环境有限，这个阶段信息化程度低、供应链比较原始、出行方式落后，所以零售方式有限，供小于求。

1. 杂货店零售

在传统零售阶段，杂货店一般在住宅区的周边，满足了“便利”的需求，主要解决的是日用消费品的购买需要，但是商品数量有限，无法满足客户多样性的选择，价格也并不优惠（见图 6－3）。

杂货店

图 6－3　杂货店零售

2. 批发市场销售

批发市场主要满足消费者“廉价”的需求。批发市场是传统小商铺的聚集区域，价格会比便利店优惠很多，多数是某类商品的批发市场，如农产品批发市场、服装批发市场、水果批发市场等（见图 6－4）。

批发市场

图 6－4　批发市场销售

3. 百货商场销售

百货商场相对批发市场来看，满足了客户对商品多样性的需求，但是价格通常较高，并且分布在城市的核心区域，不能满足所有区域客户的便利需要（见图 6－5）。

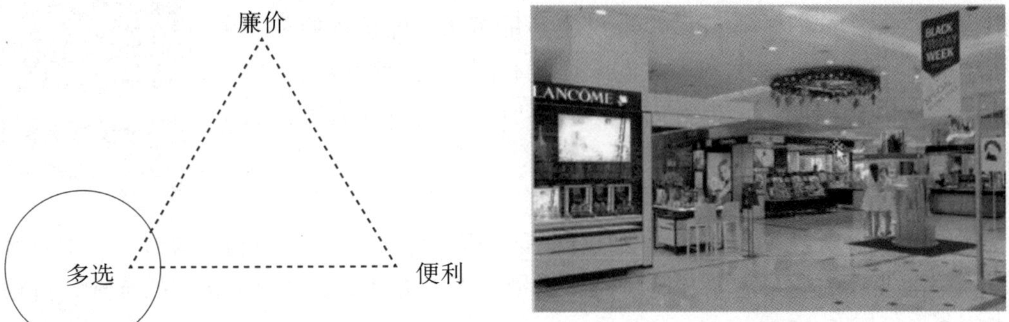

百货商场

图 6－5　百货商场销售

（二）现代零售阶段

现代零售阶段的具体形式有大型商超销售和连锁折扣店销售两种。大型商超以苏宁、宜家、沃尔玛等为典型代表，连锁折扣店以优衣库、名创优品等为典型代表。现代零售形式开始能满足多选、廉价和便利三个效用中的某两个效用。随着传统零售阶段的“零售业态”也在不断发展，产品品类不断丰富，品牌商品或品牌店铺不断增加，杂货店演变成便利店，批发市场演变成奥特莱斯商城，百货商场演变成 Mall。

学中做

Shopping Mall 和百货商场有什么区别？

1. 大型商超销售

大型商超同时满足了“多选”和“廉价”两个效用。大型商超一般在住宅区的周边。比起传统零售方式，大型商超的商品量更大、商品品种更丰富，价格相对更优惠，一度成为主流的零售形式（见图 6－6）。

大型商超

图 6－6　大型商超销售

2. 连锁折扣店销售

比起传统零售方式，连锁折扣店同时满足了“便利”和“廉价”两个效用。比起大型商超，连锁折扣店以折扣商品为主，价格相对优惠，以连锁的形式满足客户的购物便利性（见图 6－7）。

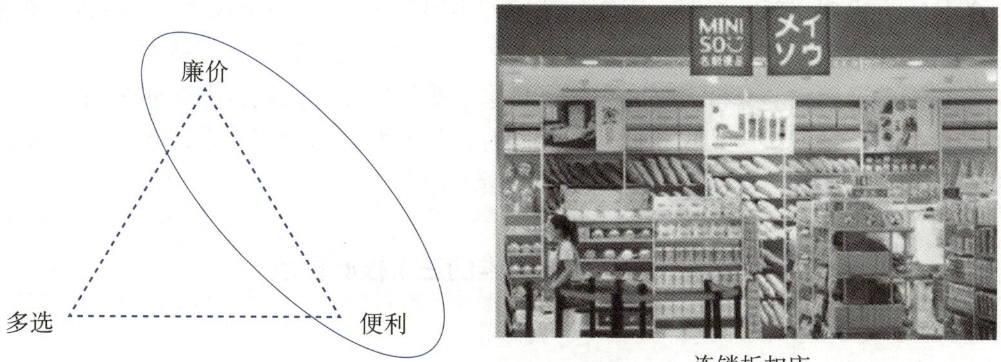

连锁折扣店

图 6－7　连锁折扣店销售

学中做

你还知道哪些连锁折扣店？请写出它们的名字。

（三）电商零售阶段

中国零售发展的四个阶段演变－2

在短短的 20 多年里，中国零售业的信息技术从无到有，从低级到高级，走完了国外近半个世纪才走完的路，取得了令世人瞩目的成绩。目前我国已有近百家大型连锁商场开设了网上连锁商城，一些大型的超市和百货公司也正着手建设自己的电子商务体系和交易平台。

电商零售能同时满足“多选”、“廉价”和“便利”三个效用，如图 6－8 所示。电商零售阶段，商品极大丰富、信息全网实时联通、供应链高度发达、物流实现送货上门。网店突出了空间的便利性，消费者指尖轻触就可以买到全国乃至全球的产品。但是从收货时间上来说，依然受到快递时效的影响。想要从根本上解决这个问题并不容易，需要全国性的仓储布局，以及深度整合的高效物流系统做匹配，需要很大的相关投入。

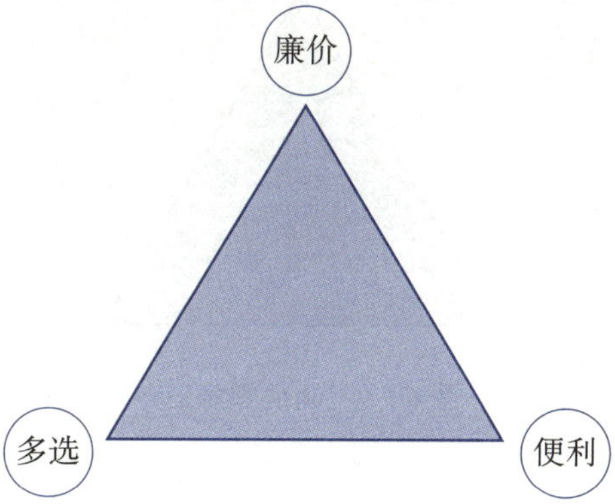

图 6－8　电商零售三个效用

网店针对收货时效要求不高的产品，如图书、美妆、数码产品、服饰等，吸引力会更高；需要空间传递的礼品、私密性商品等也特别适合线上销售。

学中做

新零售的产生是因为电商零售已经穷途末路还是其他原因?

(四)新零售阶段

为什么会出现“新零售”？因为传统的“零售三角”，每一个效益角都在逼近极限，出现了“性能过剩”现象。电商平台没有实体店面的空间限制，千万品类的产品在各个平台上，消费者面临的选择太多，出现了挑选困难的问题。此外，电商的透明性竞争造成商品价格竞争激烈，产品收益低。与此同时，借助发达的物流体系，新零售可以实现上门取货和上门退货，有运费险还能免费退货。

任务二　新零售思维的三个核心重点

一、新零售思维的核心概念

新零售思维的核心概念

2016 年 11 月 12 日，国务院办公厅印发《关于推动实体零售创新转型的意见》(国办发〔2016〕78 号)(以下简称《意见》)，明确了推动我国实体零售创新转型的指导思想和基本原则，同时在调整商业结构、创新发展方式、促进跨界融合、优化发展环境、强化政策支持等方面做出了具体部署。《意见》在促进线上线下融合的问题上强调：“建立适应融合发展的标准规范、竞争规则，引导实体零售企业逐步提高信息化水平，将线下物流、服务、体验等优势与线上商流、资金流、信息流融合，拓展智能化、网络化的全渠道布局。”

新零售是指企业以互联网为依托，运用大数据、人工智能等先进技术手段，对商品的生产、流通与销售过程进行升级改造，进而重塑业态结构与生态圈，并对线上服务、线下体验以及现代物流进行深度融合的零售新模式。

新零售思维的核心是新的零售三角：优选、优惠、体验（见图 6－9）。新零售的重点不在于形式到底是线上销售还是线下销售，而在于它创新性地满足了消费者不断变化的新需求。优选是指每个产品品类只精挑细选几款优质产品，将其提供给消费者，大大降低了消费者的决策成本。优惠是指完全站在消费者的角度，尽可能压低供应商的价格，零差价卖给消费者。体验是指通过品类组合策略，深度满足消费者的某种需求，从而创造全新的消费体验。

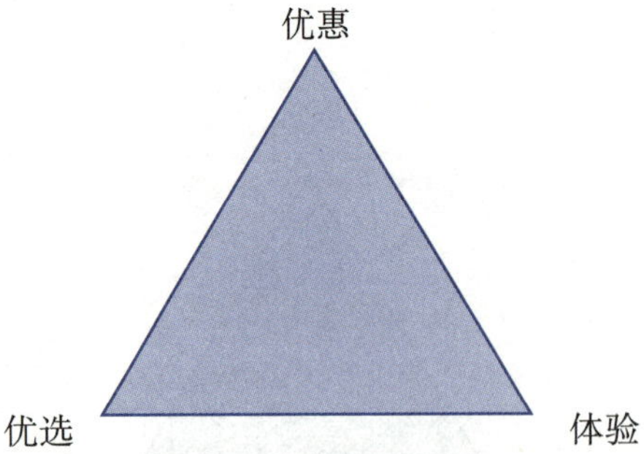

图 6－9　新的零售三角

二、连锁超市 Costco

当前线下零售整体不景气，但 Costco 却在逆势扩张，这是因为 Costco 满足了新零

连锁超市 Costco 的新零售思维

售的优选和优惠两个效用。

Costco 是会员制仓储连锁超市，消费者需要预先支付会员费成为会员后才可进入 Costco 门店购物。Costco 目前在全球拥有超过 770 家卖场。Costco 在北美地区“战功赫赫”，长期顶着零售业巨头的光环：美国第二大零售商、全球第七大零售商以及美国第一大连锁会员制仓储式量贩店。其会员制和“以低价格提供高品质的商品”的商业模式也被认为是重塑了实体零售的形态（见图 6－10）。

图 6－10　连锁超市 Costco

Costco 的经营理念为：在各种类别的国家品牌和自有品牌产品中，为会员提供低价格的产品，以此产生高销量和快速库存周转。Costco 通过批量采购、高效分销和减少处理商品的运营成本，能够以较低的毛利率实现盈利运营。Costco 亚洲区总裁说，Costco 不像家乐福、沃尔玛，商品种类多但质量参差不齐，门店内没有豪华的装修，也没有不间断的购物音乐，但是有最低的毛利和最优质的商品，因此也有最高的回头率。

Costco 仓库运载约 4 000 个 SKU（库存单位），而大多数超市则为 30 000 个，上海首家 Costco 门店 SKU 不超过 3 400 个，只有少量质优的产品才会出现在 Costco 的货架上。依靠对优质产品的大量采购，Costco 的商品价格被压缩到几乎贴近成本。Costco 财报显示，Costco 的商品毛利率仅为 11% 左右，低廉的价格吸引了大批会员，Costco 则靠收取会员费获利，盈利水平与会员数直接挂钩。

Costco 的成功来源于忠实的会员群体。财报显示，其会员续费率在美国和加拿大为 90%，在全球为 88%。Costco 的目标用户是具有一定消费能力的中产阶级。

三、茑屋书店

茑屋书店

茑屋书店成立于 1983 年，目前日本有 1 440 多家茑屋书店，代官山茑屋书店日流量达 32 000 人。面对互联网对传统书店的巨大冲击，行业势头快速下滑，茑屋书店却一直逆势增长（见图 6 - 11）。最早的茑屋书店是一家位于日本东京代官山的书店，由三栋建筑组成，有书、DVD 和 CD 出租，店内还有星巴克。

图 6 - 11　茑屋书店

在物资匮乏的时代，食物、衣服等物资就是顾客价值的体现。在物资充足的时代，顾客价值便开始向平台产业转变，从百货商店到便利商超再到电商业，平台开始泛滥。这个时候，顾客价值便是生活体验能力。日本新宿的茑屋书店为了让读者有更舒适的环境去体验阅读的乐趣，以家里舒适的客厅作为概念，整个书店共有三层，除了有书本与杂志贩售，同时也有咖啡和饮料提供，是办公或聚会的好地方。书店第一层是工作室，不仅有共享的沙发区，还有独立或小组形式的桌子，还提供 iMac 给读者使用。第二层以自然和露营为概念，用人工草与帐篷为读者营造出仿佛置身于大自然中阅读一般。无论是坐着还是躺着，读者都能随心所欲。第三层是女性专用的楼层，与第一层一样，是以软绵绵的沙发为主布置的，但加入了一个以日式地帘砌成的空间，女性可以在这里互享心事。这一层还设有按摩椅与化妆台，增加了人性化设计元素（见图 6 - 12）。

代官山茑屋书店还特别设置了通晓某特定领域的导购员，从商品采购到卖场布置的整个过程都由导购员决定，并实际接待顾客，向来店顾客提出自己的建议。茑屋书店有多位导购员，有日本代表性料理杂志的前主编，有受到文学家信赖的传奇书店店员，也有撰写过 20 多本旅行指南的记者，他们通过选书、陈列、内容企划等全方位的服务，丰富顾客的体验。

图 6－12 茑屋书店分区

学中做

增强客户体验的目的是什么？

任务三 用新零售思维开展电商直播

借助电商直播＋新零售模式运营，商家可以更好地赢得客户的关注，并且实现销量的提升。

用新零售思维开展直播电商运营

一、电商直播可以拉近商家与客户的关系

商家搞新零售模式的目的就是让更多客户了解自己，同时商家也可以借此了解客户、迎合客户的喜好以进行推销。相较于以前的电商模式，电商直播可以更好地赢得客户的好感。在营销之前，商家可以借助直播来拉近与客户的关系。良好的关系是后期营销的根本。

商家在进行电商直播的时候，切勿在一开播就直接推销，建议结合场景分享一些内容。例如：主播可以给大家讲讲自己旅游的经历或者故事，赢得客户的好感，然后在这些故事中夹杂一些自己要营销的产品，以间接的方式来让客户了解商家的商品。

二、电商直播可以让商家更直接地宣传商品

商家在进行电商直播的时候，可以更好地宣传商品。商家可以让客户直接看到宣传的商品，听了商家的讲解后，客户对商品能有更直接的认识。相较于传统电商来说，客户不能直接看到商品，因此对商品的信任度也不高。

商家在进行电商直播的时候，借助故事开始，让客户了解到商家的困难或者需求，

然后跟随商家了解商品的用途。在这个情况下，商家通过亲身体验的方式来将商品宣传给客户。主播的口才和逻辑也是直播质量的关键。

三、电商直播可以打造商家的私域流量

商家在进行电商直播的时候，可以通过各种营销活动或者游戏等互动方式来吸引客户。例如：商家在进行电商直播的时候，可以采取游戏模式，告诉大家只要关注电商平台，那么主播就会在平台随机抽取若干名客户免费得到精美礼品。这样可以将客户引流到商家平台，商家就可以成功打造私域流量了。借助私域流量的打造，商家可以更好地营销，并获得更多的销量。

商家在进行电商直播的时候，往往会忽略一些关键因素，或者一味地去效仿，这样总不能获得较好的效果。在营销过程中，商家要结合自己的实际资源去经营，这样才能赢得更多的收益。

直播电商是“新零售”的代表和典范，在直播营销中运用优选思维、优惠思维和体验思维不断满足新零售时代消费者的需求。优选思维：主播就是买手，为用户精挑细选优质商品。优惠思维：由于销量大，因此直播的价格非常优惠，低于平常的电商销售价格。体验思维：主播的试穿展示、产品现场介绍、主播与用户的互动给消费者带来了全新的体验。

任务四　直播营销案例分析与运用

海宁皮革城与淘宝直播携手合作，共同举办了盛大的“淘宝直播皮草节”。在这场别开生面的活动中，借助直播的强大带货能力，海宁皮革城在皮草节当天就实现了惊人的销售业绩，销售额总计达 3.68 亿元。其中，知名主播“烈儿宝贝”以其专业的直播营销能力，一场直播活动便成功售出价值 7 700 万元的商品，成为此次皮草节的一大亮点。这场活动不仅彰显了直播电商在新零售时代的巨大潜力和无限可能，也进一步证明了以直播为代表的新零售模式对于推动传统行业转型升级、激发市场消费潜力的重要作用（见图 6－13）。

图 6－13　淘宝直播皮草节

一、优选思维的运用

烈儿宝贝作为海宁皮革城官方唯一战略合作主播，在直播前半个月就来到海宁皮革城，走访了几百家商铺进行选品，最终挑选了大约 70 件产品用于皮草节直播。在这次直播中主播优选了以下产品，如图 6－14 所示。

优选思维在直播营销的运用

直播价：2 999元

直播价：7 899元

直播价：3 299元

直播价：5 899元

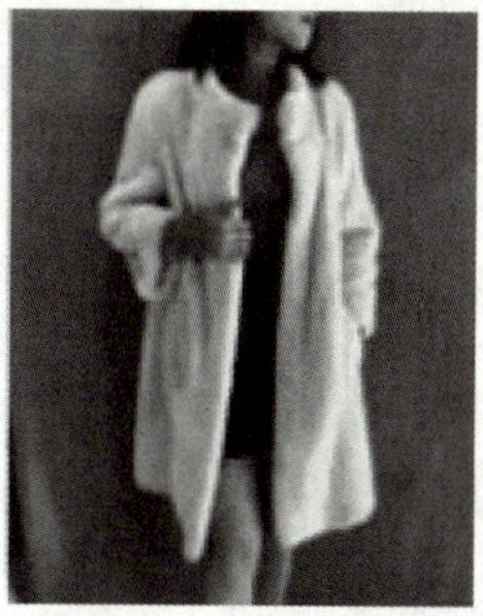

直播价：7 899元

图 6－14 淘宝直播皮草节选品（一）

（一）挑选款式的经验总结

这些成为选品的服装款式有哪些共性？无论是派克服，还是羊毛衫、狐狸毛外套，都给人一种很时尚的感觉（见图 6－15）。这是因为本场皮草节直播活动的客户群体都是较为年轻的女性，主播团队根据客户群体的偏好进行了选品。这些选品款式具有两个共同点：第一，选品有不同面料的拼接、有镶嵌的装饰物，也有卫衣款式，产品更具时尚感。第二，选品的颜色整体偏浅色，风格偏清新，而非传统皮草雍容华贵的感觉。

貉子毛长款派克服大衣外套
直播价：1 349元

小颗粒羊毛皮草外套时尚大衣女长款
直播价：1 299元

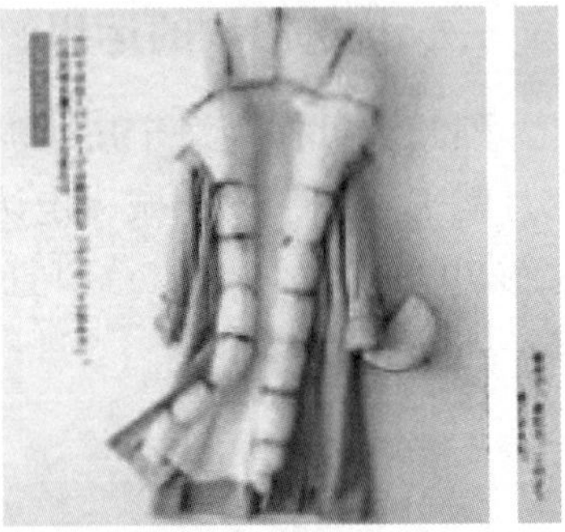

獭兔毛内胆派克服女中长款
直播价：1 669元

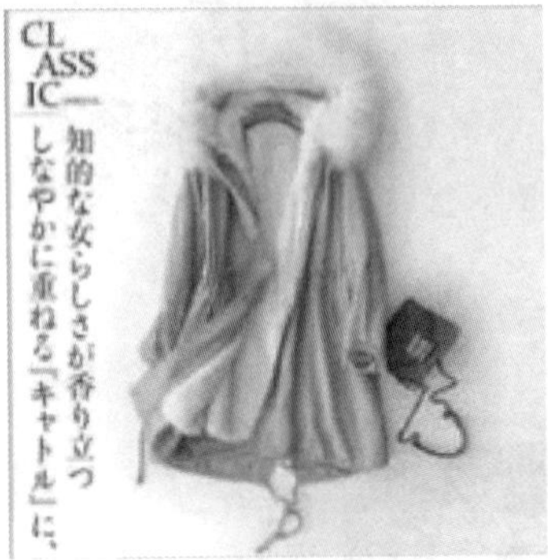

獭兔毛内胆派克服女中长款
直播价：1 299元

狐狸毛外套
直播价：1 058元

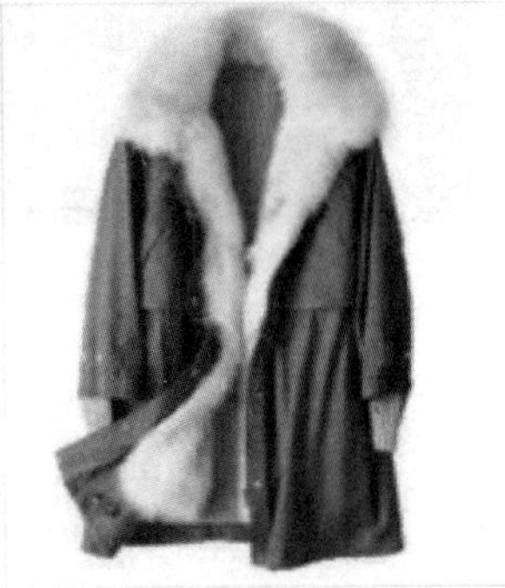

针织内胆狐狸毛内衬长款派克大衣
直播价:1 359元

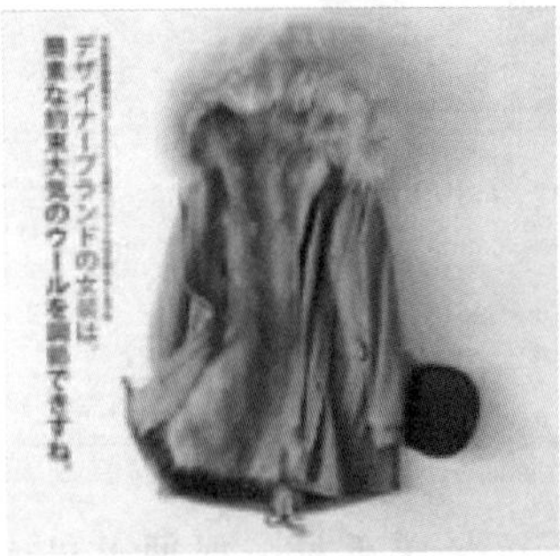

牛仔派克服女貉子毛内胆2018新款
直播价：1 599元

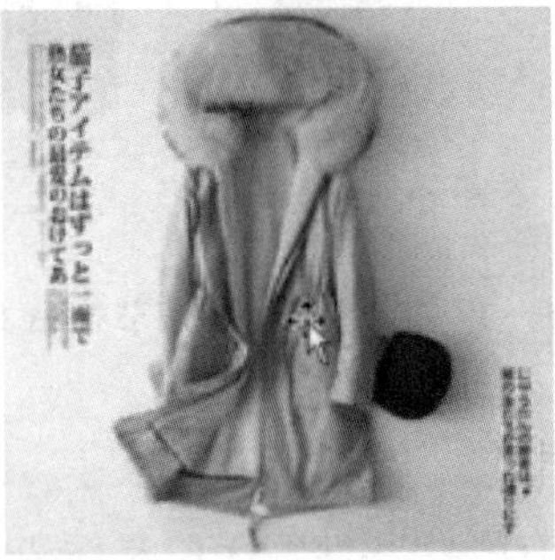

獭兔毛内胆派克服女中长款
貉子毛皮草
直播价：1 349元

狐狸毛皮草马甲外套保暖
直播价：1 299元

图 6-15　淘宝直播皮草节选品（二）

（二）服装产品的选择

直播选品调研要基于同类产品的网上销售数据进行。

选品调研的步骤如下：（1）在电商平台搜索“同类产品”，统计销量最好的产品样式，如图 6－16 所示。（2）总结畅销的产品样式的共性（图案、颜色、装饰）。（3）寻找符合该共性但还未拥有巨大销量的产品，或者自己设计开发。

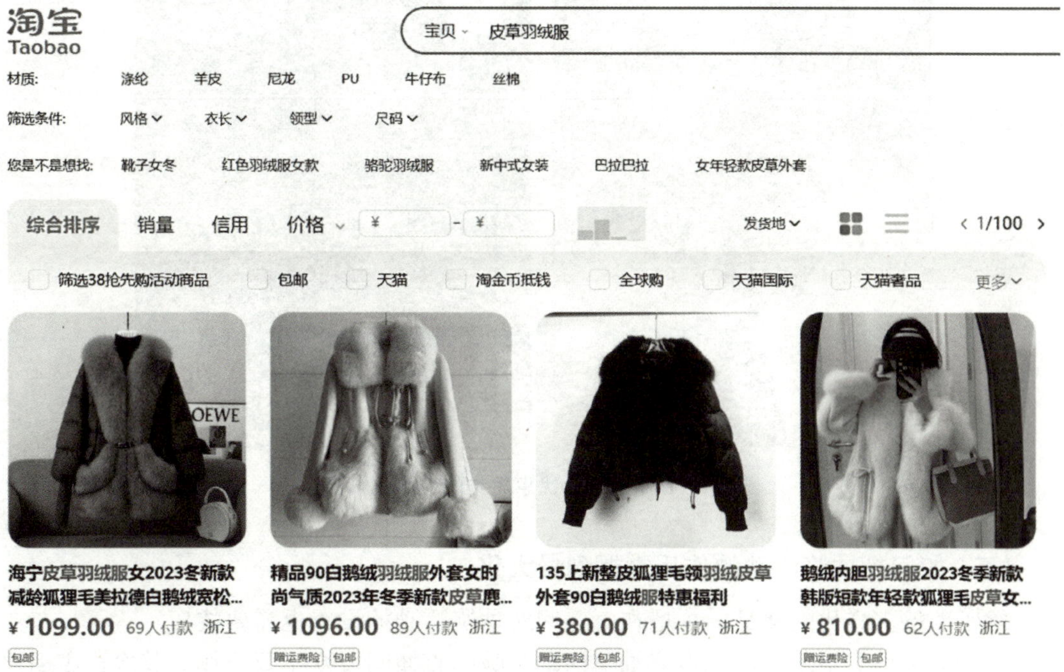

图 6－16　淘宝同类畅销品

二、优惠思维的运用

优惠思维在直播营销的运用

（一）抽奖活动对于直播的意义

一场直播的时间少则一两个小时，多则三五个小时。普通人对于一件事情注意力集中的时间非常短，因此商家需要通过各种抽奖活动不断刺激用户的注意力和兴趣，使用户在直播间停留更长时间。

（二）奖品的设置

以淘宝直播皮草节为例，商家在直播活动中准备了大量且丰富的奖品，有现金红包和多种实物奖品。针对皮草这类价格偏高的商品，配套的奖品价值也相对较高，包括高价值奖品（某国际知名品牌手机、某国际知名品牌手包）、稀缺产品（自家的定制化产品）、实用性产品（皮手套、毛围巾）等，如图 6－17 所示。

图 6－17　优惠思维的运用

（三）如何把抽奖活动的作用发挥到最大化

除了准备多样化的奖品，主播在直播间对抽奖活动的设置也需要技巧。

首先，主播要不断提示几点有抽奖活动，吸引直播间观众不要离场。其次，主播要把奖品实物在直播间展示，让观众直接看到奖品，吸引观众的注意力。最后，主播需要对奖品的价值、卖点进行烘托渲染，激发直播间观众的兴趣和热情。

（四）抽奖活动的节奏安排与布局

普通人在一件事情上的注意力最多只能维持 20 分钟，之后的注意力就会逐步下降（见图 6－18）。每当客户注意力下降时，主播就要通过抽奖活动把客户拉回来。主播可以根据整场直播时间长短把抽奖活动的间隔时间设为 15 ～ 30 分钟。

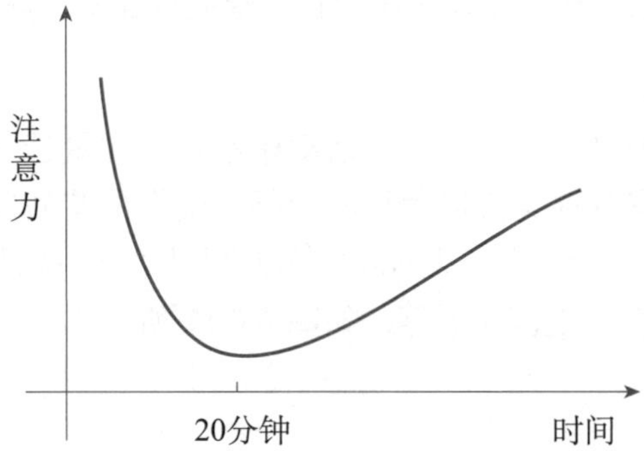

图 6－18　注意力衰退曲线

根据注意力衰退曲线，淘宝直播皮草节时长5个小时，其间设置了11次抽奖，包括50个999元现金红包、4个某国际知名品牌手包（见表6－1）。本次直播活动根据注意力衰退曲线设置了多次抽奖活动，其规律在于：

（1）针对三类不同的客户（钻粉铁粉、所有直播观众、当天已下单购买的客户），在不同的时段分别激励，让每一类客户都感觉自己受到重视。

（2）9时后的直播，对购买下单的客户给予更多的中奖机会，尤其是中大奖的机会。

（3）价格最高的某国际知名名牌手包放在最后抽奖，可以留住一部分观看直播的客户。

（4）高频率的抽奖活动极大地激发了客户的购买热情。

表6－1 抽奖互动的设置方案

序号	时间	抽奖互动
1	7时	5个999元现金红包，限钻粉和铁粉
2	7时30分	5个999元现金红包，限钻粉和铁粉
3	8时	某国际知名品牌手包1个（价值5 000多元），所有直播观众；5个999元现金红包，限钻粉和铁粉
4	8时30分	5个999元现金红包，所有直播观众
5	9时	某国际知名品牌手包1个（价值1.4万多元），限当天已下单购买的客户；5个999元现金红包，限钻粉和铁粉
6	9时30分	5个999元现金红包，限当天已下单购买的客户
7	10时	某国际知名品牌手包1个（价值5 000多元），限当天已下单购买的客户；5个999元现金红包，所有直播观众
8	10时30分	5个999元现金红包，所有直播观众
9	11时	5个999元现金红包，限钻粉和铁粉
10	11时30分	5个999元现金红包，限当天已下单购买的客户
11	12时	某国际知名品牌手包1个（全场价值最贵），限当天已下单购买的客户；剩下的十几个999元现金红包全部抽奖

三、体验思维的运用

（一）增强观众体验的三个方法

体验思维在直播营销的运用

在直播过程中，为了显著提升观众的参与度和满意度，主播可以采取以下三个有效方法：

1. 深入介绍产品

主播应当对推广的产品有深入的了解，并能够用通俗易懂的语言详细阐述产品的特点、功能、优势以及使用场景，通过生动的描述和实例演示，帮助观众建立对产品的清晰认知，从而激发直播观众的购买兴趣。

2. 全方位展示产品

除了口头介绍，主播还应通过多角度展示、实物操作、对比测试等方式，让观众能够直观地看到产品的外观、质地、使用效果等。这种全方位的展示方式可以有效消除观众的疑虑，增强直播观众对产品的信任感。

3. 及时解答观众问题

在直播过程中，主播应鼓励观众提问并积极参与互动。主播需要密切关注弹幕、评论等观众反馈渠道，及时、准确地回答观众的问题，解决直播观众的困惑。这种即时互动不仅能提升观众的参与感，还能进一步加深观众对产品的了解和信任。

学中做

以淘宝直播皮草节最畅销的四个选品来对比练习，想想如何在直播过程中融入以上三个经验。四款产品资料如图 6－19 所示。

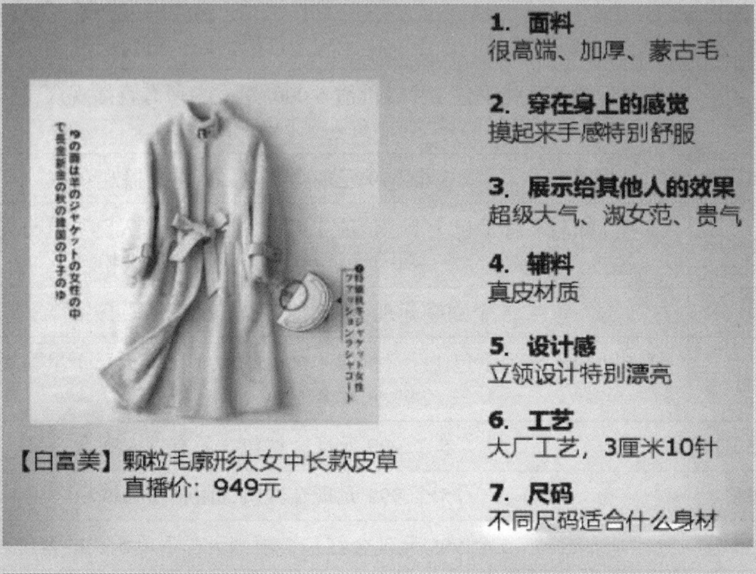

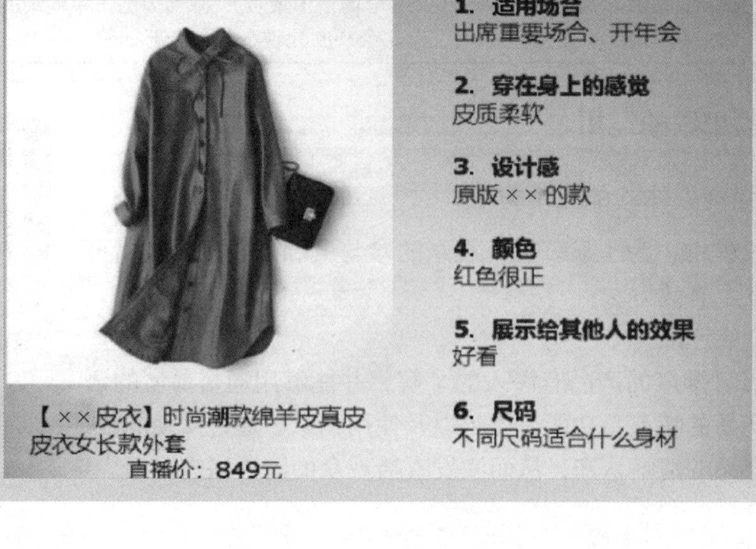

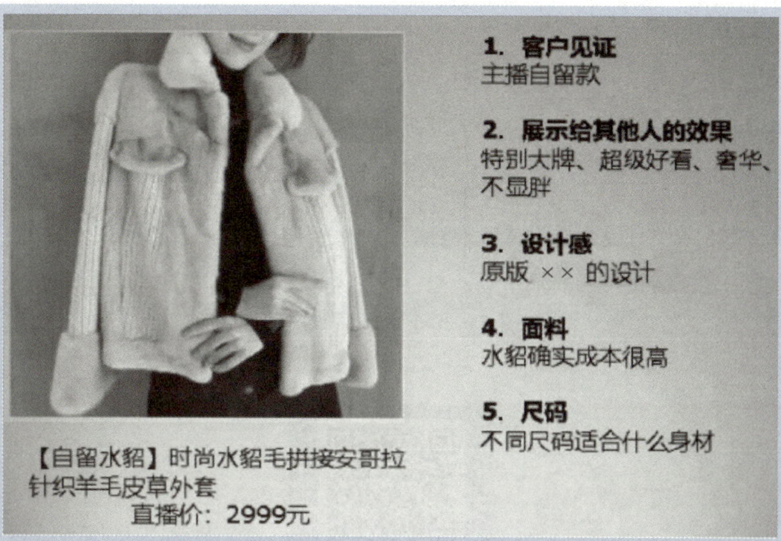

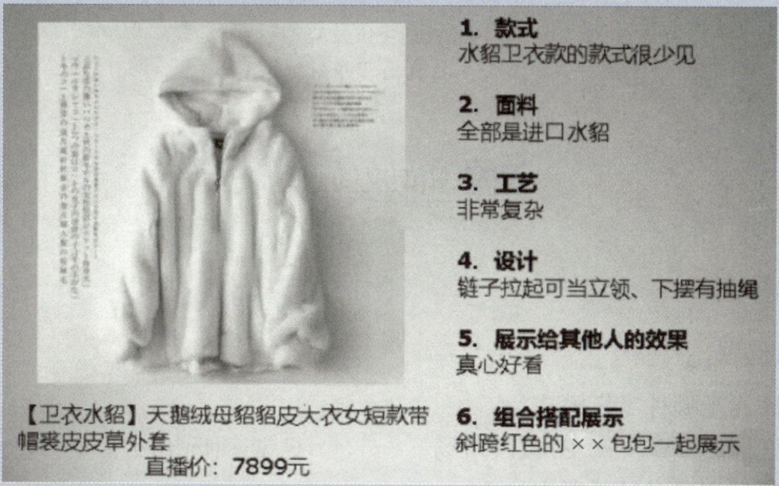

图 6－19 淘宝直播皮草节最畅销的四款产品

（二）塑造产品价值的 12 个方向

在直播具体操作过程中，从哪些角度能够帮助产品塑造其价值，要以客户需求为基础展开。

以淘宝直播皮草节为例，总结主播整场直播情况，分别从面料、穿在身上的感觉、展示给其他人的效果、设计感、生产工艺、客户见证、怎样与其他衣服搭配、不同尺码适合什么身材、性价比、适应人群、款式、产品适用场合这 12 个角度来塑造和体现产品的价值，取得了显著的效果。

学中做

通过对比图 6－20 左右两句直播话术，总结如何通过准确和专业的直播话术来展现产品价值。

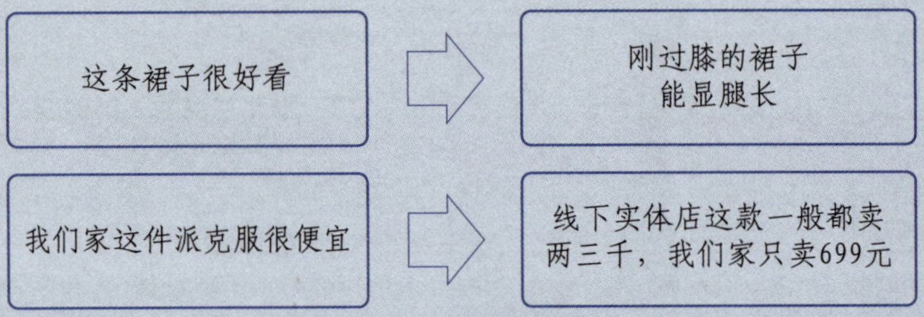

图 6－20　直播话术对比

TikTok 营销经验
之直播营销

知识巩固

一、选择题

（一）单选题

1. 优衣库属于哪种零售模式？（　　）

　A. 便利店　　B. 批发市场　　C. 连锁折扣店　　D. 大型商超

2. 批发市场主要满足消费中的（　　）。

　A. 廉价效用　　B. 多选效用　　C. 便利效用　　D. 体验效用

3. 成年人能够保持注意力集中的时间长度为（　　）。

　A. 30 分钟　　B. 60 分钟　　C. 90 分钟　　D. 20 分钟

4. 直播抽奖中最贵的奖品一般放在（　　）发放。

　A. 直播开始　　B. 直播最后

　C. 直播中间　　D. 直播任何时间点

（二）多选题

1. 传统零售满足消费者需求的基本效用包括（　　）。

　A. 廉价　　B. 便利　　C. 优选　　D. 多选

2. 新零售满足消费者的基本效用包括（　　）。

　A. 优惠　　B. 优选　　C. 体验　　D. 便利

3. 直播奖品包括（　　）。

A. 现金红包　　B. 高价值产品　　C. 稀缺性产品　　D. 实用性产品

4. 电商直播有哪些优点？（　　）

A. 拉近商家和客户的距离

B. 让商家直接宣传产品

C. 引流到商家平台，打造私域流量

D. 客户可以直观地了解商品

二、思考题

1. 传统零售满足客户的三个核心效用是什么？
2. 新零售满足客户的三个核心效用是什么？
3. 直播营销中抽奖环节的作用是什么？
4. 新零售和现代零售的区别有哪些？

项目实训

一、实践操作

1. 选择一个产品，挖掘和整理该产品在直播营销中的价值方向，并说明在直播中如何体现这些价值方向，请做一个思维导图来说明。

2. 邀请几位同学，以各自在上述题目中的产品作为销售对象，做一个小型的模拟直播销售，并用手机录像，进行相互点评。

二、创新与创业

1. 考察一家电商直播公司，研究其运营模式和盈利模式，写一篇不少于 300 字的研究报告。

2. 如果创立一家电商直播公司，需要哪些人力和财力？做一个简单的思维导图来展示。

素养提升

直播营销具有传播范围广、传播即时、无法撤回等特点，这也决定了直播营销具有风险特性。在直播营销中会有哪些风险？如何规避这些风险？

项目七

红人营销

知识目标

1. 掌握红人的分类及如何选择与自身需求相匹配的红人
2. 掌握开发红人的技巧
3. 学会设定红人营销的合作考核方案

技能目标

1. 能够归纳主流电商和直播平台上红人营销的实战案例
2. 能够制作实施红人营销的思维导图
3. 能够分析红人营销中的关键成功点
4. 能够通过组建学习小组进行红人营销方案策划

素养目标

1. 注意选择红人合作时对红人的背景和历史进行尽调
2. 注意红人在直播带货过程中的形象、语言以及需要遵守的道德、法律、思想等方面的规范
3. 注意红人在直播中所应关注的文化禁忌

知识导图

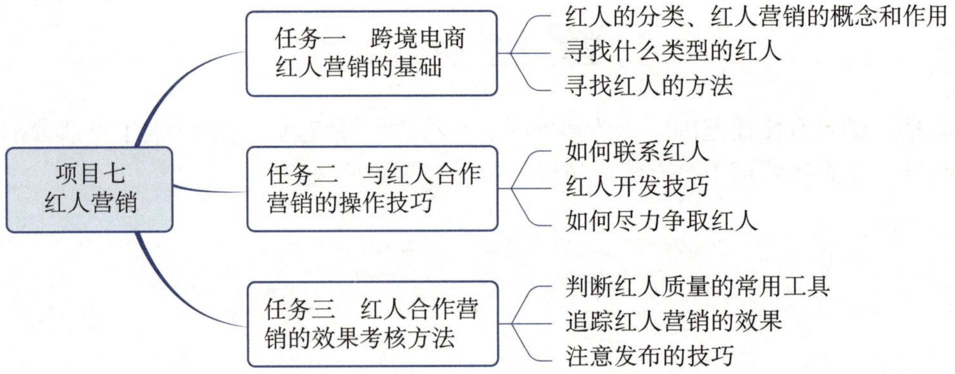

项目导入

Kylie Jenner 是一位在社交媒体上拥有庞大粉丝群的红人，她凭借独特的个人魅力和广泛的影响力，在时尚和美妆界占据了举足轻重的地位。她与自己的化妆品品牌 Kylie Cosmetics 的合作，成为一个引人注目的红人营销案例。Kylie Jenner 通过在 Instagram 等社交媒体平台上频繁发布自己使用品牌产品的照片和视频，不仅展示了产品的实际效果，还以其真实、亲切的形象吸引了大量的粉丝和消费者。她这种直接、互动式的营销方式，极大地增强了品牌与消费者之间的连接，使得 Kylie Cosmetics 迅速在年轻人中掀起了一股时尚潮流，取得了显著的商业成功。

Kylie Jenner 作为一个社交媒体红人，她的形象和个人品牌与 Kylie Cosmetics 的定位高度契合，这种契合度为她的品牌推广提供了坚实的基础。她不仅是一个美丽的代言人，更是一个深入了解产品、热爱分享的美妆爱好者。她通过自己的社交媒体平台与粉丝建立了紧密而真实的联系，经常分享美妆技巧、生活点滴，使得品牌推广更加生动、真实和有效。她的粉丝对她充满了信任和喜爱，这种情感也自然而然地延伸到了她所推广的品牌上。

因此，品牌在选择红人进行合作时，必须慎重考虑红人的形象和品牌的契合度，以及红人与粉丝之间的互动和信任关系。一个红人合作案例是否成功，不仅依赖于红人的粉丝数量，还要看红人能否将品牌的核心理念和价值有效地传达给粉丝，从而建立起品牌与消费者之间深厚的情感联系。Kylie Jenner 与 Kylie Cosmetics 的合作无疑为这一理念提供了一个生动的注解。

思考：还有哪些红人营销的成功经典案例呢？

任务一　跨境电商红人营销的基础

红人的分类、红人营销的概念和作用

一、红人的分类、红人营销的概念和作用

（一）红人的分类

红人是指在目标市场有影响力的知名人士（通常是指活跃在社交媒体里的网红，也叫社交媒体网络红人）。目前比较常用的红人分类方法是按照粉丝数量来分类，将红人分为顶级红人、超级红人和普通红人。

1. 顶级红人

顶级红人是指粉丝数在百万以上的红人。比如 Kendall Jenner，她的 Instagram 粉丝数达到 9 000 多万人，跟她合作的品牌有 Ochirly、Calvin Klein、Versace 等。

2. 超级红人

超级红人的粉丝数在 10 万～100 万人。比如 Jeff Bullas，他的 X 平台粉丝数有 50 多万。

3. 普通红人

普通红人的粉丝数一般在 10 万人以下。比如 my healthyishlife，他的 Instagram 账

号的粉丝有 1 万多人，虽然粉丝没有前面两者多，但值得注意的是，该红人发的帖子用户参与度很高。

（二）红人营销的概念

红人营销（Influencer Marketing）是品牌利用在目标市场有影响力的知名人士去推广该品牌的过程。常用的红人有短视频平台红人、论坛红人、博客红人等。

学中做

你熟悉或喜欢哪些网络红人？你觉得他们成为红人的主要原因是什么？

（三）红人营销的作用

因为红人营销能为企业带来很多收益，所以这种推广方式当下非常火爆。红人营销的作用主要包括以下几个方面：

（1）带来持续的用户访问流量、推荐流量增加，知名度增加，产品有足够的曝光，为用户之后的购买决策提供参考。

（2）提高产品 / 店铺的信任度与转化率。

（3）提高产品页面 / 网站相关关键词在 Google 搜索引擎中的排名，迅速提高短期销量，提升排名。

（4）优化企业供应链，产品价格和质量得到提升。

（5）增加客户信任度。

（6）提高回购率。导购网站一般很重视互动，合理利用红人推广对提升回购率作用很大。

在与红人开展营销合作的过程中，只有注重红人的需求，才能达成双方共赢的合作模式。红人的需求重心在于维持其流量和曝光度，总体可以将其需求分为以下几类：

（1）每天持续更新，让粉丝有新鲜感，需要有新的内容。

（2）介绍优质的产品 / 服务，让粉丝得到有价值的咨询、产品推介等。

（3）免费使用产品及获取报酬，自身从测评、写博客、发视频等中获利。

（4）借助于商家的合作，扩大粉丝范围和数量，提升自身知名度、公信力。

学中做

请进一步思考，卖家能给红人带来什么让其无法拒绝的合作条件？

二、寻找什么类型的红人

寻找什么类型的红人－1

不同平台有不同特点的红人，企业在进行红人营销的过程中需要选择与企业需求相匹配的红人。市场上有多种寻找红人的渠道，包括 Amazon Top Reviwer、社交平台红人（主要的社交平台有 YouTube、Facebook、Pinterest、X）、博客红人、评测网站红人、论坛红人、Deal 网站红人、文艺体育界名人等，如图 7－1 所示。

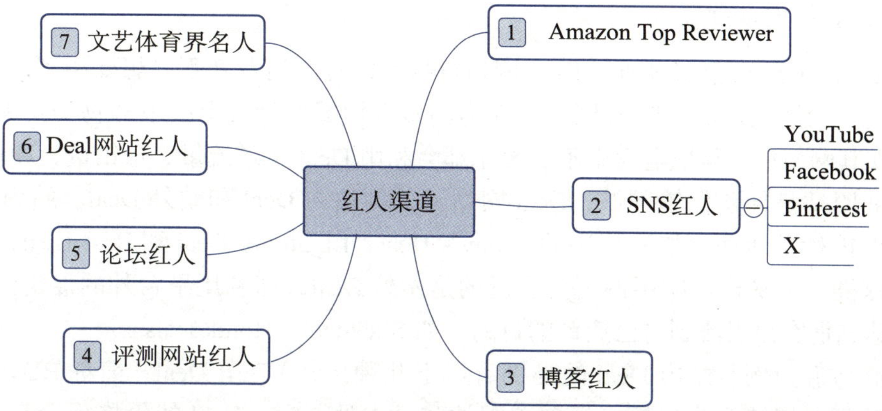

图 7－1　寻找红人的渠道

（一）Amazon Top Reviewer

通过 Amazon Top Reviewer 进行红人推广活动主要有两种方法：一种是借助竞争对手成功推广的 Amazon Top Reviewer 案例，另一种是自己挖掘 Amazon 平台适合的 Reviewer。

方法一：通过竞争对手 Listing 的 Review，查找并联系 Reviewer。该方法的优点是：搜索基数较小，得到答复的效率较高。通过产品的关键词搜索同行产品，点击对方 Review，按下 Ctrl + F 组合键，查找页面关键字"free""in exchange"等就可以快速检索到目标，点击进入 Reviewer 的 profile 页面。如果对方留有邮箱或者其他联系方式，直接联系即可。对方曾经评论过类似的产品，说明他对这类产品感兴趣，只要说明产品区别于同行的优点，取得答复的可能性很大。该方法的缺点是一轮排查下来或许合适的人选并不多，除热门类目外其他可能只有 10 ～ 20 个目标。

方法二：通过上述的 Top Reviewer List，从 Top 1 到 Top 1 000 挨个看，步骤如下：

（1）检查是否留下联系方式，没有联系方式的客户直接排除；

（2）查阅 Interest 或者其他介绍的地方有没有提到他感兴趣的类目或者产品（通过 Ctrl+F 组合键快速检索页面关键字，比如做宠物行业的就搜有没有提到 dog、cat、pet、rabbit、bird 等）；

（3）查阅 Reviewer 的头像是否有出现可能与产品相关的线索，比如做宠物行业的看看头像图片是否有小动物；

（4）查阅 Reviewer 近期评论的历史商品，有没有跟产品可能产生关联的，比如做宠物行业的看看他最近有没有买狗狗衣服、狗粮、猫砂等。

（5）如果找到目标 Reviewer，记录在 Excel 里，包括 Reviewer 的姓名、联系邮箱，以及选择成为目标 Reviewer 的原因。

学中做

请利用上述方法按照上述步骤寻找经常网购某类商品的红人。

（二）Deal 网站红人

Deal 与 bargains 意义相通，Deal 网站意味着便宜。消费者不只想要买到好的产品，更想要物美价廉的产品。Deal 网站旨在为消费者搜罗各种线上线下的物美价廉的产品并分享在其网站上。跨境电商中不少卖家都会利用 Deal 来蹭流量、带销量、冲排名。

Deal 网站是导购促销网站，Deal 网站又分为站内 Deal 和站外 Deal。站内 Deal 主要是指促销秒杀活动，如亚马逊的 Today's Deal、Lightning Deal 和 Best Deal，为卖家做促销提供一个平台。应用得更为广泛的是站外 Deal，即利用平台外的促销网站进行宣传，达到把客户引流到自己店铺的目的，如 Slickdeal、Hotukdeals。

以亚马逊为例，站内 Deal 的类别有以下几种：（1）Best Deal，简称 BD，是免费的，一般可以持续两个星期，涵盖美国站和日本站。Best Deal 的价格不会自动修改，需要卖家自己手动修改。（2）Lighting Deal，简称 LD，是极具时效性的秒杀活动，一般持续时间为 4 ～ 6 小时（Seller 和 Vendor 有所不同，美国 4 小时，欧洲 6 小时），每个 ASIN 需缴纳 150 美元。（3）Deal of The Day，简称 DOTD，时间为一天，这是亚马逊站内秒杀的王中王，是最难申请的，每天只有三个广告位，极为稀有。在移动端打开亚马逊 App 的时候，第一个显示的就是 Deal of The Day。

学中做

通过学习图 7－2 中站内 Deal 的优缺点，讨论一下什么情况适合选择站内 Deal 活动进行推广。

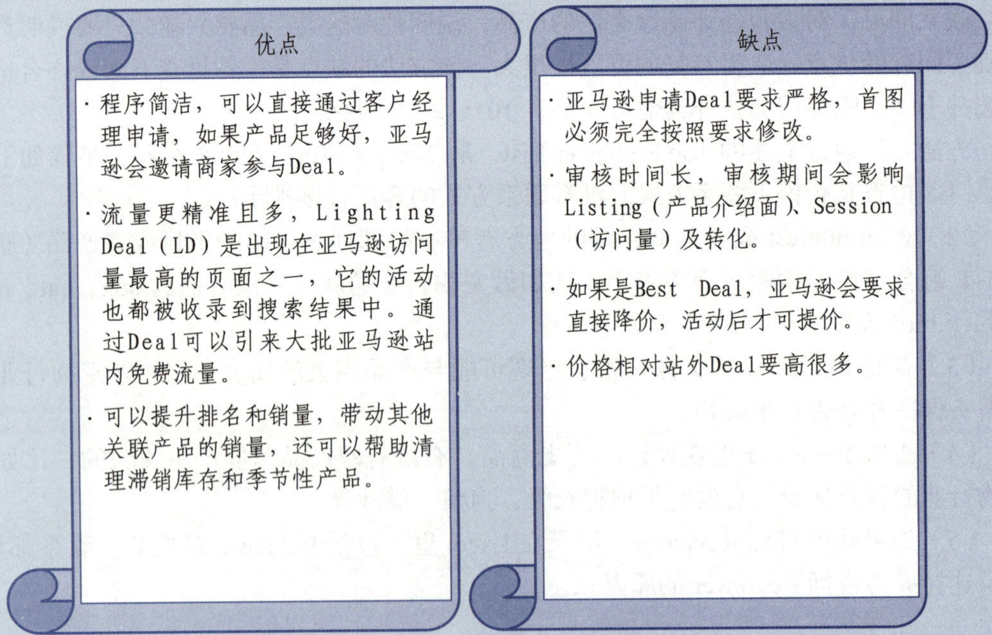

图 7－2　站内 Deal 的优缺点

另外，美国 Deal 网站表现比较好的还有 Kinja、Dealmoon、Reddit、Fatwallet、

Bradsdeals。世界各国适合站外推广的 Deal 网站点汇总，可以参考网站：https://ask.imiker.com/question/16311。

在 Deal 网页上寻找相应的产品红人，可以通过站内信联系红人。例如：在 Frontpage Deal 网页搜索关键词 Clothing，进入产品排行前列的网页，如图 7－3 所示，找到 Deal Editor，可通过“Send Message”与该红人取得联系。

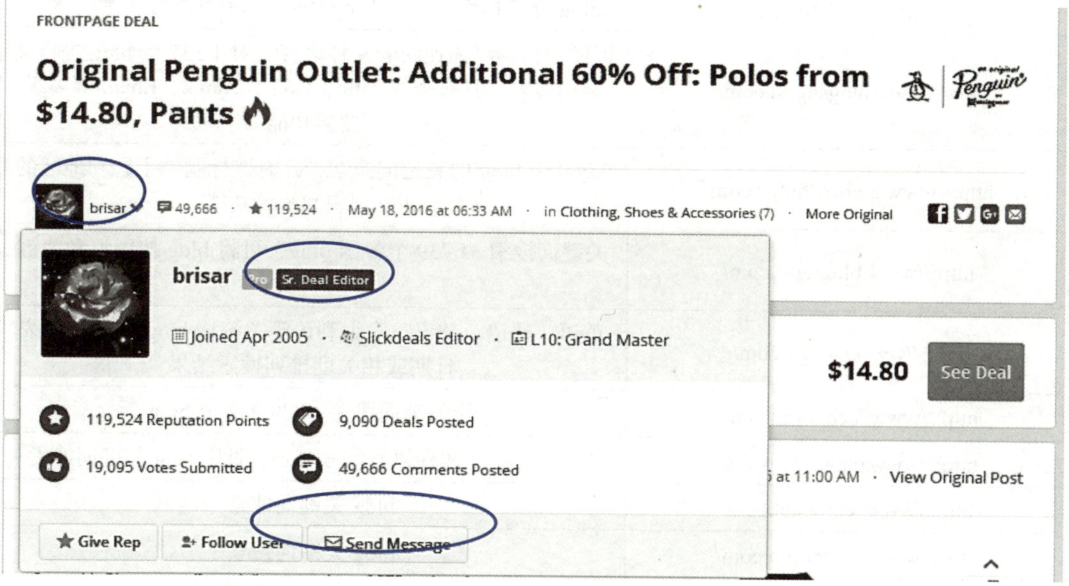

图 7－3　Deal 网页红人查找

（三）博客红人

寻找什么类型的红人－2

博客是一种个人的网络空间，蕴藏着丰富的知识、精妙的言论和思想的火花。博客既是重要的信息交流平台，又是不可忽视的网络资源。博主是一个非常大的群体，必然会有一个地方是博主聚集的地方。

博客搜索一般有三种途径：一是利用分类搜索引擎（如 Yahoo、搜狐等），找到博客网站列表，然后进入博客网站，使用站内搜索查找具体的博客；二是利用通用搜索引擎（如 Google、百度等），选用适当的关键词，配合特定语法（如 inurl: blog 等），直接搜索具体的博客；三是使用博客专用搜索引擎，采用分类浏览或关键词搜索的方法，查找某类或某一博客。

三种搜索途径各有特点、利弊，应根据具体查询要求灵活运用。针对博客专用的搜索引擎，有基于“蜘蛛”程序的专门抓取博客网页的搜索引擎，大多只能查找注册博客的搜索引擎，有的同时提供分类和关键词搜索，有的只有单一关键词搜索功能。博客专用搜索引擎收录博客网页的数量和辅助功能不同，搜索结果和搜索效率有很大区别。表 7－1 是经过逐一适用并具特色的博客专用搜索引擎，无法登录的博客搜索引擎和新闻博客搜索引擎不在其中。

表 7－1　英文博客搜索引擎

http://www.blogsearchengine.com/	blog 关键词搜索和分类搜索，提供工具条下载
http://www.blogarama.com/	blog 关键词搜索和 22 450 个 blog 的分类搜索，并有包括中国在内的国家限定搜索等高级搜索功能
http://www.bloguniverse.com/	1 538 个 blog 的分类指南
http://www.search4blogs.com/	blog 分类指南，其中 Blog Resources 可进行关键词搜索
http://www.blogs4god.com/	可使用包括汉语在内的 9 种语言，对 1 337 个 blog 进行关键词搜索，具有查找 Title、URL、Name、Email 等高级搜索功能
http://www.globeofblogs.com/	7 960 个 blog 的关键词搜索，并有按标题、主题和地区的 blog 列表和统计功能
http://www.blogwise.com/	关键词搜索 31 739 个各国 blog，可将 blog 按国家和关键词列表
http://www.bloogz.com/	英语、法语、德语、意大利语等关键词 blog 搜索，可按日期或相关度排列搜索结果
http://www.technorati.com/	用关键词搜索 4 729 022 个 blog
http://www.photoblogs.org/	70 个国家、34 种语言的 6 452 个图片 blog 关键词搜索
http://www.icerocket.com/	blog 关键词搜索
http://www.blogdump.com/	blog 关键词搜索
http://www.bloglines.com/	blog 关键词搜索
http://www.blogator.com/	blog 关键词搜索
http://www.blogdigger.com/	blog 关键词搜索
http://www.theweblogreview.com/	blog 关键词搜索
http://www.daypop.com/	blog 关键词搜索
http://www.terrar.com/	blog 关键词搜索，结果可按日期和相关度排序
http://www.blogscanada.ca/directory/	加拿大 blog 分类指南，26 类 9 119 个 blog
http://www.weblogverzeichnis.de/	搜索 1 644 个德国 blog，包括德国人的英文 blog
http://blog.threetree.jp/	日文 blog 搜索引擎
http://www.faganfinder.com/blogs/	集成 blog 搜索引擎，分 Search for Blogs、Search in RSS Feeds、Search in Blogs、Search for RSS Feeds 四类，可分别调用 51 个相关搜索引擎

Tomoson 是一个连接商家和社交红人的内容营销平台，通过分享自己的经验来获得相应的酬劳。合作的红人可以根据自己的经验选择擅长的推广方法与商家进行合作。在 Tomoson 注册的用户分为两种：第一种，影响者（红人），免费注册；第二种，品牌商家，免费试用 21 天。

Tomoson 虽然有免费的试用期，但是超过试用期后需要收费，而且价格并不便宜。

图 7－4 是一个红人聚集的页面，在这个页面可以查看红人的资料信息，包括红人的完成率、以往合作的链接以及社交平台的粉丝数量。点击这个拥有众多粉丝的博主以往的合作链接，找到他的博客，然后找到他的联系方式，就可以开始谈合作。这样就可以免费找到众多的博主。

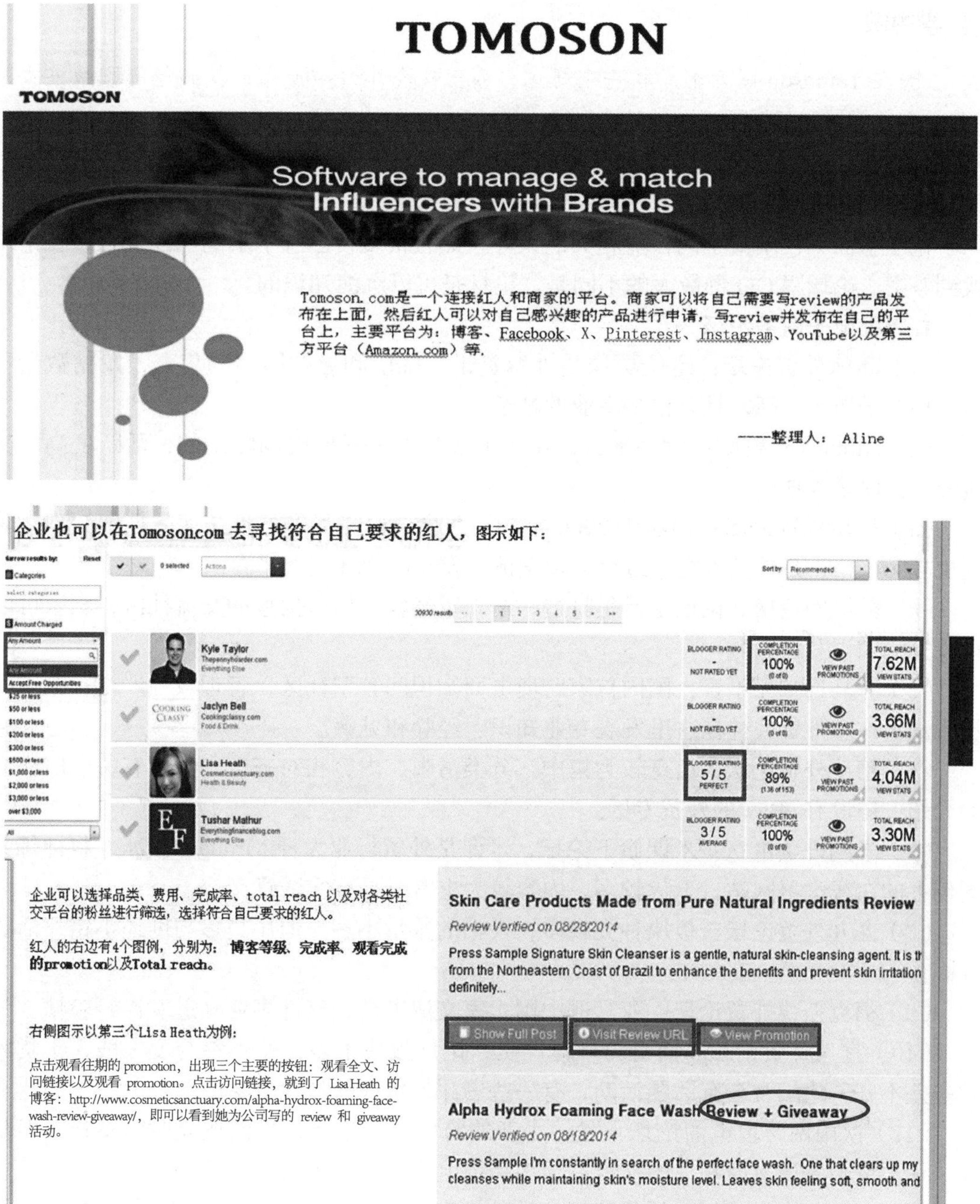

图 7－4　Tomoson 红人网站

Tomoson 平台的红人很多，且通常比较讲诚信，但红人推广的质量参差不齐，具体使用效果因人而异。另外，平台里面博主的好坏还需要甄别，选择合作的博主也需要多方面考虑。如果找到一个博主，就可以很容易找到其他类似的博主平台，同样需要更仔细地查看博主资料。

学中做

请在 Tomoson 网站上寻找一个博主，列出他合作过的产品，找到他的联系方式，并把你的发现分享给同学。

（四）论坛红人

论坛里面不仅聚集了同行业相关的人才，而且很多自己想了解的问题都可以在论坛找到答案。论坛跟 QQ 群最大的不同是，论坛是可以沉淀知识的。

1. 跨境电子商务论坛

（1）环球外贸论坛：定位更像是外贸资讯、推广和导航网站的集合，发帖数量不多，但帖子质量较高，且有很多专业的帖子。

（2）Alibaba 外贸圈：背靠平台，用户大多是做阿里巴巴国际站的，活跃度高，交流经验方面是强项。

（3）福步外贸论坛：初建于 2000 年，创办早，积累了丰富且全面的外贸知识，管理也较为严格，是外贸人之间进行行业交流、发布心得体会的平台。

（4）敦煌网论坛：论坛主旨是打造一个外贸经验、出口信息的交流社区，卖家可以在线交流知识和经验。

（5）亚马逊知无不言：国内首家跨境电商知识问答型社区，管理较为严格，帖子质量很高，许多外贸大神在这里发表专业知识、经验和见解。

（6）精英外贸论坛：信息较为集中，分类清晰，内容相对齐全，不仅有关于广交会的介绍，还设有 eBay 的外贸专区。

（7）米问外贸论坛：米课旗下论坛，米课是外贸行业大神 Mrhua、毅冰、料神等共同创办的在线学习网站，干货较多，内容较为丰富，具有实践意义。

（8）九九外贸论坛：板块种类较多，发帖的数量不多，但用户参与度还不错，活跃度高。

（9）福克斯德外贸论坛：亚马逊中国卖家交流平台，有许多亚马逊实操经验帖。

（10）宜选外贸论坛：前身为环球广贸，论坛板块不多，帖子参与度一般，干货内容参差不齐。论坛常会有话题活动，有一些资深外贸人的经验分享。

（11）钦雨网跨境电商论坛：是一个新的跨境电商论坛，虽然成立时间不长，但是收录了大量与跨境电商相关的文章，很多跨境电商卖家在里面交流经验。

还有一些如麦言论坛、派代论坛、站外推广圈、倍速社区、创蓝论坛等，虽说不像上面列举的论坛那么活跃，但也各自都有可取之处。

2. 国外论坛

国外论坛包括 Japan Forum（日本论坛）和 RedFlagDeals.com Forums – Canada's Shopping Deals and Coupons Community（向加拿大人提供在线促销和购物工具的领先供应商）。

学中做

选择上述论坛中的几个论坛进行搜索实践，针对同一主题展开搜索，通过搜索结果来比较说明各个论坛的特点。

3. 在论坛上推广及寻找 KOL

（1）通过在谷歌输入关键词查找相关的论坛，比如推广的产品是“ravpower”，在谷歌里输入“ravpower”“forum”，会找到与 ravpower 相关的很多论坛，如图 7－5 所示。

（2）找到产品相关的论坛后，再用国外邮箱（如 Google 邮箱、雅虎邮箱、微软 Outlook 等邮箱）注册一个账户名。最好不用国内邮箱注册，以防接收不到账号激活链接。

（3）激活账号后，切勿发布产品相关链接，否则极有可能被封号。先查看论坛规则，在 introduce 一栏介绍自己，可以写自己来自哪个公司（但切勿添加公司的网站），很高兴加入这个专业的论坛，希望得到帮助等。

（4）在论坛搜索栏里搜索产品相关的 review，找到相关的论坛链接，然后点击发布者的 KPI，首先看发布者的 profile 里有没有留有 Skype 或者 Email，若有就通过这些渠道给他发测评请求，若没有就给他 conversation 或者 PM（personal message）。但是记住每个 PM 间隔时间最好在 2 小时以上，且一天不要超过 3 个 PM，否则一旦被系统检测到很可能被封号。

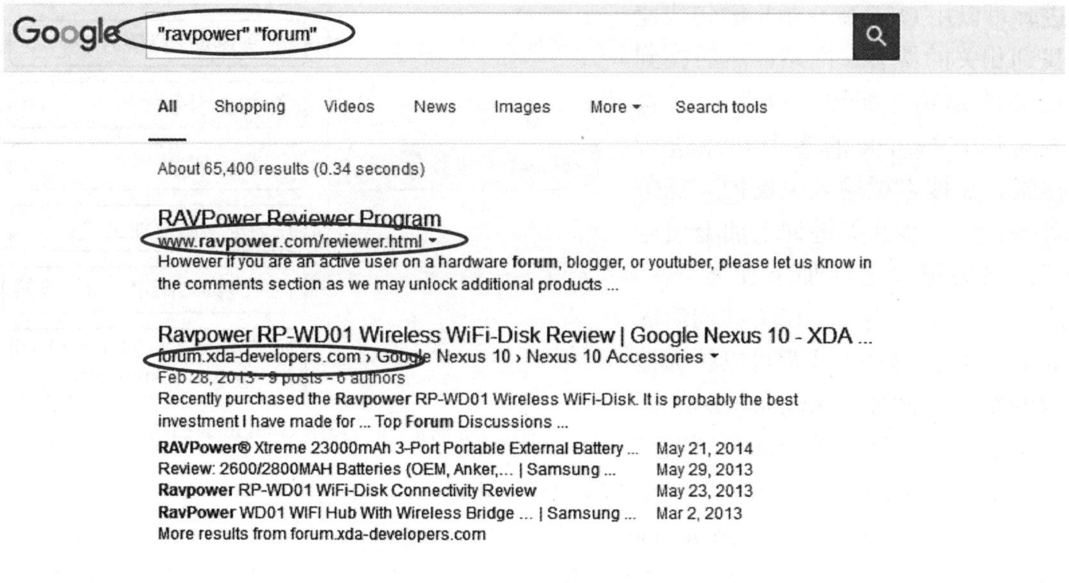

图 7－5　论坛关键词搜索

三、寻找红人的方法

寻找红人的方法

跨境电商公司在进行营销时，寻找合适的红人是提升品牌影响力和销售业绩的关键步骤。以下是几种有效的寻找红人的方法：

第一，利用 Google 搜索（用于博客红人、Deal 网站红人）。这是一种广泛且基础的方法，特别适用于寻找博客红人和 Deal 网站红人。通过在 Google 中输入相关的关键词，如产品类别、行业趋势、博客名称等，可以快速地找到一批在这些领域具有影响力和活跃度的红人。这些红人通常拥有大量的粉丝和高质量的博客内容，能够为跨境电商公司带来可观的曝光度和转化率。

第二，社交平台搜索。社交平台是现代营销的重要渠道，也是红人活跃的主要平台。通过在 Instagram、Facebook、X 等社交平台上进行搜索，可以找到与公司产品或品牌相关的红人。这些红人通常拥有大量的粉丝和高度互动的社交媒体账号，能够与粉丝建立紧密的联系，为跨境电商公司提供有效的营销支持。

第三，同行网站搜索。观察竞争对手或同行业的其他公司在营销活动中合作的红人，也是一种有效的方法。这些红人已经与类似的产品或品牌合作过，具有一定的营销经验。通过与这些红人合作，跨境电商公司可以更快地进入市场，并获得与竞争对手相似的营销优势。

第四，关注推广渠道的评论。在各大推广渠道，如广告平台、电商平台等，关注用户对产品的评论和反馈，可以发现一些潜在的红人。这些用户可能对产品有深入的了解和独特的见解，他们的评论和反馈往往能够影响其他消费者的购买决策。与这些用户合作，可以让跨境电商公司更直接地了解市场需求和消费者心理，从而制定更精准的营销策略。

（一）巧用 Google 搜索

红人搜索软件的技巧循序渐进，可以用 Google search 语句快速找到相关的博客、网站，然后找到相关的邮箱，如图 7－6 所示。首先可以在 Google 的多个站点进行搜索，在搜索栏输入关键词＋竞争对手，进一步在关键词上加上引号“”，在关键词之间加上加号“＋”或者用“or”连接，在关键词后面加上“～”，这些方式都可以扩大搜索的结果。例如：Google search 语句 site: 任一网站＋关键词＋“邮箱”（site: Blogspot.com＋review+“@gmail.com”，site: Facebook.com＋power bank＋“@aol.com”，site: youtube.com＋power bank review＋“@gmail.com”）。在任何能找到红人的网站，输入上面的 Google search 语句，都可以找到很多有用的资料和客户联系邮箱。

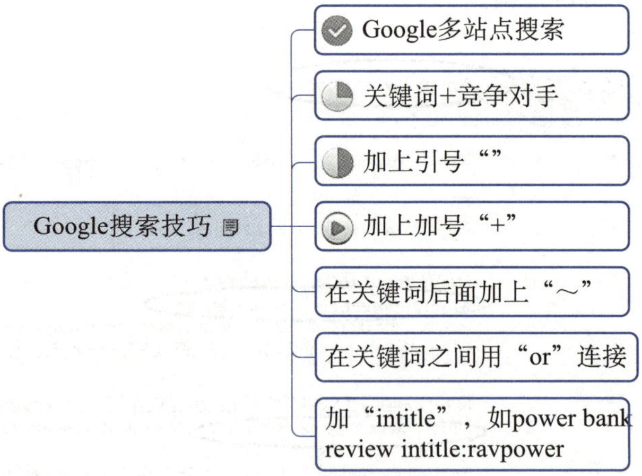

图 7－6　巧用 Google 的技巧

若需要寻找亚马逊网红资源，可以使用这个谷歌命令：amazon keywords reviews

inurl: blog。比如，百聚汇商学院的 Davie 是做 USB 交易的，就会用这样的内容在谷歌搜索：amazon usb charger reviews inurl: blog。如果想要大量的产品的博客资源，重复两个动作：一是不断换关键词，二是不断往下翻谷歌的搜索结果，资源会不断更新。如图 7－7 所示的就是为 headphone 商品进行推广的博客红人的搜索结果。

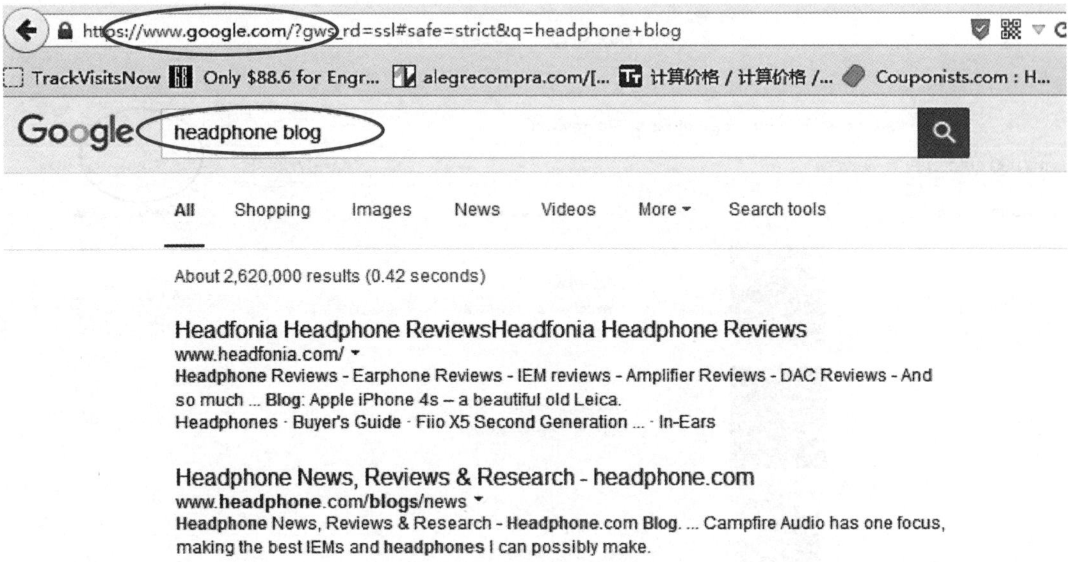

图 7－7　博客红人搜索

（二）Amazon Top Reviewer

登录 Amazon Seller Central，搜索产品关键词“Bluetooth Headphones”，再搜索“Top Reviewer”，进入亚马逊某具体产品详情页，可以找到相应的发布人“Rebecca”，她是该品类的“Top 1000 Reviewer”，如图 7－8 所示。在确认她是该领域的红人后，可以与之取得联系。

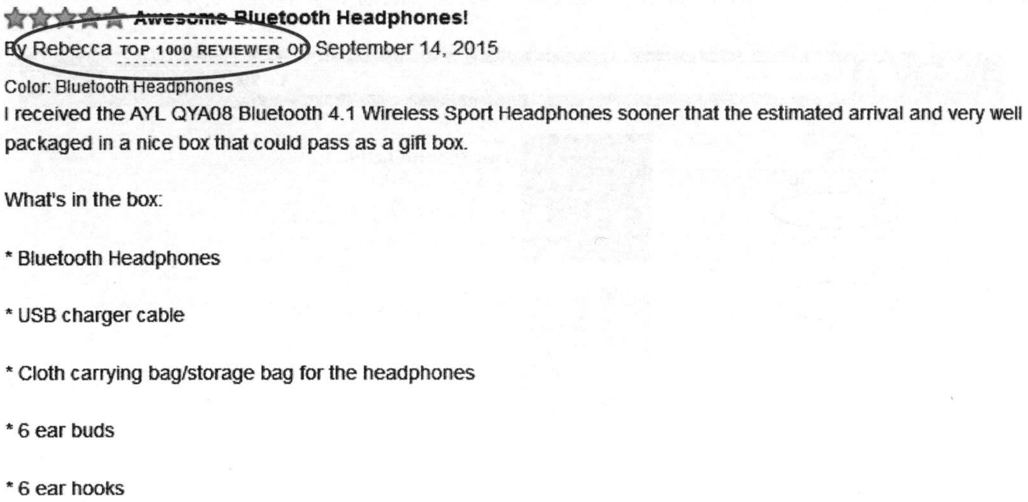

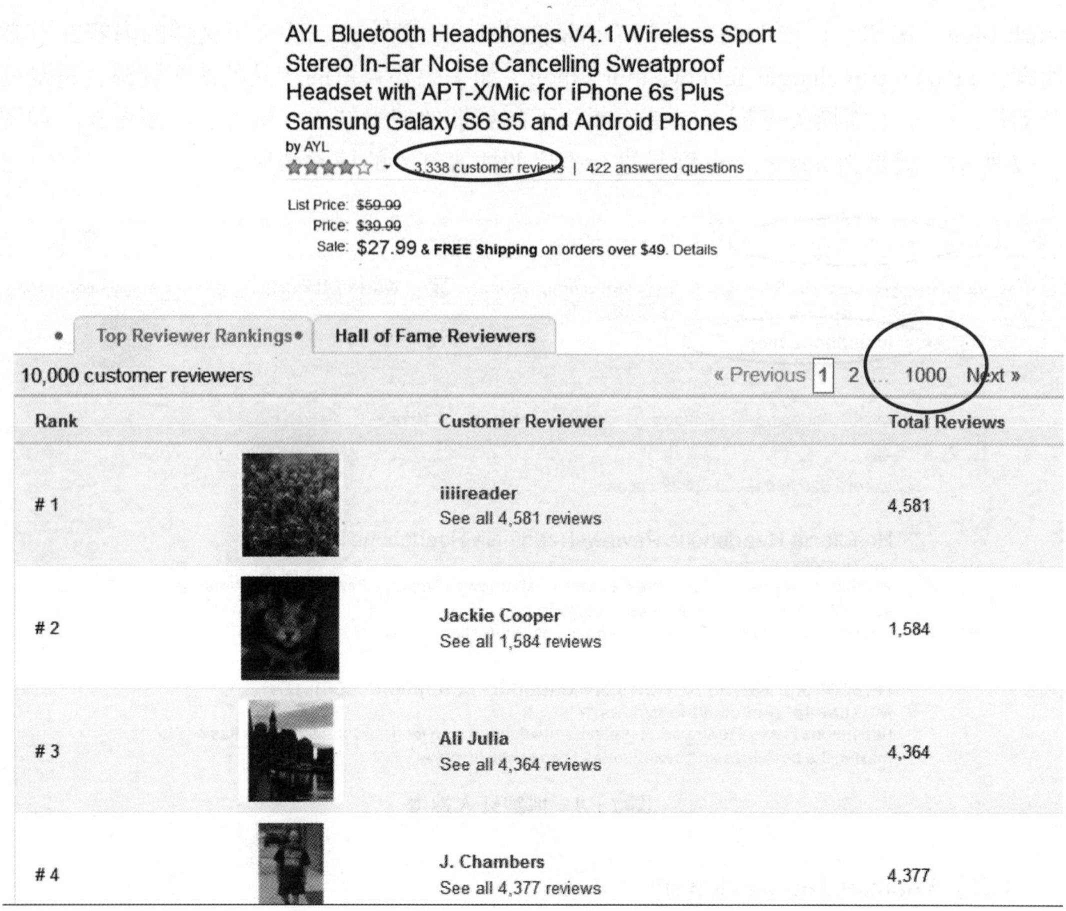

图 7－8 “Top Reviewer”寻找路径

（三）社交平台搜索

（1）在 Facebook 中寻找红人。直接在 Facebook 中搜索关键词，如输入“Headphone”，页面将展示出含有相关关键词的达人信息，如图 7－9 所示。

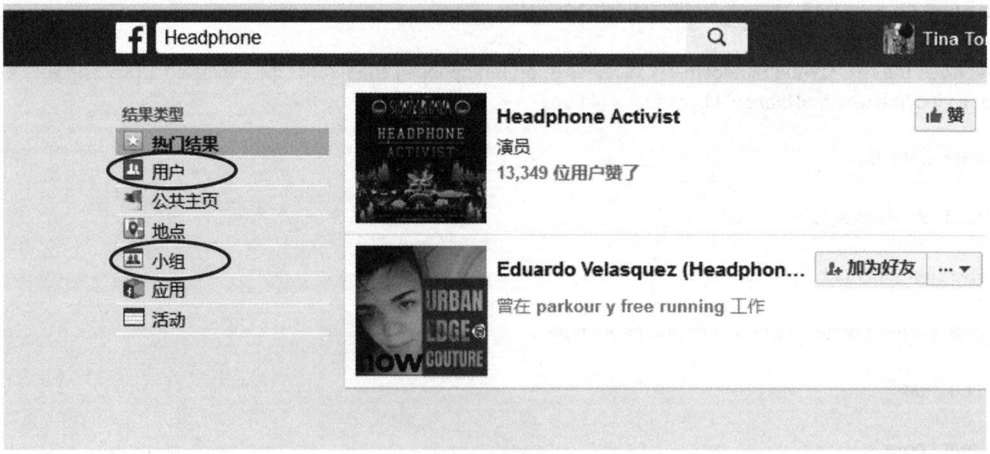

图 7－9 Facebook 达人搜索

（2）在 YouTube 中寻找红人。直接在 YouTube 中搜索关键词，如“Bluetooth Headphone”，可以看到所有相关红人以及相关作品的观看人次情况，点击进入具体作品页面中，可以看到红人的相关信息。在此需要特别注意：如果是邀请红人帮助推广商品，千万不要直接通过站内信形式发送邀请，有很大概率会被平台封号。此时，可以通过页面找到此红人的其他联系方式，进行邀请沟通（见图 7－10）。

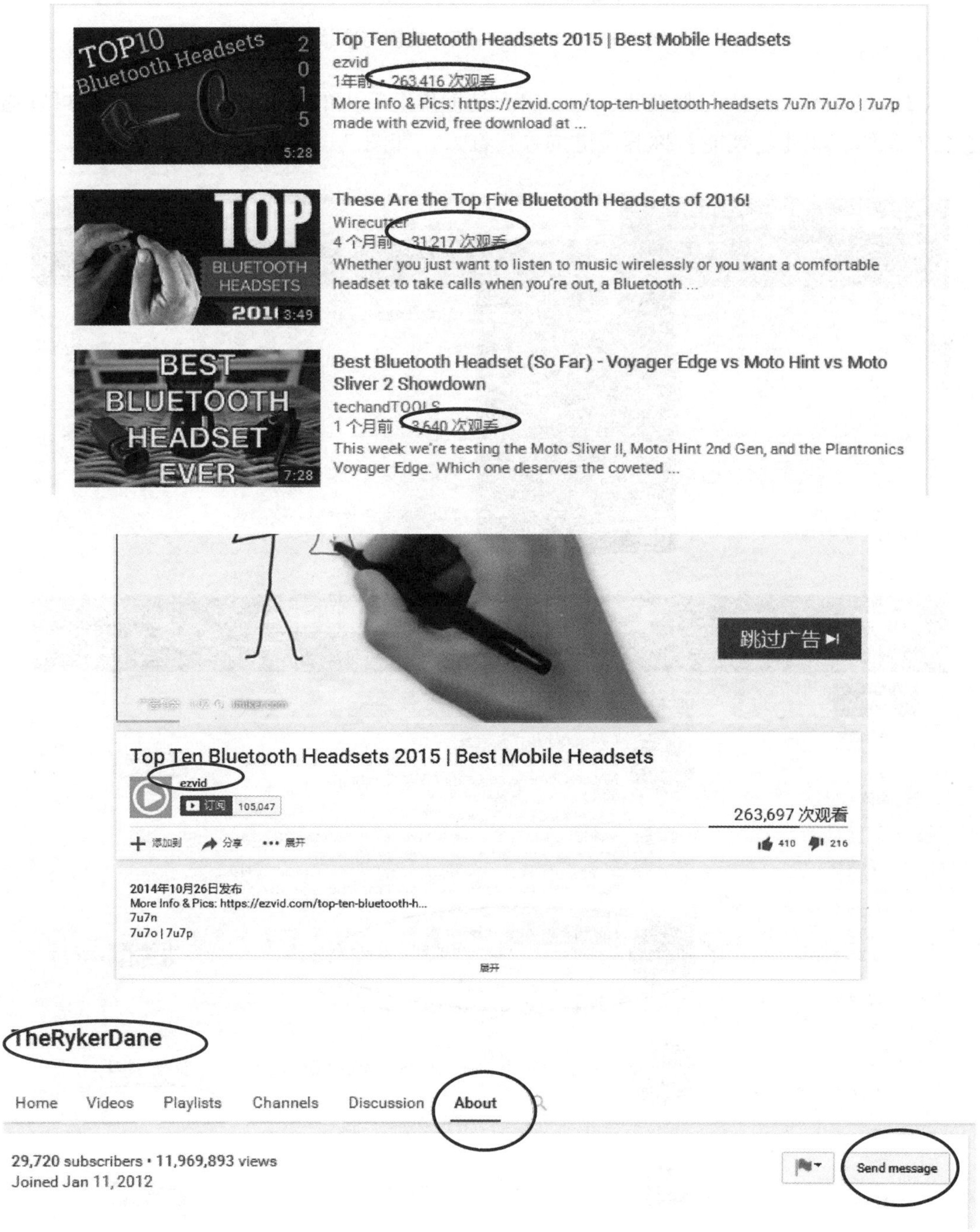

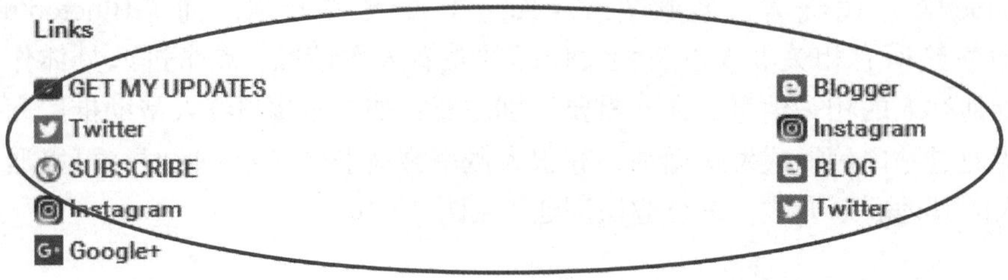

图 7－10　YouTube 红人搜索与联络

（3）在 Linkedin 中寻找红人。Linkedin 是世界上最大的职业社交平台之一，可以通过公司名称、职业、技能名称等关键词寻找红人，如图 7－11 所示。

图 7－11　Linkedin 红人搜索

学中做

在上述社交平台中选择一种熟悉的产品，利用关键词搜索技巧找到所需要的红人并截图分享。

（四）推广渠道评论

可以利用红人的影响力，通过红人对商品评论方式进行推广，如图 7－12 所示。例如：某商家在 Deal 网页上推广其玩具汽车产品，可以看到该产品页面中点赞最高的是 712 个评论，其中点赞最高的评论者为 alexy37。在该红人的作品详情页面可以看到推广方案中附有相应的产品链接，该红人正在为亚马逊平台的玩具小车进行推广宣传。

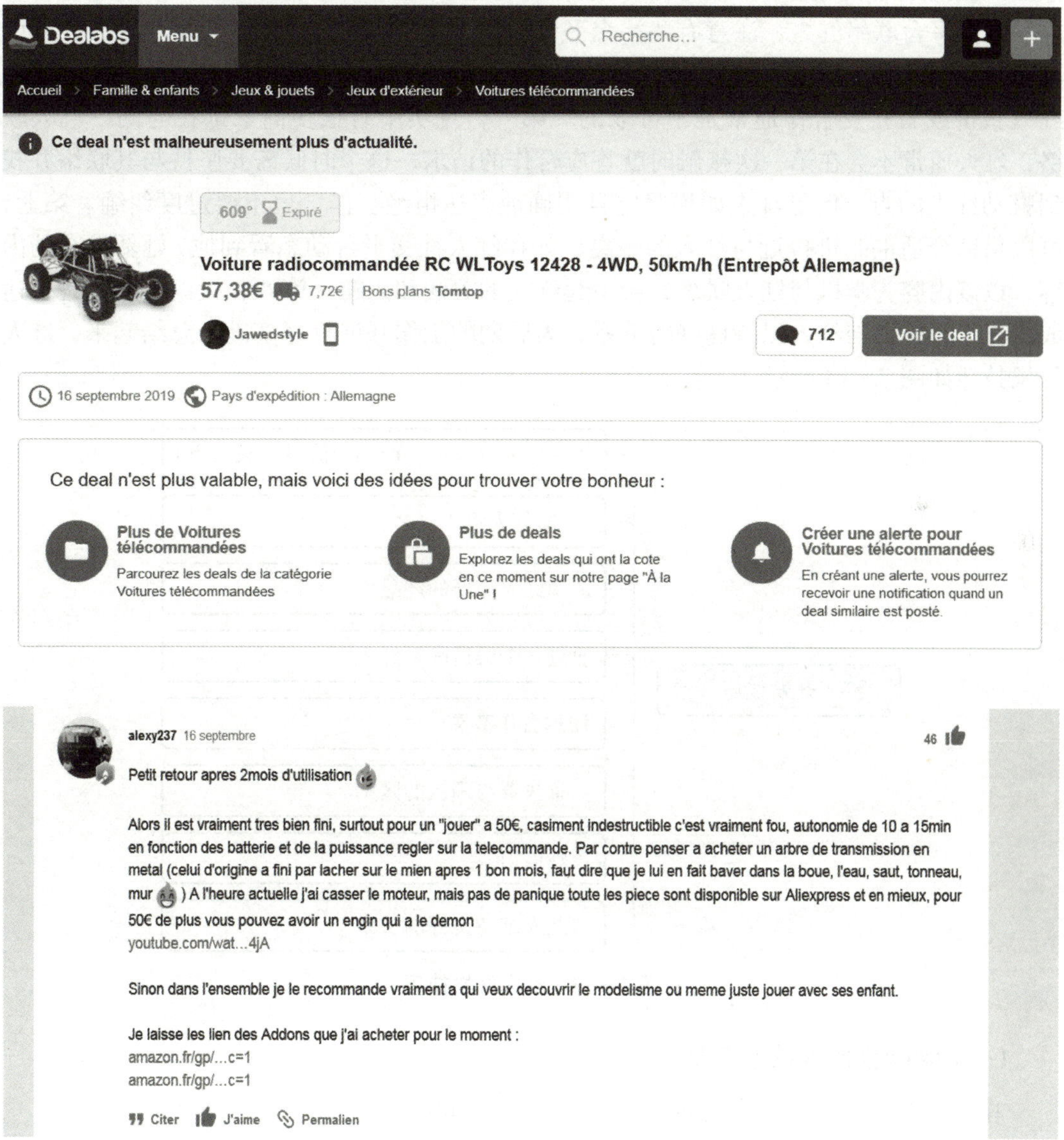

图 7－12 Deal 网页上红人产品推广

任务二　与红人合作营销的操作技巧

一、如何联系红人

如何联系红人

红人很“挑剔”，一般商家很难吸引他们的注意。商家在接洽红人时，很容易碰壁被拒绝，有 8 个建议可以提高与红人合作的几率。第一，研究红人的来源渠道、红人主推的产品和其流量来源。第二，了解红人当下的主要需求，是在积累粉丝增加流量的阶段，还是在流量转化为利益的阶段。第三，与红人首次合作时，尽量选择红人主推产品或周边产品，这样能提高红人接受合作的概率。第四，可以通过邮件或多种社交平台联络红人，注意有些社交平台的站内信是不允许直接谈合作事项的，会引起账号安全问题。第五，注意与红人联络时合作洽谈的推进节奏，刚开始联络便直接让红人报价或者接受合作通常是不可取的。第六，现实中有很多商家都在与同一红人联络，红人通常不会在第一次接触时就答应合作的请求，这个时候需要坚持与其联络并找到打动红人的点。但是红人如果坚定且明确地表达拒绝合作，也不要过度纠缠。第七，可以借助合适的时机拉近与红人的距离，如在红人社交平台动态看到他 / 她新发布的内容，以该内容为契机与红人联络，会引起红人的关注和兴趣。第八，无论与红人是否达成合作，都需要与红人保持良好的关系，为后期的工作开展打好基础。总结起来，红人开发技巧如图 7 - 13 所示。

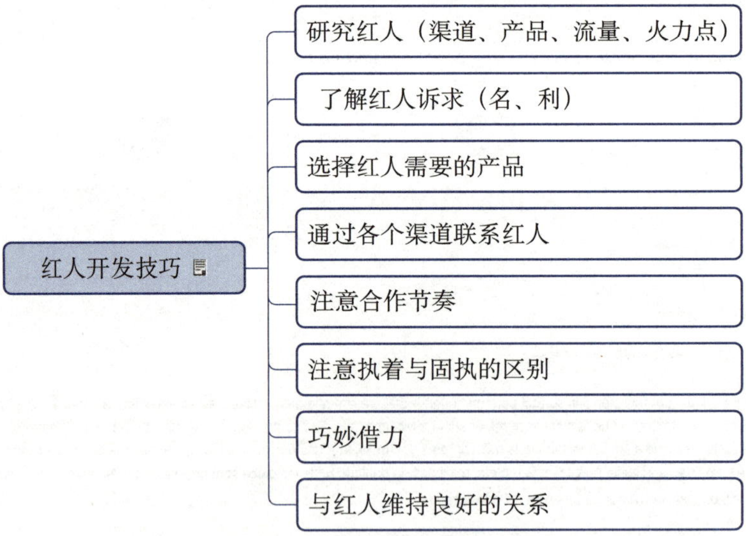

图 7 - 13　红人开发技巧

（一）明确合作的核心目标

在给红人写合作洽谈信之前，请先思考以下问题：

对合作有什么期望？

合作目的更侧重增加影响力和参与度、增加品牌知名度还是增加销量？

为什么要与这位红人合作？他/她是否与本公司产品和品牌非常契合？

希望以何种形式与红人合作？

是否需要红人发布产品图，做一期详细的产品测评或做一次抽奖？

在确定了这些问题的答案之后，表达合作意愿的时候思路会更清晰。

（二）撰写醒目的主题行

红人每天都会收到上百封电子邮件，他们不可能一一阅读每封电子邮件。如果希望红人能够打开电子邮件，那么就需要在主题行上斟酌用功。尽量用一个简洁的短语或句子表达邮件的主要内容。以下是适用于三个不同场景的主题行示例：

邀请红人合作：“×××，您是唯一懂得如何用这套衣服搭配紧身牛仔裤的时尚博主。”

要求红人宣传赠品：“Hi，×××，35万粉丝将很乐意免费获得这些产品。”

寻求建议：“Hi，×××，我想咨询一个关于近期营销趋势的问题。”

如果要提高邮件的打开率，请尽量使用较短的主题行。Campaign Monitor的研究显示，电子邮件主题行的理想长度为41个字符或7个单词。

（三）个性化的信息

当利用邮件与红人接洽时，要善用每个能够使消息具备个性化特征的机会。个性化从主题行和问候语就可以开始展现。除用上红人的名字外，还可以通过以下方式使你的电子邮件更加个性化：

（1）表达对红人所创作的内容的喜爱：“×××，我很喜欢阅读你近期的帖子，在帖子中以励志的方式鼓励粉丝去‘创造’。我非常喜欢你与目标受众交流的方式！如果能够使用相同的方式将我们的品牌信息传达给你的粉丝，那就太好了。”

（2）如果参加过由红人主办的活动，那就在邮件里告诉他这一事实：“×××，我昨天参加了Instagram研讨会，你鲜明的个性让我记忆犹新。现在，我100%确定你非常适合我们的品牌。”

（3）如果曾与某位红人有过偶遇或一面之缘，也可以在邮件中提及：“Hi，×××，我是×××。在××（地点）我们见过一次面。我现在在××公司工作，我想知道你是否愿意成为××品牌的代言人。”

（四）做“给予者”不做“接受者”

在寻求与红人合作的过程中，要非常明确的是，红人并不真正在乎商家能够从合伙关系中得到什么，他们更关注自身与你的品牌合作将获得什么。因此，请避免在邮件中传达“可以帮助将覆盖率提高10%，销售额提高15%”这种对红人没有任何价值的表述。

相反，需要向红人说明合作将为他们带来什么价值。类似这种表达才更有吸引力：“可以从我们的网站免费获得任意裙装。此外，您还会收到推荐码，每售出一件产品将从中赚取10%的佣金。”

（五）不要使用标准的电子邮件模板

网上有很多免费接洽红人使用的电子邮件模板。虽然免费的现成模板很诱人，但是如果和其他公司使用的是相同的模板，那么很难让你的品牌在诸多邮件中“出位”。

由于公司、产品和品牌都是独一无二的，那些对竞争对手来说效果很好的电子邮件可能对本次合作并不起作用。如果想获得一个理想的结果，请编写全新的合作信邀请邮件。

（六）说他们的语言

如果想与红人建立牢固的关系，请尽量使用相同的语言与之联系。例如：想找波兰的红人，那么就用波兰语写邮件。如果不会说外语，可以从专业翻译那里获得帮助，还可以访问 IsAccurate 找到信任的翻译服务，或者访问 Upwork 并聘请翻译。

另一个小技巧是，没有必要翻译整个电子邮件。其实只要翻译主题行、问候语和前两个句子，把你的消息个性化，让红人看到你的诚意，让其有兴趣看完整个邮件就可以促进合作。

（七）使用行话和俚语

如果想和年轻的嘻哈红人进行合作，那么用他们惯用的语言开始对话是非常好的敲门砖。

先举一个反例：“尊敬的 ××× 女士，如果你愿意与 ×× 公司合作，不胜感激。”如此官方的话术，用英语来感受可能更直观：“Dear Mrs. ×××，We would be extremely grateful if you agree to collaborate with our ×× Company”。

显然，嘻哈红人很难与你的邮件产生共鸣。如果试着站在他们的角度，用嘻哈且有趣的“行话”来与之建立联系，那么可能会产生截然不同的效果。可以模仿红人喜欢把单词缩短或者用网络流行的缩写词来编写邮件。例如：“Hi，×××！你的 IG 账户火了？！这里有一份特别的 offer。‘切克闹’！”再用英文感受一下差异：“Hi ×××! Your IG account is lit？! Here’s a special offer. Check it out!”

（八）保持简短

大多数红人的业务都很繁忙，因此简洁明了的邮件内容能够给红人留下一个比较好的第一印象。邮件表述要能清晰地概述你的想法，避免使用冗长的句子。

（九）校对邮件

无论邮件的篇幅是长是短，是正式或非正式，都需要进行校对。一个错误用词很可能就会产生歧义和误会。可以借助软件修正语句中的语法错误。

学中做

作为商家，请思考开展红人营销可以给红人带来什么？

二、红人开发技巧

红人开发技巧

（一）红人开发技巧概述

红人开发的过程包括研究红人、了解红人需求、选择红人需要的产品、通过各个渠道联系红人、注意合作节奏、注意执着与固执的区别、巧妙借力、与红人维持良好的关系这八个方面。研究红人需要研究目标红人的平台渠道、产品、流量和火力点。了解红人需求是开展合作的前提，只有了解红人个性化的需求才能实现双方共赢，达到“事半功倍”的效果。在了解完红人的特色和需求后，为红人推荐其需要的产品比盲目推荐自己的产品更能达成合作。

在寻找红人合作时，可以多个平台同时推广，通过多个渠道联系红人，达到集中时段密集推广的冲击效果。同时注意合作的节奏，如果红人明确拒绝合作，需要注意表达执着与固执的区别，前期对红人的了解可以帮助我们巧妙借力促成合作，在达成合作后也需要找到合适的评价方式，以便与红人维持良好的长期关系。

（二）红人营销术语

（1）Shoutout。Shoutout 是在 Instagram 上与红人合作的基本专业术语。红人通过 @×××（通常是红人的粉丝）的方式，在红人自己的 Instagram 账户里帮助商家完成推送，红人的粉丝将通过“@”关注或由 bio 链接进入商家的店铺进行购买。

（2）Give away。Give away 可以应用在 Instagram、YouTube、Pinterest、Facebook 上。博主通过设置转发、点赞或评论的互动方式派送奖品。通过 Give away 可以有效激发粉丝的互动，带动商品的曝光和购买。

（3）Try to haul。Try to haul 主要应用在 YouTube 上，博主通过视频的形式在 YouTube 上做产品测评。

了解了与红人合作的几个重要营销术语后（见图 7－14），还需要配合推广活动。

图 7－14　红人营销文案的术语体现

（三）红人营销针对性开发信

在确定了需要推广的产品以及中意的红人后，商家需要进一步学习联系红人的开发信样式。

开发信正式版本：措辞严谨正式，格式工整，适用于企业级的红人。

开发信常见版本：简单直接，逻辑清楚，适用于大多数红人。

开发信精准版本：告知对方做了一个什么评测，告知对方产品在哪些地方进行了完善，要求对方体验。

需要注意的是，Instagram 的红人推广都是有时间限制的，一般为 1 小时或 24 小时。Bio 链接一定要链接到店铺，完成这些后接着创作红人联络信。

案例 1 红人联络信

Hello!

My name is Cathy Powell.

Your account is really awesome! Are you interested in paying shoutout ?

If yes, could you please let me know your prices so that we can discuss the details?

I can make the shoutouts for you in my account as well.

Thank you in advance for you reply!

案例 2 红人联络信改良版

Hi, Admin.

How is everything today? This is Cathy from Tomtop(http://www.tomtop.com/), who is resposible for tomtop marketing. I found your website on Google, and your website is also aimed at RC products.

We are interested in cooperating with you on our products,could you tell me whether we can reach cooperation?

As so far, we already cooperate with some famous website like 4pda.ru and get good results, I hope we can build a long-term cooperation relationship in the near future.

Any early reply is highly appreciate.

Best Regards,

Cathy Powell
Email: clixglore@tomtop.com
Skype: christine.powell911
Telegram: @CathyPowell

学中做

对比案例 1 与案例 2 两封邮件，列举出第二封邮件相比第一封邮件具体有哪些改进。

三、如何尽力争取红人

如何尽力争取红人

在给红人发完联络信后，红人通常由于各种原因不会及时回复。此时，需要采取更加主动的策略来再次联系他们，以下是一些有效的技巧：

第一步：可以礼貌地询问红人是否收到了之前的邮件，有时候由于邮箱设置或网络问题，邮件可能会被误判为垃圾邮件或未能及时送达。

第二步：如果红人表示对合作有兴趣，但还在犹豫，这时可以尝试给他们提供更广泛的产品选择，让他们根据自己的兴趣和粉丝需求来挑选合适的产品。

第三步：发送一些精选产品的链接给红人，让他们能够更直观地了解产品的特点和优势，这有助于激发他们的合作兴趣。

第四步：除了传统的产品推广合作，还可以提供一些其他的合作方式，如社交媒体互动、线下活动等，并征求红人的意见，看他们对哪种方式更感兴趣。

第五步：向红人表达长期合作的意愿，并详细介绍长期合作的优势，比如稳定的合作关系、更多的资源支持等。

第六步：详细介绍公司和产品的优势，让红人了解你的品牌实力和市场竞争力，从而增加他们合作的信心。

第七步：如果红人长时间没有回复，可以礼貌地询问他们是否正在度假或忙于其他事务，这样既能表达你的关心，也能了解他们的实际情况。

第八步：如果红人表现出犹豫或担忧，可以主动询问他们究竟有什么顾虑或担忧，然后针对这些问题进行解答和安抚。

第九步：提供一些其他人的测评信息或成功案例给红人，让他们了解其他合作伙伴对你们产品和品牌的认可，从而增强他们的信心。

第十步：（慎用）在适当的时候，可以稍微抱怨一下对方为什么不回复，但要注意语气和方式，避免给对方造成压力，同时可以博取一些同情和理解。

第十一步：定期向红人推荐新品或即将进行的活动，让他们了解你们的最新动态，也能激发他们的合作兴趣。

第十二步：在重要的节日或纪念日时，给红人发送节日问候，表达你的关心和祝福，这有助于拉近与红人的距离，建立更好的合作关系。

角色扮演

选择与同学合作，分别扮演商家和红人，进行上述信函沟通，互换角色进行第二轮沟通。

任务三　红人合作营销的效果考核方法

一、判断红人质量的常用工具

（一）评估红人的方法

常用工具判断 KOL 质量

在搜集了潜在的红人信息后，就需要评估红人是否适合我们的产品，主要从两个方面来分析。

首先，要确定红人是否真的有影响力。如果该红人真的有影响力，那么该红人就可以帮助商家提高品牌知名度，还能增加商品销量。评判一个红人影响力的方法有很多，从经验来看，单从粉丝数来判断影响力是不准确的，最好结合该红人帖子的用户参与度来综合判断。

通常来说，红人发的任何帖子不仅会获得赞，还会获得许多评论。可以使用 BuzzSumo 等软件来比较红人的账号表现。

其次，判断红人的粉丝是否为真粉。可以从以下几个方面来判断：

（1）如果一个红人有成千上万的粉丝，但是他发的帖子很少获得赞或者评论，基本上就可以判断这些粉丝是假粉。

（2）如果大多数粉丝的图片看起来都不真实或者根本没有图片，也很有可能是假粉。

（二）怎么与红人合作谈价

选好心仪的红人后，在正式开始合作营销之前，需要与红人谈好合作营销的价格。通常有四个步骤：

第一，识别红人类型；

第二，判断红人价值；

第三，对比行业报价水准；

第四，给出报价（包括谈判筹码、首次尝试、公布利润和“底薪＋提成”）。

值得注意的是：有时候与普通红人合作比与超级红人合作所获得的转化率要高。红人合作报价如图 7－15 所示。

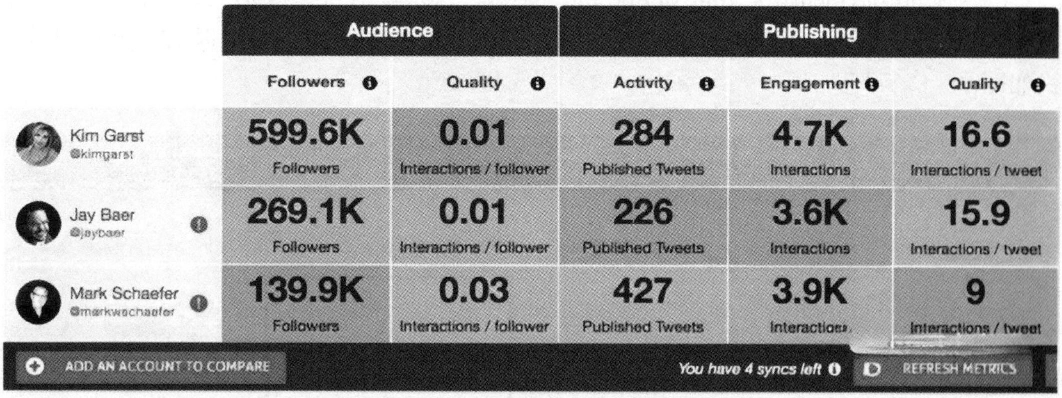

	Audience		Publishing		
	Followers	Quality	Activity	Engagement	Quality
Kim Garst @kimgarst	599.6K Followers	0.01 Interactions / follower	284 Published Tweets	4.7K Interactions	16.6 Interactions / tweet
Jay Baer @jaybaer	269.1K Followers	0.01 Interactions / follower	226 Published Tweets	3.6K Interactions	15.9 Interactions / tweet
Mark Schaefer @markwschaefer	139.9K Followers	0.03 Interactions / follower	427 Published Tweets	3.9K Interactions	9 Interactions / tweet

图 7－15　红人合作报价

（三）索要红人粉丝的分析报告

商家需要对红人的目标受众进行画像分析，包括粉丝性别、爱好、年龄、受教育程度、国家分布、消费能力等。这些数据能有效精准地锁定最适合的红人，最大限度地节约营销成本（见图 7－16）。针对全球速卖通重点培育的国家站，精准的匹配还会大幅提升潜在消费者的转换效率。如果红人的粉丝符合预期要求，可进行下一步工作。

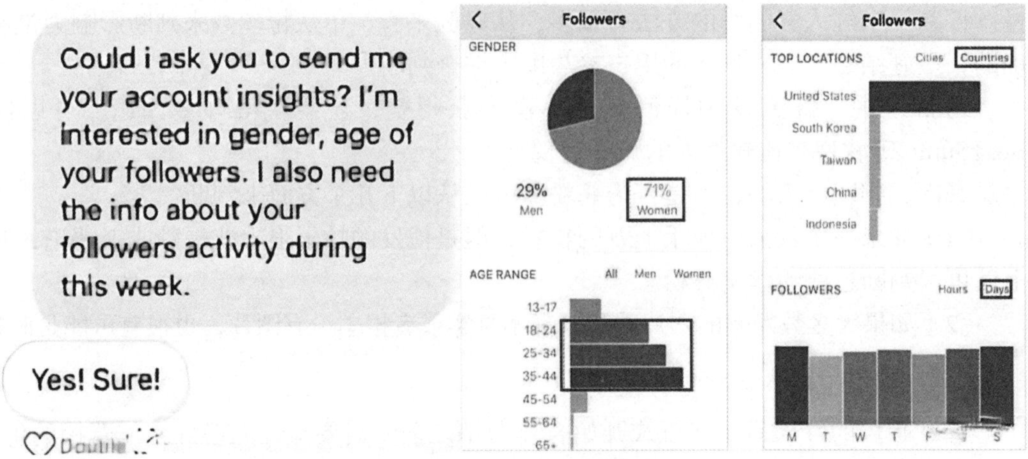

图 7－16　红人粉丝的分析报告

（四）支付费用

付款方式一般采用 PayPal，但以下两种向红人付款的方式还需要根据实际情况考虑。

（1）Pay for goods or services。适合第一次与红人合作时采取的方式。这种付款方式可在遇到收款后不合作的红人时，通过申请退款的方式收回 80% ～ 90% 的费用（未退还的 10% ～ 20% 为红人收款后需要支付的费率）。

（2）Send payment for your online purchases。这是针对合作成熟的红人的付款方式。这种付款方式红人不会被扣取任何手续费，但这种付款方式无法申请退款。这种付款方式如图 7－17 所示。

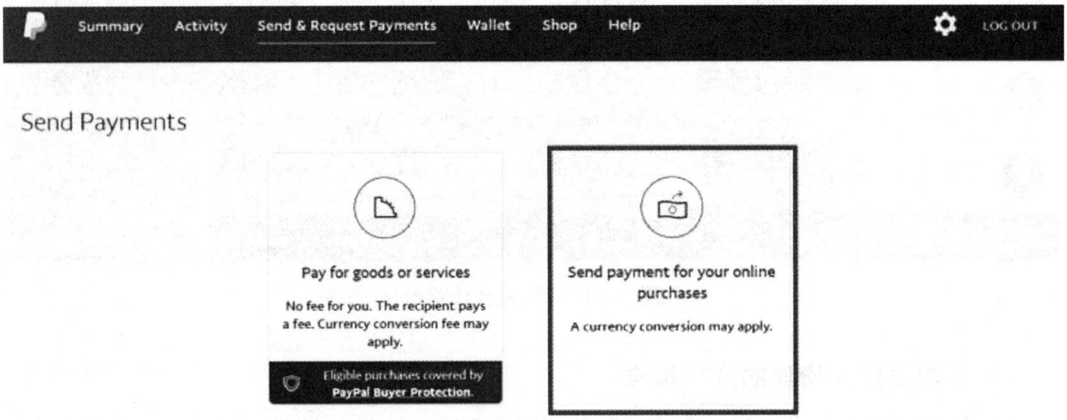

图 7－17　与红人合作的付款方式

二、追踪红人营销的效果

Instagram、Facebook、X 仍是红人聚集最多的平台，因此也是品牌网红营销必争之地。Pinterest 也推出了 Pin Collective，对于目标受众以女性为主的品牌不失为网红营销的新阵地。

追踪红人营销的效果

很多红人会同时拥有各种社交平台账号，商家不应该强迫红人在指定平台上和品牌互动，而应主动了解红人擅长的平台并与其自然地互动。确认不同平台上活跃且有影响力的红人，不仅可以帮助商家找到最合适的红人，也能帮助商家触达不同平台上新的目标受众。

如何衡量红人营销成功与否，直接的销售转化是评判标准之一。但由于合作形式不同，红人创造的内容通常可以被品牌后续营销活动使用，因此很难有唯一的 KPI 做评估。

相关调研显示，品牌主要的衡量标准还是互动水平，触达受众的数量级以及质量、网站流量、销售转化、社交平台上品牌提及次数的增加。商家应根据不同的业务目的选择不同的衡量维度。只有不断地尝试，商家才能找到最佳的红人营销方式。除了大促期间，如果市场费用充足，建议商家每周都与红人进行合作，这样就能通过 A+ 的定期数据反馈，掌握红人的推广成效，方便在大促期间集中投放时找到最合适的红人。

另外，可以通过指定网页追踪红人营销的效果，如 https://goo.gl/X6yvb8（在链接后面增加 +，https://goo.gl/X6yvb8+），http://bit.ly/1JXBgNz（http://bit.ly/1JXBgNz+）。这些网站可以持续追踪红人的影响力（见图 7－18）。

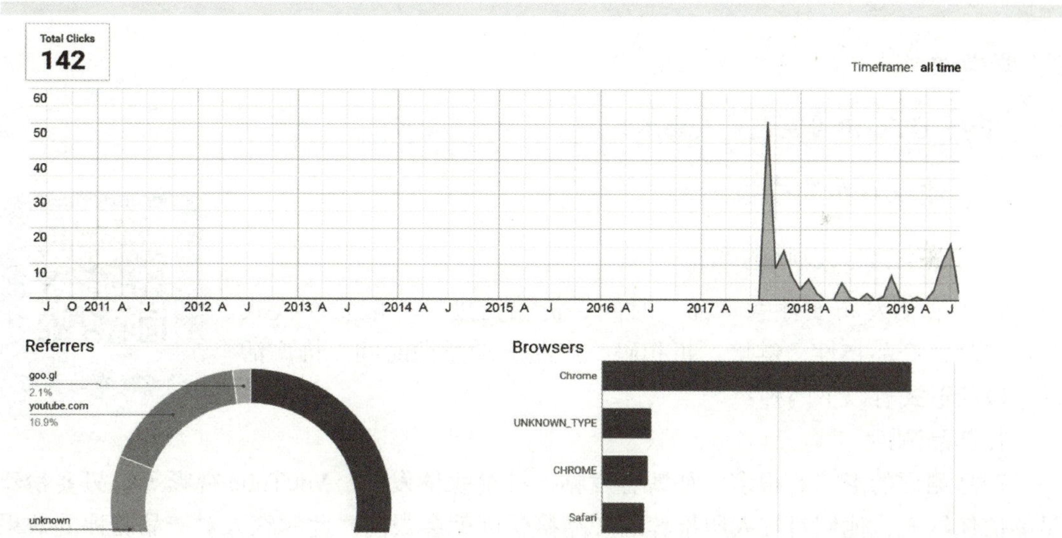

日期	AID	Saler	注册用户数	PV	UV	已付销售额($)	已付运费($)	已付订单数量	已付CVR(%)
2019-08-14	VC	3562	0	1	1	0	0	0	0
2019-08-14	varga	3562	0	10	4	0	0	0	0
2019-08-14	uvcfq	3681	0	8	8	0	0	0	0
2019-08-14	usarc	3562	0	51	29	0	0	0	0
2019-08-14	US1	3749	0	35	10	0	0	0	0
2019-08-14	ulissepress	239	0	1	1	0	0	0	0
2019-08-14	UB	3562	0	12	5	0	0	0	0
2019-08-14	tx	3562	0	1	1	0	0	0	0
2019-08-14	tutto1	3749	0	1	1	0	0	0	0
2019-08-14	TTSEDM	2958	0	385	68	44.75	0	1	1

第 21 到第 30 条记录，总共 26277 条记录 每页显示 10 条记录　‹ 1 2 3 4 5 … 2628 ›

	注册用户数	PV	UV	已付销售额($)	已付运费($)	已付订单数量	已付Cvr
	0	2395707	930145	407689.36	13948.44	10204	1

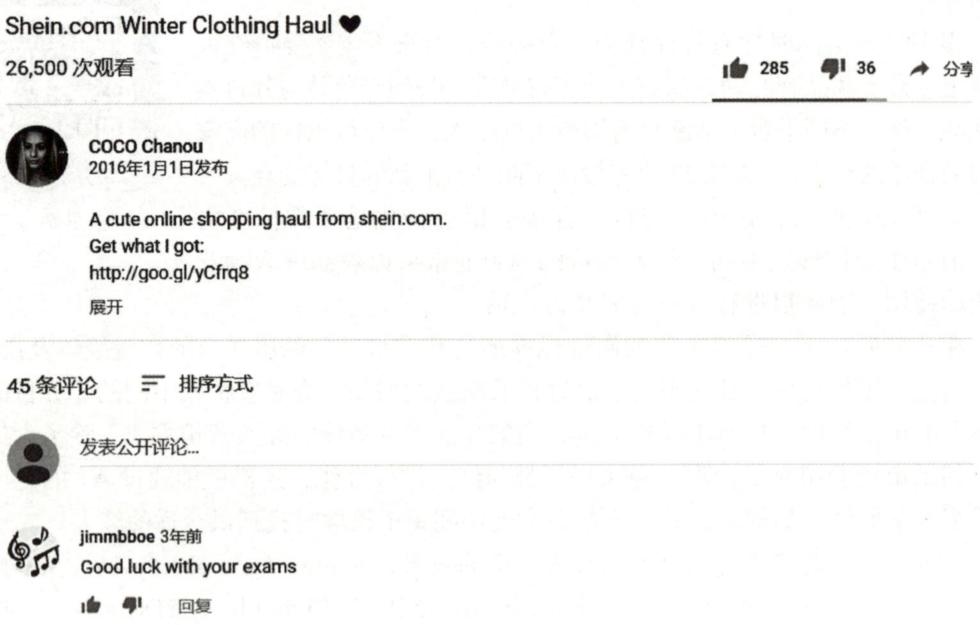

图 7－18　红人推广效果追踪

学中做

PV、UV、IP 分别是什么意思？

三、注意发布的技巧

注意发布的技巧

（一）关注红人发帖的形式

推广活动发布要注意产品、时间、折扣力度，一般发布模式为：产品、产品特性、链接、折扣码、产品活动过期时间。推广活动采取的形式有以下两种：

1. 产品测评

产品测评的形式有很多，如博客发帖、社交媒体发帖、YouTube 视频等。只要粉丝足够信任红人，他们对红人所推荐的产品接受度就会很高。此时红人对产品测评的效果会非常好。比如博主 Zoella 之前和美妆品牌 Glossier 合作过一个产品测评的视频，该视频收获了 100 多万次观看。

2. 赞助帖子

通过向红人付费，让他们帮写一篇推广文案，这篇推文包含产品的各种信息。比如 Instagram 博主 Mandy Ferrugia 就曾帮助 Dr.Scholl’s 发过一篇平底鞋垫的广告帖，并获得了 219 个赞。

（二）确定红人发帖的最佳时间

如果想要提高红人粉丝的购买概率，建议选择在粉丝的活跃时间段发帖。例如：如果想吸引来自美国的买家，在周一上午 9 时发帖是没有意义的。在这种情况下，最佳时间是美国东部时间下午 2 时至深夜 12 时。最重要的是要关注博主在哪个国家或哪个时区居住，与他们的时钟保持一致，这样有助于他们在创建和发帖时不会犯错。

（三）准备好广告图片和文案

商家将准备好的产品视频（建议将多张图片转化为视频）和文案发给红人。文案中的链接最好在全球速卖通 A+ 里进行定制，这样可以追踪效果。

跨境电商企业出海风险规避

知识巩固

一、选择题

（一）单选题

1. 参与 Deal 网站活动的主要目的是（　　）。
   A. 吸红人　　B. 带销量　　C. 冲排名　　D. 蹭流量
2. 下面哪个不是红人营销的直接作用？（　　）
   A. 带来流量，提高知名度　　B. 提高产品的转化率
   C. 降低产品的成本　　D. 提高产品 / 网点的排名
3. 如果目标红人拒绝了首次合作提议，商家可以（　　）。
   A. 不再与之联系
   B. 换其他红人联系
   C. 再次联系红人，表达意愿
   D. 更换合作方案，包括方式和产品，再次联系红人
4. Deal 网站的优点是（　　）。
   A. 程序简洁，可以直接通过客户经理申请
   B. 申请要求简单，审核时间短
   C. 可以引来大批站内免费流量
   D. 可以提升排名和销量，带动其他关联产品的销量

（二）多选题

1. 红人的需求有（　　）。
   A. 获得报酬　　B. 提高名气

C. 新鲜的题材　　D. 有创意的产品

2. 联系红人的时候需要注意（　　）。

A. 写邮件前明确合作目标　　B. 撰写醒目的主题行

C. 个性化邮件信息　　D. 做红人的“给予者”

3. 与红人合作的基本专业术语有（　　）。

A. Shoutout　　B. Give away　　C. Give out　　D. Try to haul

4. 与红人合作谈价的步骤有（　　）。

A. 识别红人类型　　B. 判断红人价值

C. 对比行业水准　　D. 给出报价

二、思考题

1. 通过哪些途径可以找到红人？
2. 如何为产品选择合适的红人？
3. 在与红人沟通中要注意使用哪些技巧？
4. 如何测算红人营销的效果？

项目实训

一、实践操作

1. 请选择一种产品，比较两个不同的红人在直播带货中的基本营销技巧的差异，分析两者最后的营销效果，并根据对比分析的结果写一篇小报告，不少于 300 字。

2. 选择一款产品，根据产品的特点和目标市场的分析，确定进行红人营销的具体策略，形成红人营销方案。

二、创新与创业

1. 红人营销的发展趋势是怎样的？
2. 如何成功创立和经营一家红人营销公司？

素养提升

如果要成功地实施红人营销，就要经过与红人的多轮沟通和众多环节，在这个过程中有哪些品质和精神是不可或缺的？

项目八

邮件营销

知识目标

1. 了解邮件营销的概念
2. 了解邮件营销的推广技巧
3. 熟悉邮件营销的注意事项
4. 理解邮件营销的活动策划及数据分析

技能目标

1. 能够掌握邮件营销的特点与核心
2. 能够掌握邮件营销的操作技巧
3. 能够制订邮件营销的策划方案

素养目标

1. 熟悉市场细分、目标市场选择、市场定位等关键步骤，以便精准定位邮件营销的受众。

2. 了解邮件营销的最佳实践，如邮件标题设计、内容编写、发送时间选择等。

3. 培育守法合规意识，严格遵守相关法律法规，如反垃圾邮件法、数据保护法等，确保邮件营销的合法性和合规性，尊重用户的隐私和权益，不发送未经授权的邮件，不滥用用户数据。

知识导图

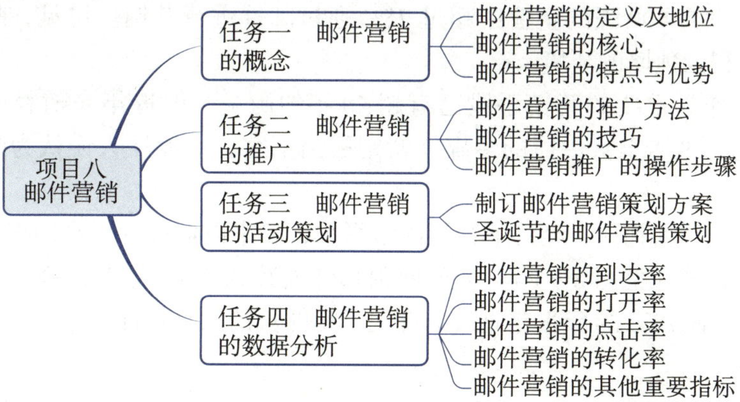

项目导入

某中国跨境电商企业着手开拓国际市场，并针对境外市场展开积极的布局与发力。在这一战略转型的关键时期，小陈被公司委以重任——着手开展电子邮件营销推广工作，以期通过这一渠道为公司拓展新的客户群体，提升品牌影响力。

然而，在上个月初次尝试邮件推广后，小陈发现了一系列亟待解决的问题。首先，邮件数据库列表数量严重不足，库中主要囤积的是过往积累的老客户数据，而对于新客户的拓展工作则显得力不从心，未能有效落实到位。其次，推送的内容与周期设置显得过于单调且频率偏低，缺乏吸引用户持续关注的亮点，同时也未能根据不同客户群体的需求进行个性化的策划与设计。这些因素导致邮件的打开率和点击率均处于较低水平，营销效果远未达到预期。

面对这一系列挑战，小陈并未气馁，而是沉下心来，开始有计划、有系统地思考如何完善公司的邮件营销推广策略。他知道只有从根本上解决这些问题，才能让公司的邮件营销真正发挥其应有的效力，助力公司在国际市场上迈出坚实的一步。

思考：本案例中邮件营销可以采取哪些改进措施？

任务一　邮件营销的概念

一、邮件营销的定义及地位

EDM 的定义及地位

邮件直接营销（Email Direct Marketing，EDM）即电子邮件营销，简称邮件营销，又称许可式营销，是指企业向目标客户发送邮件，建立同目标客户的沟通渠道，向其直接传达相关信息，用来促进销售的一种营销手段。企业通过电子邮件向潜在消费者和现有消费者发送营销信息，是用来进行销售、推广或建立忠诚度的策略。这一策略可贯穿客户生命旅程的整个过程。**与早先的邮件营销不同，EDM 是获得用户许可或订阅之后，向用户发送邮件，而非无方向地发广告邮件。**邮件营销是当前做外贸最有效的方式之一。

在欧美文化中，邮件在交流中占据很高的地位，手机 App 的广泛运用让邮件使用更加便捷。如果邮件内容（文案）好，国外用户就不会对广告邮件产生太大的抵触。相关资料显示，世界 500 强的企业中超过 75% 通过邮件进行营销。可见，邮件营销非常适应国外文化得天独厚的环境。

邮件营销作为重要的营销手段已有超 40 年的历史。但近年来随着通信工具和社交媒体的兴起，更加丰富快捷的多媒体营销层出不穷，一度让人误认为邮件营销已经没落。

受网络流量红利到顶、经济下行等因素影响，素来以低投入、高回报著称的邮件营销再次被打上高光（见图 8－1）。全球使用邮件人数约为 40 亿人，每天发送的数据量高达 3 060 亿，有 78% 的行业专业人士肯定了邮件营销的重要性。

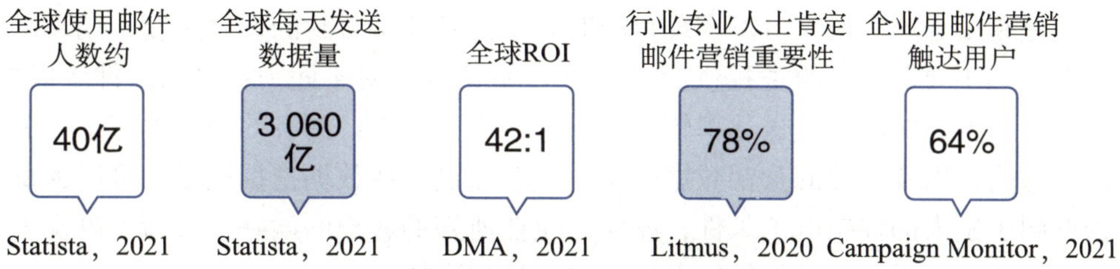

图 8－1　全球邮件营销数据

Webpower 调研显示，2019 年后以 B2C 为主的零售企业和跨境品牌邮件营销需求增长非常迅速，不少长期使用邮件营销的 B2B 企业也进一步增加了邮件营销预算（见图 8－2）。

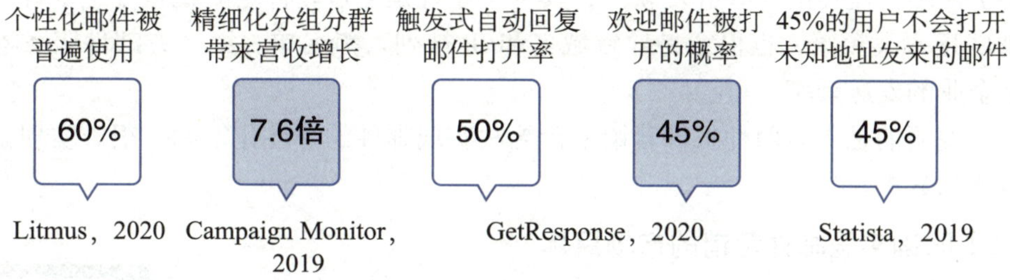

图 8－2　B2B 和 B2C 邮件营销数据

中国国内市场以往有“不爱用邮件”“没有邮件使用习惯”的特点，现在也开始兴起邮件营销热潮（见图 8－3）。邮件营销与一般营销方式最大的区别就是邮件营销是一对一的沟通。邮件营销可以与用户建立更加亲密的联系，以增加用户忠诚度，这种一对一的沟通让用户感觉到被尊重，也让用户感觉到这是为他所建立的，是其独享的沟通方式。

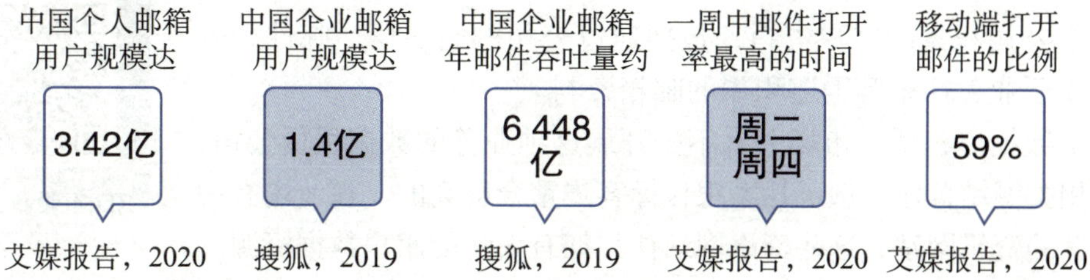

图 8－3　中国邮件营销

二、邮件营销的核心

EDM 的核心

邮件营销的核心内容有以下几个方面：

（一）邮件营销平台的选取

邮件发送平台主要有三类：

（1）专业级邮件平台（数据营销）公司建设的专业的邮件发送

平台，特点是发送速度快，可以实现每小时几千封到几十万封的发送速度。同时，专业级邮件平台与主要的邮件服务提供商（ISP）签订协议，对于此平台来的邮件予以放行。通过这类平台发送的邮件，送达率较高。同时，电子邮件订阅者的信息被记录在关于人口统计、行为，以及喜好的营销数据库中，企业通过这些数据挖掘设置，可以为每个客户发送不同于别人的促销电子邮件，能够与企业所知的客户的偏好、行为，以及生活方式相吻合。相对来说，这类邮件发送的成本也是最高的。

（2）小型邮件发送公司，主要集中在本土邮件营销服务商。此类服务商往往拥有几台服务器、几个 IP 地址和几名员工，靠着这几台服务器发送大量邮件。这种公司发送邮件的成本非常低廉，往往几百元就可以发送数百万邮件，但很容易导致企业的域名和 IP 被列入黑名单，影响企业正常运营。

（3）网络上流传的一些群发软件，其基本原理是通过软件定时批量发送邮件。如果发送邮件频率太频繁，也很容易导致域名和 IP 被列入黑名单。第三方邮件服务器也可能限制企业的发送频率。

需要说明的是，后两种邮件营销平台无法实现邮件的个性化定制，很难实现营销效果的监测和分析。

（二）明确实施邮件营销的市场目标

企业需要明确以下问题：开展邮件营销的市场目标和目的是什么？该市场目标和营销目的是否与企业的营销战略相匹配？是为了推广品牌形象，还是具体的产品和服务，或者是维护客户关系？在进行邮件营销推广之前，清晰明确邮件营销市场目标和营销目的将为后期规划提供有力的保障，对以后的工作开展也很有利。

EDM 的核心 －1

（三）建立企业邮件列表数据库

建立企业邮件列表数据库主要有三种方式。

（1）公司积累的客户资料，包括通过公司网站注册、邮件列表订阅、线下业务往来等渠道积累的邮箱资料。

（2）数据库租赁，市场上有不少开展这项业务的数据租赁公司，也可跟相关网站合作，选定几家跟目标客户重合度高的、在业内有一定知名度的资讯网站，这些资讯网站往往拥有大量的用户数据资源。

EDM 的核心 －2

（3）采用特定程序，在网络上爬取邮箱地址，这种方法几乎无成本投入，然而效果也无法保障，其原因是无法界定爬取来的数据的有效性和真实性。

由此可以看出，企业应当树立起构建企业用户数据库的理念，争取加大第一种来源的数据资源在邮件列表库中的比重。由于邮件列表数据库具有高度的目标针对性及忠诚度，因此邮件列表是企业最珍贵的无形资产之一。公司网站可以重建，产品可以重新选取，只要拥有这些真实客户的电子邮件地址，向邮件列表发送邮件，就可以进行有效的营销。

（四）设计客户需要的邮件内容

设计客户需要的邮件内容包括邮件页面的设计和邮件链接指向网站的着陆页的设

计。邮件页面 Web 代码要遵循一定的设计标准，邮件正文及标题的构思与策划有助于引起接收者的兴趣，吸引他们打开邮件。不合适的标题可能导致接收者直接删除邮件。当邮件到达用户邮箱时，标题决定了邮件的打开率。

在内容的编排上，要考虑用户体验，留有退订功能。虽然不一定会有很多人真正退订，但这却遵循了许可式邮件营销的规则。另外，营销邮件应该开发互动性，让用户不仅能够阅读邮件，而且能够深层应用，可以使用社交网络按钮推荐给自己的好友，能够在邮件中完成采购。这些个性化的、触发性的、互动式的营销邮件能够在增加保留率和销售上产生意想不到的效果。

（五）评估邮件发送效果及后期数据分析

运用邮件营销平台发送邮件后，需要对客户的反应进行追踪，评估邮件营销效果。通过对追踪结果的分析，监测邮件列表的注册转化率、退订率、到达率、打开率、阅读率以及链接点击率。通过这些监测手段，我们可以改进和选择受众，提升发送邮件的技巧。可以运用 AB 测试方法，测试不同邮件标题内容和链接地址，了解营销效果，实现营销效果的最优化。一般而言，邮件营销平台会有清洗邮箱地址数据的功能，整理出具有相当活性的邮件数据列表，投入下一轮邮件营销推广的操作中。另外，成熟的邮件营销应该是确定好邮件的发送频率，建立固定时间内收到邮件的心理预期，这对留住订阅用户、建立信任是非常重要的。

（六）邮件相关信息的隐私协议

如果依靠第三方邮件服务平台进行邮件营销推广，应及时与第三方服务平台签订邮件相关信息的隐私协议。隐私协议应该是所有公司以及邮件营销平台都应遵守，并且时刻被提醒注意。如果用户发觉自己的邮件信息被泄露，并且通过泄露的渠道发现泄露的源头是某公司，将会对公司造成极大的损害。

三、邮件营销的特点与优势

邮件营销的特点是营销及应用范围广、操作简单、效率高、成本低廉、针对性强、反馈率高、精准度高。从内容上看，邮件营销可以发送电子广告、产品信息、销售信息、市场调查、市场推广活动等信息，也可用于推介新产品、推广优惠活动、建立品牌形象、吸纳会员或新客户等。从企业角度来看，邮件营销的优势有以下方面：

EDM 的特点与优势

（一）邮件营销可以精确筛选发送对象，开发企业潜在客户

邮件营销提供给企业推销自己的机会，将特定的推广信息投递给特定的目标人群，能提高销售转化率。例如：某品牌厨房小家电破壁机的营销。如果邮件受众是一名美食烹饪爱好者，可是他（她）工作繁忙没有太多时间，看到这样一封邮件，发现既可以免费得到最新美食菜谱，还有 50 元的代金券可以拿，那么他（她）可能很有兴趣点击这个网站看一下，因此这个网站得到了一个获取潜在客户的机会。再假如恰巧邮件受众又

看到网站上的破壁机不错，还有预约功能，并且可以连接 Wi－Fi 用 App 远程操作，手里还有 50 元的代金券，可能就会顺手买一件试试，这样网站就能完成销售的转化。

（二）营销成本低廉

邮件营销不用支付巨额的广告费用。与电视、报纸、杂志等其他媒体广告相比，邮件营销的成本几乎为零。通过邮件服务器，联系 10 个用户和联系成千上万个用户成本几乎没有区别，所需要的费用就是网络费用，这与传统的信件、印刷、邮寄、派发等相比，费用要低很多。

（三）效果迅速且能追踪分析

与其他网络营销相比，邮件营销十分迅速，如搜索引擎营销可能需要几个月甚至更长时间才能充分发挥效果，公众号营销更是需要时间的积累和大量高质量的内容，互动式的营销则需要花时间去参与活动，建立广泛的关系网。而邮件营销只要有邮件数据库，在发送邮件后几个小时内就会看到效果甚至产生订单。我们还可以根据用户的行为统计邮件阅读数、点击数等，获取销售线索。

（四）精准转化率高

其他网络营销手段所获取的客户，大多随意进入网站进行浏览，因此客户的主动性弱。而邮件营销则不同，进入企业邮件数据库的客户都是主动填写了问卷或相关表格的，要求主动获取企业信息。只要企业发送的邮件信息对客户有帮助，能够打动他们，他们就会变成忠诚的订阅群体。此外，针对特定的人群发送特定的邮件或者根据行业地域等进行客户分类，根据社群的差异制定个性化内容，根据用户的需求提供最有价值的信息，营销目标非常明确，转化率也比随机访问用户要高，效果也必然会更好。

（五）可与用户建立长期紧密的联系

用长期联系来培养客户的忠诚度，获得更多的顾客反馈，这也是企业进行客户关系管理最重要的方式。企业通过邮件能长期与客户保持联系、传递信息。以邮件方式建立起来的信任感和品牌价值，是其他网络营销方式很难达到的。企业的推新以及打折促销等活动，都能够第一时间传达给客户。同时，通过邮件，企业还能了解客户的使用效果，及时得到反馈信息。这些信息对产品的迭代升级起着重要作用，客户也能感受到企业对自己的重视。

（六）信息丰富，应用范围广

随着互联网的迅速发展，全球已经有超过 20 亿网民，企业只要拥有足够多的 Email 地址，就可在很短的时间内向全球数千万的目标用户发布广告信息，而且邮件营销适合各行各业进行推广。由于载体是电子邮件，因此企业可以使用包括文本、图片、动画、音频、视频、超级链接等方式进行组合，不仅信息量丰富，还具有长期的宣传效果，收藏和传阅也都非常简单方便。

（七）操作简单高效

利用专业的邮件服务平台可实现每天数百万封邮件的发信速度，操作简单。发送上亿封邮件一般在几个工作日内就能完成。这些也是其他网络营销手段无法匹敌的。邮件营销渠道对企业来说是非常友好且不容错过的。

任务二 邮件营销的推广

一、邮件营销的推广方法

EDM 的推广方法

（一）邮件模板与品类要相符

在做邮件营销之前，企业首先要了解自己的产品所适应的消费群体类型。比如做自建站的卖家，网站风格与产品本身的类型，这两者的关系应该是相辅相成的；而服装类产品的网站，需要偏向时尚潮流风格；电子 3C 类产品的网站则需要偏向科技风。

（二）适配移动端

一般网站除了适配 PC 端，要同时适配移动端，这样可以方便用户使用移动端进行购物。随着人们消费习惯的改变，目前跨境电商主要海外市场移动端的应用比例已经超过 60%。对此，首先应将现有的邮件使用 HTML5 进行编码，从而让邮件的页面在手机端也能够清晰完整地展现。另外，行为召唤（Call to Action，CTA）按钮应安排在让用户感到最舒适方便的位置，以提升用户互动的概率。不要放过任何一个展现精心策划活动的机会，卖家可以结合 HTML5 技术将二维码内嵌在邮件内部，用户可以通过扫描二维码的方式读取活动页面。HTML5 页面可以用于品牌宣传、互动游戏，也可以用于礼券领取、问卷调查等形式。

（三）第三方平台卖家可植入邮件营销订阅信息

第三方平台卖家可以选择在购物流程中插入邮件营销订阅环节，引导客户接收卖家的邮件营销信息，并通过邮件验证的方式进行邮箱地址的双向确认，从而把控好数据源头，便于日后定期进行邮件营销投放。

（四）邮件内容中可植入视频链接

视频是大众最直观接收信息的渠道之一，但邮件相对于其他载体有所不同。在邮件营销中，并不能单纯地将视频插入其中。由于每位用户使用的收件客户端不同，而且每一个收件客户端也都有自己的一套规则制度，因此邮件营销本身内容制作所受到的限制也不同。这就要求邮件营销的内容制作兼容多个邮件客户端，同时在有大量推送需求的时候不能阻断邮件营销推送通道。因此，如果商家想要在邮件营销中做视频展示，建议通过插入链接的方式实现。

（五）使用个性化智能推送系统

通常情况下，邮件营销分为以下几个阶段。

1. 初级阶段

初级阶段是粗犷式的群发。在该阶段，商家对于自己的会员数据没有做任何细分，只是一味地给他们推送自己的活动信息。这种轰炸式的群发，无法让用户感受到自己的需求有被关注。

2. 中级阶段

中级阶段是精准营销。在该阶段，卖家对自己的用户网络端行为有了一定的记录和数据积累，并且对用户做了标签，然后通过人工针对不同人群有选择地将各个活动推送出去。处于这个阶段的卖家，邮件营销接受度相对来说较高，其原因是用户能够体验到自己的兴趣爱好有被记录、被关注，所接收到的内容都是和自己的兴趣爱好相关联的。这一阶段最终产生销售转化的概率会增大。

3. 高级阶段

高级阶段是个性化智能推送。在拥有了庞大的用户数据库，并建立了完整的标签管理体系之后，人工手动操作是无法满足繁杂的运营需求的。此时可以利用有关系统，帮助卖家通过智能化分析系统分析出用户感兴趣的商品，从而进行相关推荐。这样做，一方面可以帮助用户节省商品筛选时间；另一方面也达成了用户潜在需求的深度挖掘，最终帮助商家挖掘出用户的最大价值，同时让用户感受到他们被重视，从而获得更加良好的体验。

二、邮件营销的技巧

（一）收集邮箱

只有有了大量的邮箱地址才可能进行邮件营销，自己亲自收集的邮件地址可靠性更强，便于进行明确的分类。商家可从邮箱列表中导出邮件地址，也可以通过网上的一些渠道去收集邮件地址。邮件地址的精准度越高，邮件营销的成功率就越高。

邮件营销的技巧

（二）重视邮件内容

邮件要素分为主题、素材、卖点和风格。如果要让邮件有明确的主题，就需要使用相关的素材，并且在阐述产品卖点时简单明了，使邮件的整体风格保持一致（见图 8－4）。

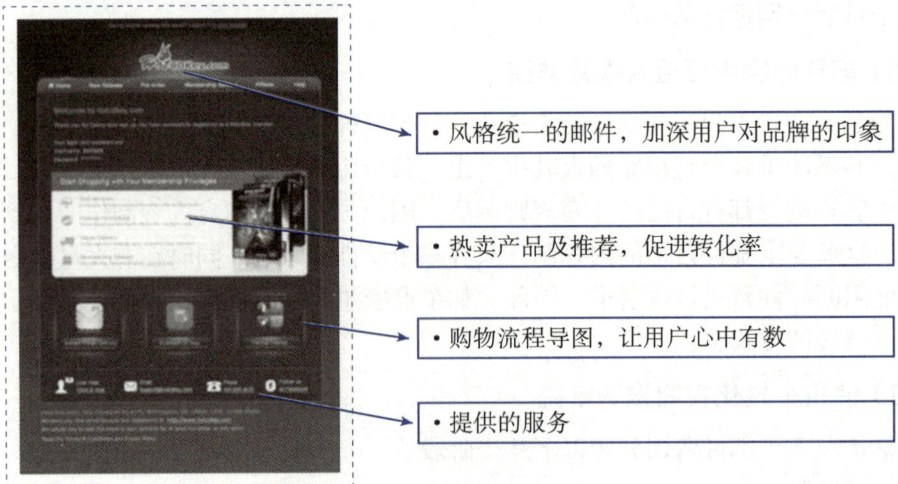

图 8－4　邮件模板的使用

在进行邮件营销的邮件主题设计时，要遵循五个原则：

（1）电子邮件主题不宜过于简单或过于复杂（最好控制在 8 ～ 20 个汉字）；

（2）切入热点事件、融入流行语、呈现画面感；

（3）给标题添加个性小图标，不要盲目相信社交分享的功能；

（4）给主题添加个性化变量，吸引目标用户，挖掘用户的最大价值；

（5）电子邮件主题体现出邮件内容的精华，突出重点和目的，适当使用号召性语言，促使用户完成转化。

（三）掌握好邮件的发送时间

要根据用户的工作与生活习惯来发送邮件，让用户在适当的时间收到邮件。发送邮件的间隔也是非常重要的，不要发送太频繁（见图 8 - 5）。同时还要善于造势，重要的节日与活动前也是发送邮件的好时机。

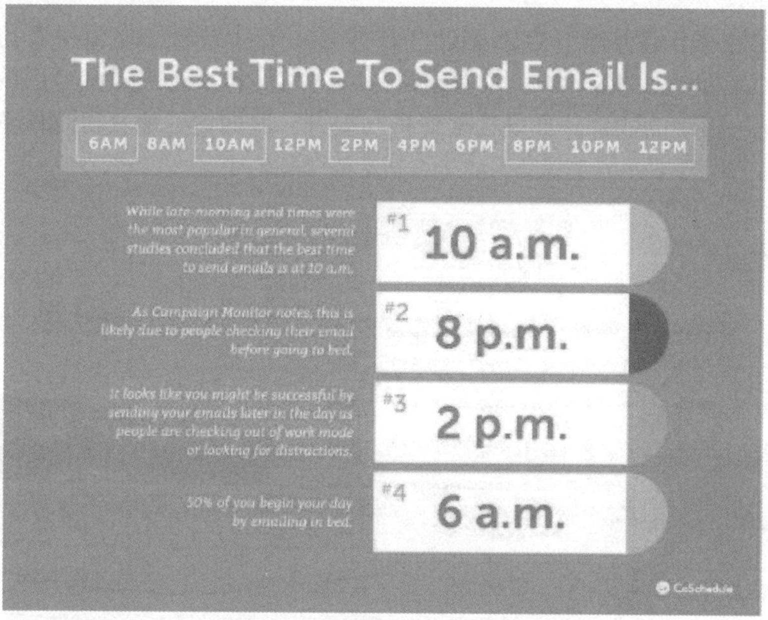

图 8 - 5　邮件发送时间设置

（四）选择好邮件的发送方式

如果邮件数量极大，就要通过大型的邮件程序进行跟踪与统计，从而让每一次的邮件营销都可以被分析。为了更好地进行邮件营销，企业可以选择服务商提供服务，而选择服务商最核心的指标是技术。平台能否实现定时大量发送，是否有多种主题模板选择，能否做到跟踪数据，是否有添加退订功能以及能否提供完善的售后服务等都是考量的关键点。国内知名的邮件营销服务提供商有：Webpower（威勃庞尔）、Radica system（雷克）、思齐软件、亿邻商邮、脉展软件、绿邮网、华思邮件营销等。

（五）发送邮件要得到用户的许可

不赞成没有沟通的群发，乱发邮件往往会被用户直接扔进垃圾箱。只有与用户建立了许可阅读的关系，其邮件营销的效果才会好。如果用户可以自由地选择邮件发送与退订，就能更好地维护商家与用户之间的关系。

（六）邮件信息要尽量有价值

只有邮件内容能够吸引住用户，企业才会不断得到用户的关注。营销邮件中的内容最好是根据用户需求定制的信息，如新产品降价信息、重要新品发布信息、重要的公司新闻宣传等，这些都是能够吸引用户关注的。

（七）邮件列表的用户要进行分类

要给不同的用户发送不一样的邮件内容。用户分为已经交易过的用户、咨询过的用户、没有沟通过的潜在用户。不同层次的用户接收的邮件应该是不一样的，企业要做好用户列表的细分工作，让邮件营销更加细致与深入。

（八）后期数据统计与分析

邮件的送达率、打开率、点击率这些数据必须统计出来，邮箱列表的优化也是需要长期进行的工作（见图 8－6）。企业通过每一次邮件的发送来提升自己的邮件营销能力，从而让这一活动的效果一如既往地保持与提升，以期更好地获得邮件营销的成果。

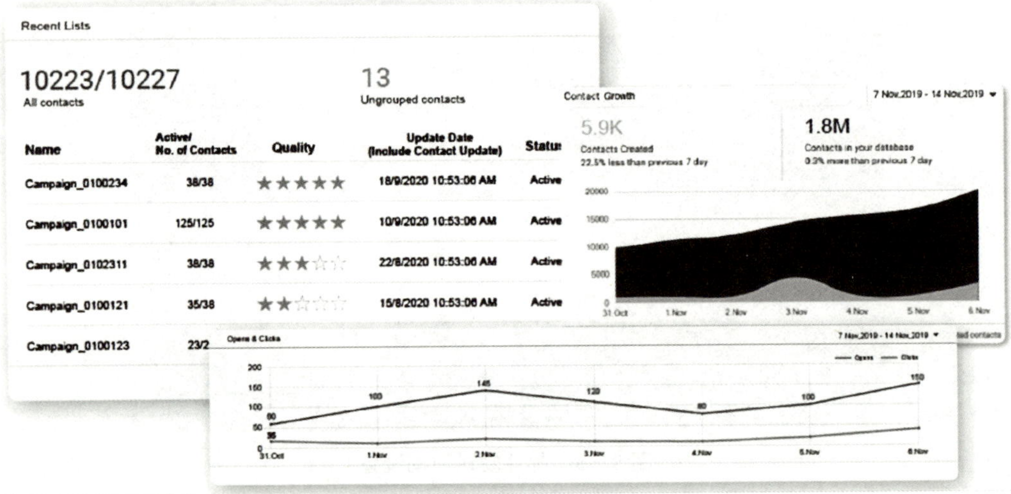

图 8－6　邮件营销统计

三、邮件营销推广的操作步骤

邮件营销推广的操作步骤有以下几点。

EDM 推广的操作步骤

（一）设置发件人

邮件营销推广需要选择专业的邮件营销平台。企业可以调研匹配自己需求的邮件营销平台。双方签订合作协议后，企业可以利用邮件营销服务平台发送电子邮件，并能根据自己的需要有针对性地进行宣传活动。如图 8－7 所示，各平台的界面会有所不同。

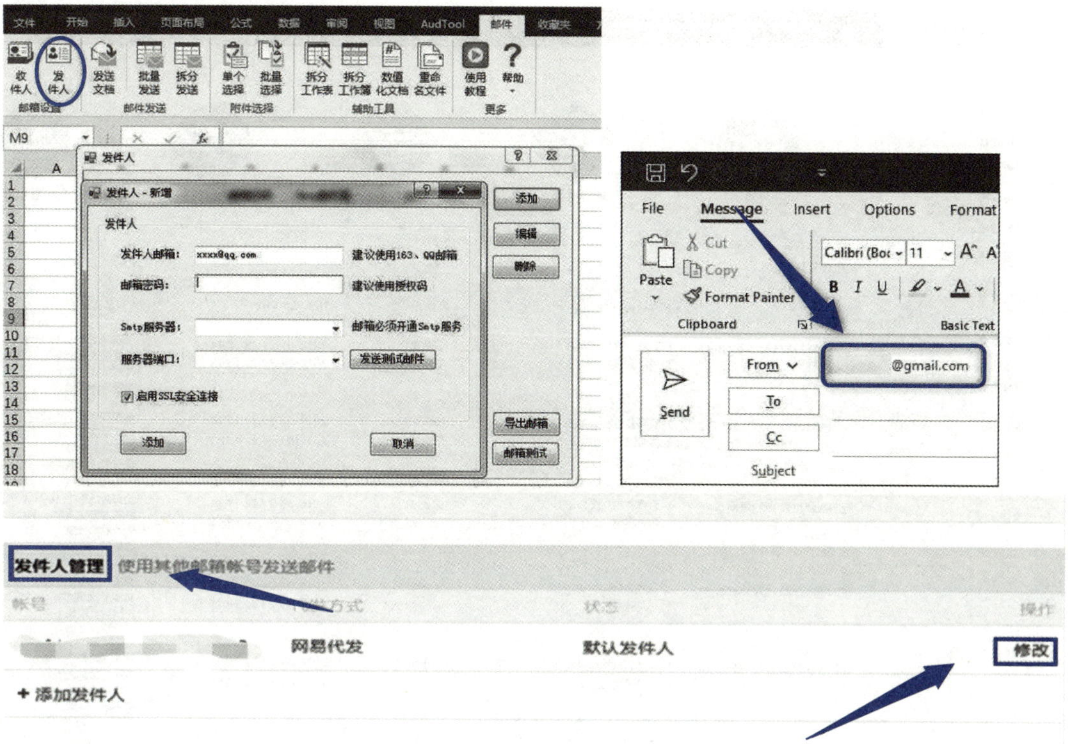

图 8－7　邮件营销操作步骤

（二）新增联系人

在设置发件人之后，需要根据前面收集到的许可式邮件地址来为接下来的发送做准备。在这个步骤中，通常可以在前期将收集好的用户邮件地址做成 Excel 的形式，然后直接在专业的邮件营销平台导入（见图 8－8）。

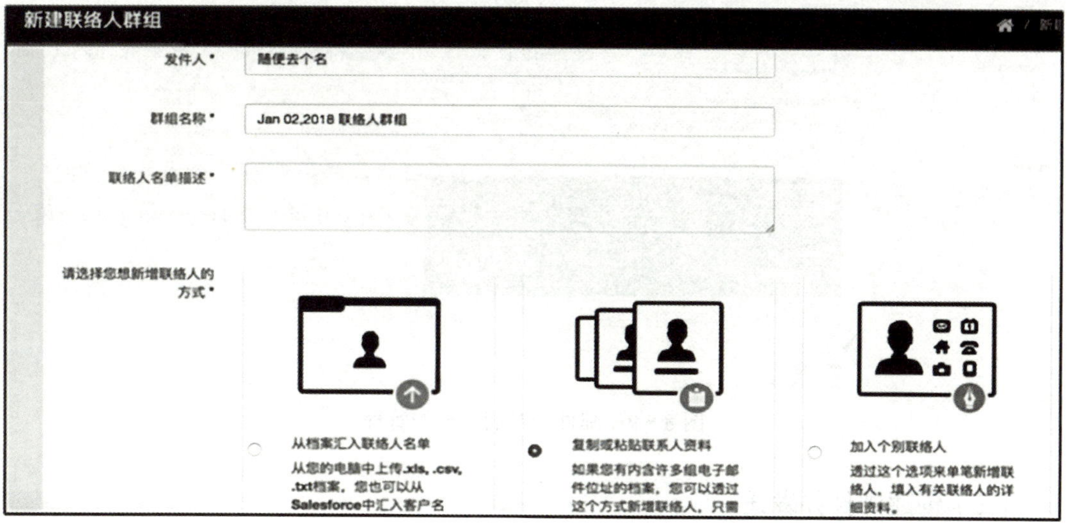

图 8－8　邮件营销平台后台操作

如果事先已将客户进行细分，也可以以“客户组”的形式进行添加（见图 8－9）。

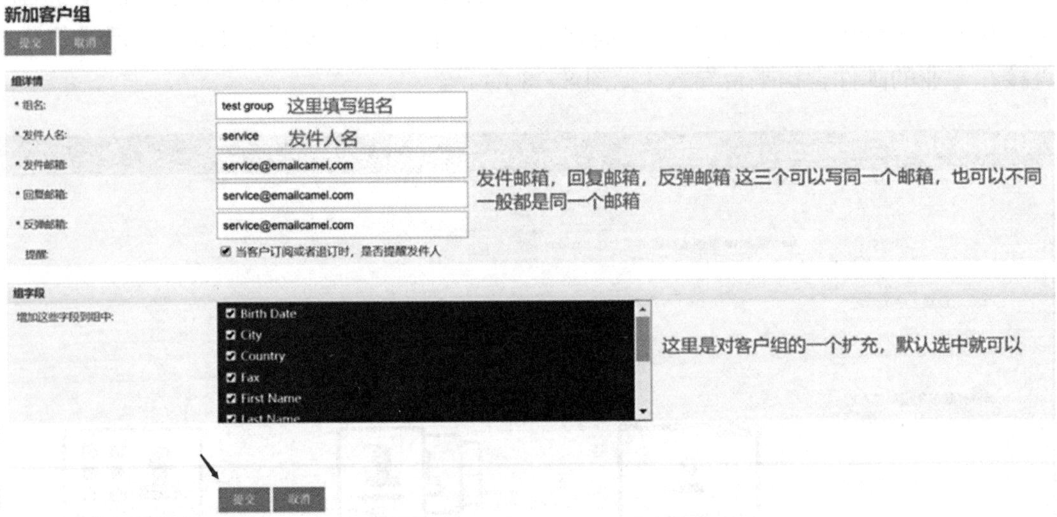

图 8－9　邮件营销后台分组管理

（三）创建邮件并发送

创建邮件的过程中一般会有两种形式选择。一是一般的电子邮件，在一般的电子邮件中，创建者可以使用新版电子邮件创建器与HTML源编辑器；二是RSS电子邮件，RSS搭建了一个信息迅速传播的技术平台，使得每个用户都成为潜在的信息提供者。邮件的创建过程一般包含四个步骤。

（1）设置一般电子邮件格式。填写邮件的标题、发件人、联络人的相关信息，如图8－10所示。

图8－10 邮件营销后台一般电子邮件格式

（2）选择模板。企业依据自身发送的内容和人群来选择合适的模板，模板有多种，如节假日、商业等不同类型。企业可以在模板中更换图片，也可以自己设计模板并导入其中，实现个性化的邮件营销推广（见图8－11）。

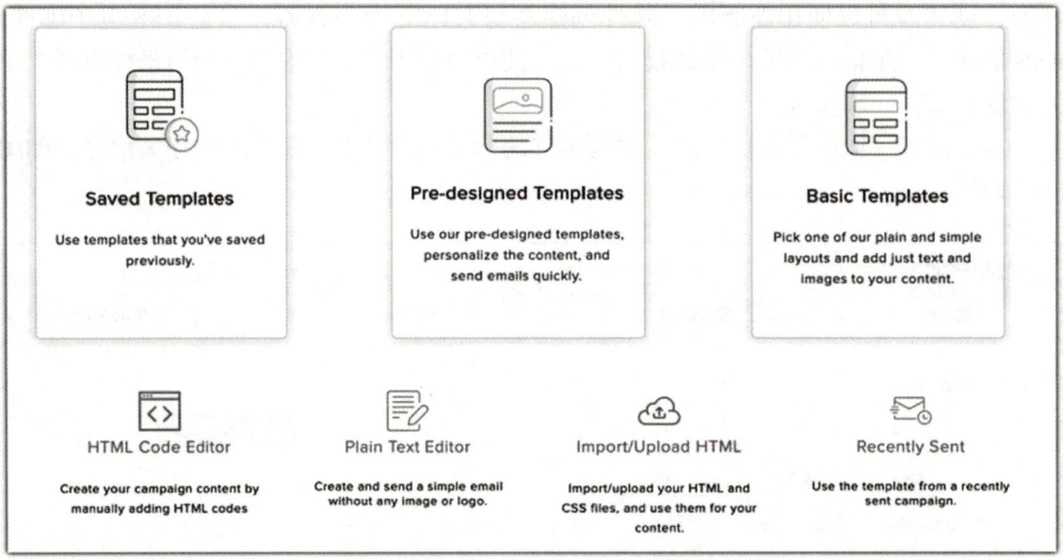

图 8－11　邮件营销后台电子邮件模板

（3）创建邮件。跨境电商推广人员需要依据公司的产品图片更换模板中的图片，以及更换相应的文字（见图 8－12）。

图 8－12　邮件营销后台创建邮件

（4）发送邮件。在这个步骤中，需要设定传送时间，若发现创建的邮件内容有一定的问题，可暂时储存为模板，以便下次继续编辑（见图 8－13）。

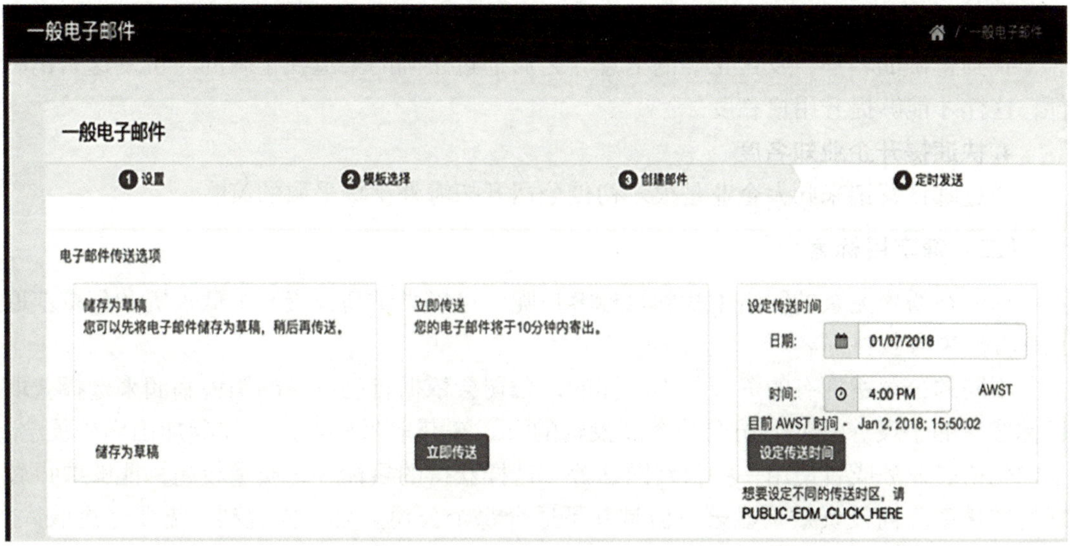

图 8－13　邮件营销后台发送邮件

在邮件营销推广的具体操作步骤中，前期的计划制订，尤其明确推广目的是至关重要的，邮件的内容策划与设计需要根据企业的实际目标情况进行具体分析和判断。

任务三　邮件营销的活动策划

一、制订邮件营销策划方案

邮件营销推广需要有完善的执行方案。邮件营销推广方案的制订是营销推广的首要工作，需要明确推广目的、确定目标客户、收集许可式邮件地址、制订邮件核心计划，最后还需要根据计划进行实际操作。

制订 EDM 策划方案

（一）明确推广目的

邮件营销推广目的不同，相应的方法也不同。确定邮件营销推广目的是更好地与企业营销战略相配合。现从以下四个方面来对邮件营销的推广目的进行分析。

1. 持续营销

持续营销即为了推广或促销自己的产品。这个时候的邮件营销推广一般是新产品发布、促销活动等相关内容。如果用户感兴趣，则会点击进去进行更详细的了解，这既达到了宣传产品、推广品牌的作用，又开发了新客户。

2. 提高客户的二次购买率

购买过一次产品的客户，一般会留下其邮件地址或者兴趣爱好。针对这一类客户，要找准他们的兴趣来推荐产品，开发个性化邮件，并在节假日时通过邮件营销投放贺卡邮件表达祝福。这样不仅能够提升商家形象，赢得客户好感，还能提升客户的二次购买率。

3. 增加客户对网站的黏度

找到正确的客户，发送正确的信息，之后通过正确的渠道在正确的时机发送营销邮件，这样才能够提升用户黏度。

4. 快速提升企业知名度

通过邮件营销来壮大企业是很多初创公司开拓海外市场采取的策略。

（二）确定目标客户

如何在纷繁芜杂的网络中找到目标客户呢？可以尝试高投资、中低投资和免费获取三种方法来寻找目标客户。

不同的公司所拥有的资源是不一样的，公司会依据自己产品的销售利润来选择获取目标客户的手段。有的公司会选择高投资的方式来获取目标客户，如参加国内外展会、全球化拓展业务或者使用一些付费网站等。这样获得的目标客户质量较高，能够取得较好的转化率。高投资效果显著，但是并不适合每个公司。公司要盈利，需要考虑收入，更需要考虑支出，所以需要了解更多其他获取目标客户的方法，如网站推广、参加各种协会或者专业会议、联系海内外政府机构等。对于这些中低投资获得目标客户的方式，企业可以结合自己的能力进行选择。免费的获取目标客户的方式有网络搜索、博客获取、通信名单、自我推荐、免费网站等。

确定目标客户后，需要和客户建立联系。一般来说，企业与客户的关系需要经历一个从相互陌生到开始接触，再到日益成熟的发展过程，先后经历潜在客户、新客户和忠诚客户三个发展阶段。

1. 潜在客户

潜在客户是指虽然没有购买过企业产品，但有可能在将来与企业进行交易的客户。此时，重点是帮助潜在客户建立对企业及其产品的信心。

2. 新客户

新客户是指潜在客户在建立与企业进行交易的信心之后，购买企业的某种产品，转变为企业的初级现有客户。新客户与企业的关系仍然处于客户生命周期的初级阶段，所以企业还必须继续培养客户对企业及其产品的信任感和忠诚度，促使其进行复购。

3. 忠诚客户

有了良好的交易体验及对企业产品的持续认同后，新客户就会反复地与企业进行交易，成为企业的忠诚客户，他们与企业的关系也随之进入成熟阶段。此时，客户的满意度和信用度是企业关注的焦点。

（三）收集许可式邮件地址

邮件营销推广不同于普通的营销推广，需要经过用户允许才能发送邮件，也是在用户同意的基础上进行内容设计后投放的。所以如何获取用户的许可是关键。如何能收集到许可式邮件地址呢？可以通过线上和线下两种方法来尝试。

线上的收集可以通过网站注册会员、订阅和网络活动来完成。目标客户在企业的网站注册会员信息，表明客户对企业本身就带有认可度，这样收集到的目标客户一般都会愿意接收与企业相关的信息。如果目标客户在购买产品和服务时勾选了订阅，也说明其愿意主动接收邮件信息，这样收集到的目标客户地址就是许可式的邮件地址。线下收集方式可以通过参加外贸展会等方式和目标客户交换名片、目标客户主动成为店铺会员以及策划线下活动来获取许可式的邮件地址。

（四）制订邮件核心计划

制订邮件核心计划，即邮件发送的内容、选定发送人群等，可以分为以下四个阶段。

（1）通过网站搜索，拓展新客户，获取邮件列表；

（2）依据确定的目标客户选择不同的推广策略，如表 8－1 所示。

表 8－1 不同客户类型对应的推广策略

客户类型	推广策略
潜在客户	每月推送，如果超过 2 个月没有转化，就放弃，不再联系
新客户	每月推送促销活动和企业产品相关信息
忠诚客户	进行一定程度的内容定制，每月推送营销活动、节日祝福

（3）设定不同内容的推送情况，如表 8－2 所示。

表 8－2 不同客户类型对应的内容推送

内容类型	推送频率
产品目录	每 3 个月
促销活动、特价活动	每月至少进行 1 次活动策划，或根据实际情况来推送
节日问候	重要节日和生日进行推送

（4）发送邮件测试和评估效果。分析营销效果数据并及时进行方案改进，如图 8－14 所示。

图 8－14 邮件营销后台邮件测试和评估效果

二、圣诞节的邮件营销策划

圣诞节的邮件
营销策划

每年 12 月 25 日的圣诞节是整个节假日购物季的尾声。12 月是推销商品的好时机。由于消费者倾向于在圣诞节与亲人共度时光、交换礼物，因此大量客户会在这个月花费大量时间和精力寻找礼物。

据往年经验，建议 10 月底开始备货，最迟入库时间为 12 月 4 日。如果超过 12 月 4 日，卖家都在大量补货，入库时间会比平时要长，所以及早备足库存很重要。圣诞节适用的品类有圣诞卡、包装纸、一次性餐具、厨房用品、服装、鞋帽、珠宝、家装（特别是灯）、婴幼儿用品、消费类电子产品等。

美国商家发现，越来越多的消费者选择在感恩节过后的周一上网购物。因此，感恩节过后的第一个星期是各大在线零售商竞相争夺客户的疯狂时期，会引发一轮购物热潮。许多品牌都把重点放在圣诞节营销上，那么卖家又该如何在激烈的竞争中脱颖而出呢？

（一）创建客户列表

由于圣诞节活动的持续时间较长，因此卖家的客户邮件列表可覆盖的人数可能较多，以下是一些充分利用资源的办法。

（1）举办“12 月圣诞节”活动。向通过登录页面注册的客户发送每日优惠或礼品指南。当然，卖家需要在社交媒体、邮件或付费广告中宣传店铺网页。卖家的订阅客户名单会随着人们对营销内容兴趣的增长而增长。

（2）推出圣诞节指南。以装饰、室内设计灵感或食谱为主题，将其用作登录页面和弹出窗口中的推广内容，收集正在寻找此类内容的客户的联系邮箱。

（3）卖家还可以以社会公益为话题创建自己的系列广告，将部分收入捐赠给慈善机构，并在邮件中推广这一活动。这一做法有助于建立受众对品牌的好感度，提升转化率。例如：鞋履品牌 Mahabis 就在邮件中附上了礼品指南作为推广，如图 8－15 所示。

（二）邮件主题

圣诞节充满了各种魔力四射、让人爱不释手的事情，例如：收音机里播放的 Last Christmas、节日装饰品、葡萄酒、各种圣诞节限定的商品，以及亲朋好友共度的欢乐时光。

而邮件营销必须关注的一个要点就是礼物。如果卖家的产品与礼物关联不大，则可以考虑使用一些其他主题，利用 AB 测试来分析有哪些变体可以使用。以下是一些思路可供参考：

Share this wonderful news with your loved ones.

Feeling Christmassy?

Ho ho ho! Holiday savings inside!

Deals as red-hot as Rudolph’s nose!

Michael Bublé or Mariah Carey?

图 8-15 邮件营销活动指引

Here's our gift to you.
Christmas is about sharing.
See our holiday style guide.
Looking for Christmas gift inspirations?
Get your gifts on time with free shipping.
Guaranteed Christmas morning smiles inside.
Don't risk it. Buy your own perfect gift!
Buying gifts last minute? We've got you covered.
Perfect gift for everyone you love.
Out of ideas? Get a gift card!
Buy your holiday presents now…
Christmas dinner conversation starters. You'll thanks us later!

（三）邮件摘要

圣诞节邮件营销中以邮件摘要为邮件主题锦上添花的相关案例如下：

主题：Buy your gifts now…

Preheader：…and spend more time with your loved ones later

主题：Out of ideas? Get a gift card!

Preheader：Let them choose their perfect present

主题：Don't risk it. Buy your own perfect gift!

Preheader：Forget Santa – treat yourself

（四）标题和内容

卖家的电子邮件应该营造浓浓的圣诞氛围：坐在火边，打开礼物，与深爱的家人朋友在一起。此外，要坚持熟悉的圣诞配色方案：金色、红色、黄色和绿色。卖家可以使用色彩或在 Google 中搜索以圣诞为主题的配色以获得灵感。卖家的产品图片看起来也要很有节日感觉，有条件的情况下甚至可以进行主题拍摄，让客户感受到节日气氛。同时，请企业考虑使用动画或 GIF。动画或 GIF 可以为客户营造拆礼物的感觉。

（五）行动召唤

如果卖家无法确定行动召唤的风格应该简短还是浪漫或是具有描述性，那么可以通过 AB 测试选择效果更好的版本。以下是一些参考文案：

Order now to get it before Christmas.

Christmas deals – yasss!

Claim your Christmas coupon now!

Become Santa's little helper.

Holiday inspirations right here.

Look what's hiding under the tree.

FaLaLaLaLa，Christmas is here!

卖家也可以邀请订阅客户“start gifting”。例如：United By Blue 在商品推荐的电子邮件中开启订阅模式，如图 8 - 16 所示。

（六）制造节日邮件营销活动小窍门

全球领先的智能化营销服务商 Webpower 为此总结了 5 个成功制造节日邮件营销活动的小窍门。

1. 运用实时数据，避免丧失销售机会

年末由于各式各样促销活动的开展，人们的消费购买力度将大幅提升以至于加快库存消耗，此时品牌企业的营销策略也需要紧跟实际需求。当客户打开邮件时，营销人员可考虑在邮件中采用实时优化策略，通过展示商品数量的即时数据方式，激发客户紧急购买的潜在心理，并且避免商品一旦没有库存随即无法自动添加购买所产生的失望情绪。

2. 为消费者提供优化的营销活动

如今的消费者对事物的接受度日益上升，同时也容易被新鲜内容吸引和改变，消费者无比期待新的营销创意和妙计，这也是零售商需要提供的一种服务。品牌企业应有效管理其线上营销管理系统，确保任何渠道都具有针对不同客户的个性化设计内容，促进

图 8-16 邀请订阅客户“start gifting”

消费者持续购买。

3. 协调智能运算方式，切忌盲目记录

如果在任何营销渠道设计个性化内容，一定要适时调整忙碌时期的 BI 计算公式。这个时期需提前计划并及时供应大量的商品。比如，针对基于网站点击行为的个性化设置，千万不要凭借第一次的浏览点击便硬性判断其为男性或女性从而自动记录。

4. 融合传统营销模式和互联网营销模式

从多渠道营销视角出发，目前的互联网营销趋势越来越倾向于“合纵”而非“特立独行”。节假日非常适合多渠道营销策略活动的开展和执行，渠道的多样性有利于避免形成用户行为数据单一的局面，融合传统营销模式和新兴的互联网营销模式已然是大势所趋。更好的营销现状是，线上促销大大推动了线下实体门店的销售业绩，实现了双赢的营销愿景。

5. 合理安排节日营销活动周期

营销人员选择较早地开展营销活动，能通过不同的促销方式合理掌控节日营销活动周期。譬如推送愿望清单、提前抢购促进销售，同时对消费者行为分析获取各种类型用户群体的个人属性。有些人习惯于节日前夕完成所有采购，而有些人则倾向于在最后一刻才购买商品。因此，营销人员应当合理安排促销活动周期，以防遗失拥有不同购买习惯用户的销售机会。

任务四　邮件营销的数据分析

EDM 的数据分析

关于邮件营销推广效果的数据分析，可以从四个基本指标入手，分别是到达率、打开率、点击率、转化率，可以参考邮件推送平台的数据统计，如图 8－17 所示。

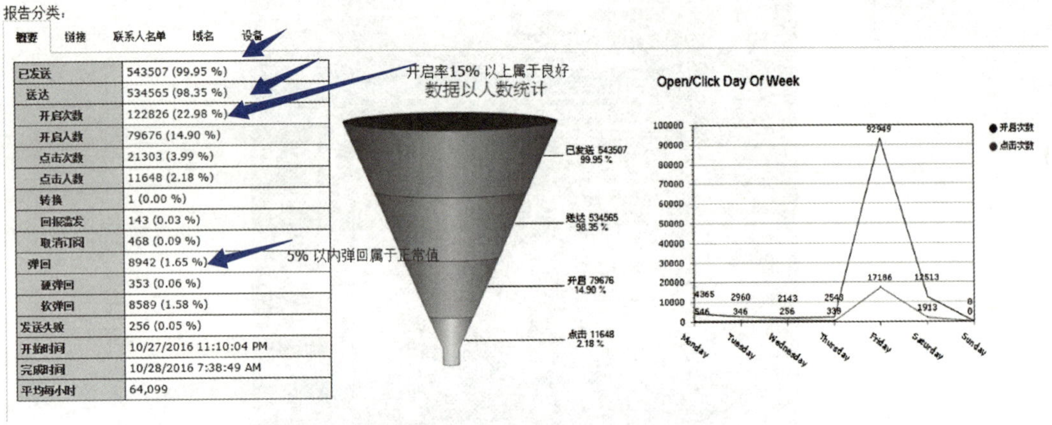

图 8－17　邮件营销的主要数据指标

一、邮件营销的到达率

到达率又称有效率，是指邮件已进入用户邮箱的比例，是成功完成最终转化的第一步，也是根本性的指标。到达率的计算公式为：

到达率＝实际到达用户收件箱/发送数量 ×100%

还可以表示为：

到达率＝成功发送数量/发送总量 ×100%

发送总量是指 email 数据库的数量；成功发送数量是指成功到达邮件地址的数量，即邮件数据库的有效量。邮件不能有效到达有以下两个原因：一是用户邮箱已满，接收邮件受限；二是用户邮件地址无效。该指标可用来衡量获取的邮件数据库的有效率，即发送的地址是否真实存在。

二、邮件营销的打开率

打开率是转化的关键。收件人会在看到一封邮件后，在 5 秒钟内判断是否立即打开、稍后打开、不打开或删除。发件人姓名、发件人邮件地址、标题、之前是否收到过发件人邮件等是影响打开率的主要因素。品牌价值和认知度这时候会起决定性作用。高度认知的品牌将帮助广告主提高邮件打开率。同样，具有清晰、可靠、有号召力的标题也有助于促使用户打开邮件。70% 的下单用户是在打开邮件后 3 个小时内立即下单的。打开率的计算公式为：

打开率 = 邮件打开总数 / 成功送达的总数 ×100%

邮件打开总数是指有效地址的用户接收到营销邮件后，打开邮件的数量；由于营销邮件会存在用户打开多次的情况，有些统计系统会统计营销邮件的打开次数和打开用户数，其意义在于可以评估用户对邮件的兴趣程度。对于精准的数据库，可通过调整邮件标题来提高邮件打开率。

三、邮件营销的点击率

点击率可通过跟踪用户点击行为来实现。点击率的高低取决于整体设计风格、用户需求，以及促销或者主旨内容。邮件营销的点击率是更为精准的测量邮件营销效果的指标。邮件营销的点击率的计算公式为：

邮件营销的点击率 = 点击量 / 邮件打开量 ×100%

点击量是指用户打开营销邮件后，触发的点击的数量。不同公司以不同的方式来衡量点击率，点击率的高低能够反映邮件内容设计的优劣。如果营销邮件中存在多个链接，最好单独统计以用于评估用户对邮件内容的感兴趣程度；如果营销邮件打开率高，但点击率却很低，则需要调整营销邮件的内容。

四、邮件营销的转化率

转化率是指邮件发送最后的目标。跨境电商网站转化目标是收到订单；销售软件的企业的转化目标是下载量；培训机构的转化目标是提交表单等。当然，也可以自定义其他特定目标，比如浏览某个特定页面、节日活动的公告或者某个特定的行为（上传照片、投票、留言等）。

到达率、打开率、点击率是邮件营销中最基础的衡量指标，对于以注册、购买为导向的营销邮件，还需要监测注册、购买转化情况。一般邮件营销服务平台都会有发送量、到达量、阅读量等基础的统计功能，配合 Google Analytics（谷歌分析）等数据分析工具跟踪用户行为，分析用户行为，就可以达到不断提高邮件营销效果的目的。

五、邮件营销的其他重要指标

其他有关邮件营销的评估指标还有弹回率、汇报滥发率和取消订阅率等。弹回率是指被弹回 email 数占发送总数的百分比，正常概率在 5% 以下。弹回率的计算公式

弹回率 = 弹回的 email 地址总数 ÷ 发送的 email 总数

例如：如果发送了 100 封 email，20 封被弹回，每封 email 的弹回率是 0.20，转化成百分比是 20%。

汇报滥发率和取消订阅率正常指标在 0.1% 以下，计算公式如下：

汇报滥发率 = 投诉 email 地址总数 ÷ 发送的 email 总数

取消订阅率 = 取消订阅的 email 地址总数 ÷ 发送的 email 总数

知识巩固

一、选择题

（一）单选题

1. 情人节的时间为（　　）。
   A. 12 月 25 日　　B. 2 月 14 日　　C. 3 月 8 日　　D. 5 月 13 日
2. 黑五是指哪一天？（　　）
   A. 11 月的第四个星期五　　B. 12 月的第三个星期五
   C. 11 月的第四个星期四　　D. 10 月 31 日
3. 下面哪个是西方万圣节销售较多的假日产品？（　　）
   A. 玫瑰花　　B. 皮带　　C. 鬼怪玩具　　D. 鞋包
4. 在批量发送的情形下，客户文件应该按照（　　）格式保存。
   A. OFD 文件格式　　B. PDF 文件格式
   C. CSV 文件格式　　D. 中文办公软件文档格式

（二）多选题

1. 西方有哪些节日可以作为邮件营销推广的节日？（　　）
   A. 圣诞节　　B. 情人节　　C. 母亲节　　D. 中秋节
2. 情人节的热销商品包括（　　）。
   A. 巧克力　　B. 香水　　C. 皮带　　D. 礼品卡
3. 邮件营销中邮件主题设置的原则包括（　　）。
   A. 电子邮件主题不宜过于简单或复杂
   B. 切入热点事件、融入流行语、呈现画面感
   C. 给主题添加个性化变量
   D. 给标题添加个性小图标
4. 有效邮件营销的几大要素包括（　　）。
   A. 基于用户许可
   B. 通过电子邮件传递信息
   C. 信息对用户是有价值的
   D. 每个邮箱发送数量不超过每天 20 封

二、思考题

1. 什么是邮件营销？
2. 邮件营销的八大技巧是什么？
3. 邮件营销中邮件主题设计的五大原则是什么？
4. 有哪些西方节日会经常使用邮件营销？

项目实训

一、实践操作

1. 请选择一种产品，通过网络和综合技术手段，搜索潜在的客户的电子邮箱地址，并将搜索过程整理成一张流程图。

2. 选择本项目中所涉及的一个节日，确定一个该节日流行的产品，制作一份邮件用来开展邮件推广。

二、创新与创业

1. 与传统的外贸 B2B 开发客户邮件相比，跨境电商的邮件营销有什么不同？

2. 假日邮件营销还可以从哪些方面进行创新？

素养提升

成功进行邮件营销，必须掌握国外消费者在特定假日的消费习惯、假日文化。如何培养这种对海外文化的敏感度，提高跨文化营销的能力？

项目九

联盟营销

知识目标

1. 理解跨境电商联盟营销的概念
2. 了解跨境电商联盟营销的优势
3. 了解不同联盟营销平台的特点与要求
4. 掌握跨境电商联盟营销平台的具体操作

技能目标

1. 能够分析联盟营销各方利益主体之间的联系
2. 能够通过模拟实践掌握联盟营销平台操作的技巧

素养目标

1. 学习跨境电商联盟营销中的多赢思维
2. 了解跨境电商联盟营销中的成本思维

知识导图

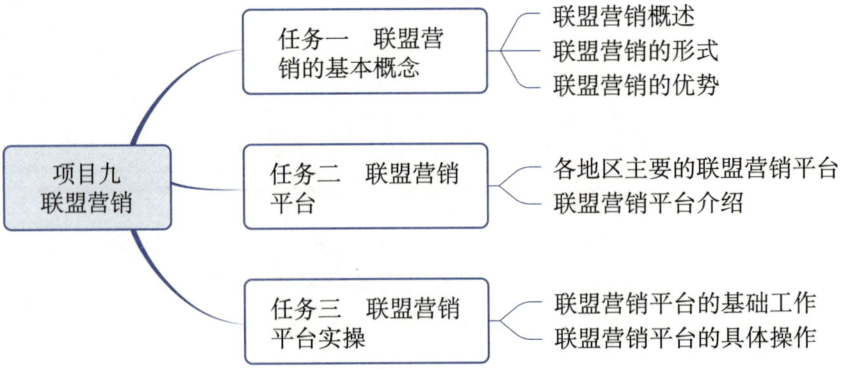

项目导入

This is why I'm broke 网站创建于 2011 年，创始人 Adam Freedman 在网站上分享一些稀奇古怪的东西且类目不限。虽然 This is why I'm broke 不是第一家分享新奇玩意儿的网站，但它在不寻常的道路上做出了不一般的成绩，网站每月有近 280 万访客。

网站参加了多个联盟计划，比如 Amazon Associate, Ebay Partner Network, Think Geek, Firebox, Wicked Lasers, Hammcher 等。通过联盟计划赚钱，始终都要推荐产品。选品通常来说是个老大难的问题，Adam 选择推广壁炉烧火用的异形木头、霸王龙莲蓬头、印有特朗普头像的厕纸等一些奇特、古怪、新颖的产品。网站订阅了 100 多家推荐或销售这类产品的博客和零售商，并收集消息动态数据进行分析。

虽然网站上的产品很奇葩，甚至可能不实用，90% 的产品都不会有人购买，但这些产品能让用户产生“哇”的潜质。只要产品引起用户兴趣，用户点击链接查看详情时就会产生 cookie。基于对亚马逊平台的信任，用户很有可能进入亚马逊平台后会购买其他更加实用的产品，只要在 cookie 有效时间内产生购买，网站都能获得佣金。

为什么这家网站能成功？第一，名字取得好。This is why I'm broke 名字很有吸引力，能激发别人想要继续了解的欲望。第二，网站的理念很棒。网站产品很奇特，内容很古怪，用户会想经常逛这个网站。第三，用户参与度很高。网站一直把用户体验放在最重要的位置，用以下这些做法提升用户体验：无限加载页面功能，用户只要滚动鼠标就能无限浏览；新奇特的产品加上诙谐幽默的产品描述，让用户有兴趣和耐心查看更多产品，网站与社交平台的粉丝和关注者有良好互动。第四，能让人保持新鲜感的产品布局。网站的产品布局跟一般的思维不一样，不同类别的产品穿插排版，能让用户保持新鲜感，也不容易产生视觉疲劳，如一行 3 个产品，左边是防水袜子、中间是 LED 眼睫毛、右边是充气霸王龙服装。第五，转化效果好。产品描述下面的行动号召按钮不是 BUY NOW，而是 CHECK IT OUT，这种做法不仅不会让访客觉得网站在兜售产品，而且还会吸引访客点击一下查看详情。

思考： This is why I'm broke 网站开展联盟营销有哪些特别之处呢？

任务一 联盟营销的基本概念

一、联盟营销概述

（一）联盟营销的概念、要素及参与者

1. 联盟营销的概念

联盟营销通常是指网络联盟营销，是一种按营销效果付费的网络营销方式，即商家（又称广告主）利用专业联盟营销机构提供的网站联盟服务拓展其线上及线下业务，扩大销售空间和销售渠道，并按照营销实际效果支付费用的新型网络营销模式。

联盟营销的概念及类型

2. 联盟三要素

联盟三要素包括平台、广告主、联盟商。商家只有通过联盟营销渠道产生了一定收益后，才需要向联盟营销机构及其联盟会员支付佣金，如图 9－1 所示。

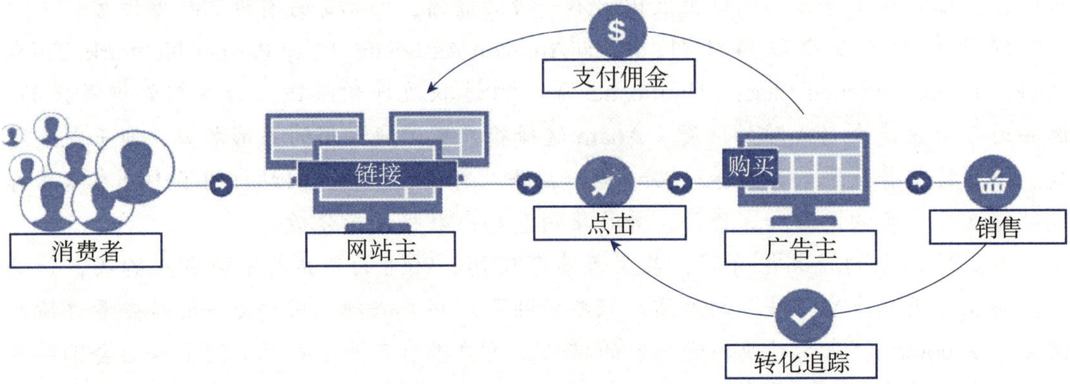

图 9－1　联盟营销的主要主体

早期联盟主要是以推广自己的产品为主，自 1997 年 3 月在 Chinabyte 网站上出现第一个商业性网络广告后，网络广告开始迅速发展。联盟广告开始大范围在国内兴起的时候，TOM 短信联盟的广告才真正意义上给很多 SOHO 一族带来收益，后来就出现了无数的短信联盟、文本链联盟（点击联盟），再后来就有越来越多的联盟出现。

3. 联盟营销四大主要参与者

联盟营销四大主要参与者包括广告主（商户主）、网站主（联盟商）、消费者和联盟营销平台。但在平台中主要体现的是广告主、网站主、联盟平台之间的关系，消费者未直接体现在联盟平台中。

广告主按照联盟营销的实际效果（如销售额、引导数、点击数等）向联盟会员支付合理的广告费用，提高营销质量。广告主的关键特征是拥有一个提供产品或服务的网站，并且正在寻找更多的渠道资源以推广其产品或服务。广告主为网站主提供放置于网站上与受众互动的推广素材，而这类推广素材会链接到能促进广告主交易的网站中。

网站主可以是个人也可以是公司，他们通过为广告主推广其网站上的产品或服务以获取佣金。一旦广告主选择了与该网站主合作，广告主便授予网站主推广素材的使用权限。无论网站主偏好的渠道如何，即使是线下资源，网站主也可以将相关内容整合。

消费者是一个点击网站主网页广告的网络使用者，他们会被转移到进行商品购买或完成指定操作的广告主页面上。

网站主则通过联盟营销平台选择合适的广告主并通过自己的渠道进行营销推广，把网站访问量变成收益。营销联盟是促进广告主和网站主关系发展的中介，他们为两者提供了合作的平台，也让双方可以取用或发布他们所需的推广素材。这正是联盟平台的角色。联盟平台是连接广告主和网站主的直接纽带。

（二）联盟的类型

第一类联盟：以推广自己的产品为主的联盟，如金山联盟、MOP 联盟、QIHOO 联盟。这类联盟为了扩大自己产品的市场，在早期对于预估作弊和价格体系的分配，以及对公司盈利的分析把握得不是很准确，所以早期会出现一些问题。比如金山毒霸早期的点击广告实际安装效果不好，从而换成以安装计费的形式；安装计费早期因活跃用户效果不好，所以只能和部分网站合作。MOP 和 QIHOO 类似，早期的代码设计问题和价格问题导致后期售价和点击率下跌得很厉害。这样的联盟在早期很值得加入，当下的推广效果有限。

第二类联盟：不推广自己的产品，以推广别人的产品为主的联盟。这类联盟一般是站在交易中间的位置，随着市场而变化的，希望客户有好的效果从而有稳定的收益来源，希望网站有好的收益，从而可以长期合作。联盟需要一群销售人员负责谈广告客户，市场人员负责联系网站、放广告代码。在网站没有壮大时，可以放联盟广告来获取部分收益，把重心放在发展网站做大上。这类联盟的劣势是如果客户因效果不满意拒绝付款，那么联盟就会面临给网站结算保信誉和不给网站结算保利益的一个问题。由于代码是有针对性的，不会自动根据客户意见更换其他广告的代码，因此网站需要关注联盟动态，花时间去更换代码。

第三类联盟：联盟网站本身有产品，也有联盟，同时还在别的联盟网站推广，如百度、新浪、搜狐、雅虎、金山等。这类联盟的投资不小，但网站收益一般不是很理想。这是因为这类联盟平台很大，所以单用户的收益就会比较小。

第四类联盟：自己有产品，也有联盟，也推客户的广告。这样的联盟在效益好的时候，主要是推别人的产品以保证收益；效益不好的时候推自己的产品以保证网站有广告做，当然自己产品的推广价格比客户便宜。

联盟和联盟之间有冲突，也有合作的地方。网站的广告位是无尽的，可以放广告的地方不止一个，所以也不会只做一家联盟。除此之外，很多商家也会自主搭建自己的联盟平台，特别是自营网站居多，比如 Tomtop.com 就有相应的站内自营联盟入口。

（三）广告主（联盟商）的类型

广告主（联盟商）主要有 10 种类型：

（1）Coupon 站（美国如 retailmenot/dealscove，英国如 vouchercodes.co.uk，西班牙如 cupon.es）。

（2）Deal 站（美国如 slickdeals，英国如 hotukdeals，法国如 dealabs，德国如 mydealz）。

（3）Cashback 返利站（如 topcashback）。

（4）个人博客网站。

（5）SNS 站（如 YouTube、Facebook、X）。

（6）测评站（如 chinagadgets）。

（7）比价站（如 kimovil）。

（8）邮件发送商。

（9）再营销。

（10）邮件营销。

二、联盟营销的形式

联盟营销又被称为效果营销。根据广告主给联盟商的回报支付方式，联盟网络营销可以分为按点击数付费、按引导数付费、按销售额付费三种形式。

联盟营销的形式

（一）按点击数付费

按点击数付费（CostPerClick，CPC）。联盟平台系统记录每个客人在联盟会员网站上点击到广告主网站的文字或者图片的链接（或者 Email 链接）次数，广告主按每个点击多少钱的方式支付广告费。当网站使用者通过网站主页面被引导至广告主页面并进行消费时，网站主获得奖励。例如：一个网站使用者在浏览网站上手表的评论时，点击了广告，并在广告主的网页上进行了消费。此时，佣金将会奖励给引导销售的网站主。

（二）按引导数付费

按引导数付费（CostPerLead，CPL 或 CostPerAcquisition，CPA）。访问者通过联盟商的链接进入广告主的网站后，如果填写并提交了某个表单，管理系统就会产生一个对应给这个联盟商的引导（Lead）记录，广告主按引导记录数给会员付费。一旦网站主的网站访问者被引导到广告主页面，输入并送出他们的个人资料，这样的行为便被视为引导。例如：访问者在浏览网站主网页时，点击广告并送出了自己在广告主页面上填写的资料。此时，佣金便会奖励给引导此操作的网站主。

（三）按销售额付费

按销售额付费（CostPerSale，CPS）。广告主只在联盟商的链接介绍的客人在商家网站上产生了实际的购买行为后（大多数是在线支付）才给联盟商付费，一般是设定一个佣金比例。

上面三种方式都属于 Pay For Performance（按效果付费）的营销方式。由于网站的自动化流程越来越完善，在线支付系统也越来越成熟，越来越多的联盟网络营销系统采用按销售额付费的方法。这种方法对商家来说是一种零风险的广告分销方式，商家也愿意设定比较高的佣金比例，这样就使得这种方式的营销系统被越来越多地采用。目前国内正在操作的联盟营销以 CPS 为主。

CPC、CPL 与 CPA、CPS 的区别在于支付方式。CPC、CPL 一般依托于某个平台和某一种支付方式，而且双方都可以监控广告效果。例如：A 网站在 B 网站上投放 CPC 或者 CPL 广告，B 网站是一个广告平台，投放者首先需要预存资金到 B 网站的账户，该广告可以展示在 B 网站或者 B 的联盟网站上。这种就是典型的 CPC 或者 CPL。广告平台本身可以统计广告效果，而广告投放者也可以监测广告效果。

CPA 和 CPS 有些不同的是，阿里巴巴的全球速卖通网站可以看作一个自助的广告平台，一般人会认为这是一个 B2B 网站，实际上在这个网站上销售的过程可以看成做广告的过程。一旦有交易了，阿里巴巴会从交易金额中抽取一部分佣金，这种就是典型的 CPS。另外一种方式就是电子商务网站自己开发的，比如 A 网站的联盟营销，自己开发一个系统，自己统计参与联盟营销的会员数。又如京东商城的联盟系统，这种是在这个网站注册后会收到一个专属链接，并且跟踪这个专属链接的动态，再如有多少人通过链接下单并且付款了，付款金额是多少，网站据此再返佣金给网站。

总结对比来看，CPC、CPL 是自己花钱投广告，自己优化；CPA、CPS 则是别人帮忙做广告然后返佣，这种情况更看重单个广告的短期效果。

三、联盟营销的优势

联盟营销的优势

建设一个成熟的联盟网络营销系统不是一件容易的事，需要很多技术、资金和人力的投入，但给商家带来的效益也是显而易见的。

（一）联盟实现双赢

商家这种“按效果付费”的营销方式意味着只需要在对方真正带来了“生意”时才付钱。而对于联盟会员，自己不需要有自己的产品，只要有访问量就能挣钱，不需要进货，不需要处理订单，不需要提供售后服务。

联盟后有较低的客户成本和广告成本。对比麦肯锡公司对电视广告成本和杂志广告成本的统计，联盟营销所带来的平均客户成本是电视广告的 1/3，是杂志广告的 1/2。

（二）更广的网络覆盖面以及品牌强化

假设对于某个特定市场（或者特定关键词），如果排在 Google 搜索结果的第 21 名，联盟会员网站却可能占据了前 20 位的一半。在联盟网站上的链接和旗帜广告可以吸引目标市场的大部分眼球，这对于提高访问量和强化品牌是非常有效的。

（三）集中精力进行产品开发和销售服务

通过这种方式可以基本上解决网站访问量的问题，因此商家可以把精力集中到产品开发、客户服务以及销售渠道上面，可以大大提高工作效率。

（四）可计算的结果

联盟网络营销“按效果付费”的广告和分销方式与传统方式相比的一个显著特点是，客户的每一个点击行为和在线进程不仅可以被管理软件记录下来，从而让商家知道所花的每一笔钱的去向，而且还可以通过对这些记录的分析来为产品开发和营销策略提供科学的决策依据。

任务二 联盟营销平台

一、各地区主要的联盟营销平台

各地区主要的联盟营销平台

商家只有通过联盟营销渠道产生一定收益后，才需要向联盟营销机构及其联盟会员支付佣金。由于是无收益无支出、有收益有支出的量化营销，因此联盟营销已被公认为最有效的低成本、零风险的网络营销模式，在北美洲、欧洲、亚洲及非洲等地区深受欢迎。

表 9－1 为各地区主要的联盟营销平台。

表 9－1　各地区主要的联盟营销平台

地区	主要平台
美国	Commission Junction，Linkshare，ShareASale
欧洲	Tradetracker，Webgains，Tradedoubler，Netaffiliation，Affiliate Window
俄罗斯	AdmitAd，Actionpay
澳大利亚	Commission Factory
南美洲	Zanox
日本	A8
中国	Mopubi，Clickwise，LinkHaitao

二、联盟营销平台介绍

联盟营销平台介绍－1

（一）eBay Partner Network

作为美国第二大电商平台，eBay 拥有超过 1.8 亿的活跃买家。eBay 的联盟营销计划——eBay Partner Network 适用于以下品类：电子产品、收藏艺术品、时尚、家庭 & 花园、体育用品、健康 & 美容、玩具 & 爱好、书籍、电影 & 音乐、商业 & 工业、汽配。eBay 联盟营销佣金费率如表 9－2 所示。

表 9－2　eBay 联盟营销佣金费率

Product Category	Commission Rate（average）
Collectibles	3%
Electronics	2%
Fashion	4% ～ 5%
Home & Garden	4%

续表

Product Category	Commission Rate（average）
Lifestyle & Media	3% ～ 4%
Parts & Accessories	3% ～ 5%
All Other	1%

（二）Walmart Affiliate Program

沃尔玛的联盟营销计划涵盖了服装、电子产品、运动用品等品类，佣金费率如表 9－3 所示：

表 9－3 沃尔玛联盟营销佣金费率

Category	Commission Rate（average）
Baby	4%
Books	1%
Beauty	4%
Kitchen Appliances	4%
Clothing	4%
Contact Lenses	10%
Home	4%
Electronics	1%
Gifts & Registry	4%
Health	4%

（三）Target Affiliate Program

Target 在美国也是十分受欢迎的平台，该平台的联盟营销佣金费率基于产生的销量，销量越高，奖励也越高。具体品类的佣金费率明细如表 9－4 所示：

表 9－4 Target 联盟营销佣金费率

Monthly Net Orders	Apparel & Accessories	Home & Outdoor Living	Baby Gear & Furniture	Health & Beauty
0 ～ 10	5.00%	5.00%	3.00%	1.00%
11 ～ 50	6.00%	6.00%	3.50%	1.00%
51 ～ 300	6.50%	6.50%	3.75%	1.00%
301 ～ 1 000	7.00%	7.00%	4.00%	1.00%

续表

Monthly Net Orders	Apparel & Accessories	Home & Outdoor Living	Baby Gear & Furniture	Health & Beauty
1 001 ～ 2 000	7.25%	7.25%	4.25%	1.00%
2 001 ～ 4 000	7.50%	7.50%	4.50%	1.00%
4 001 ～ 10 000	7.75%	7.75%	4.75%	1.00%
10 001+	8.00%	8.00%	5.00%	1.00%

（四）CJ Affiliate

CJ 全称为 Commission Junction，是全球最大的联盟营销平台之一，建站至今已超过 20 年，平台合作伙伴达 480 万。

用户可以免费注册，但必须拥有一个有效域名的活跃网站，而且需要了解基本的 JavaScript 或 HTML 知识，这是因为用户需要在网站上插入 CJ 代码。

CJ Affiliate 的平均佣金费率为 7%。前 6 个月没有产生销售的账户，会被 CJ 冻结。

（五）ShareASale

ShareASale（见图 9－2）上的商家数量超过 3 900 个，联盟营销合作伙伴达 70 万。网站的佣金费率因人而异。

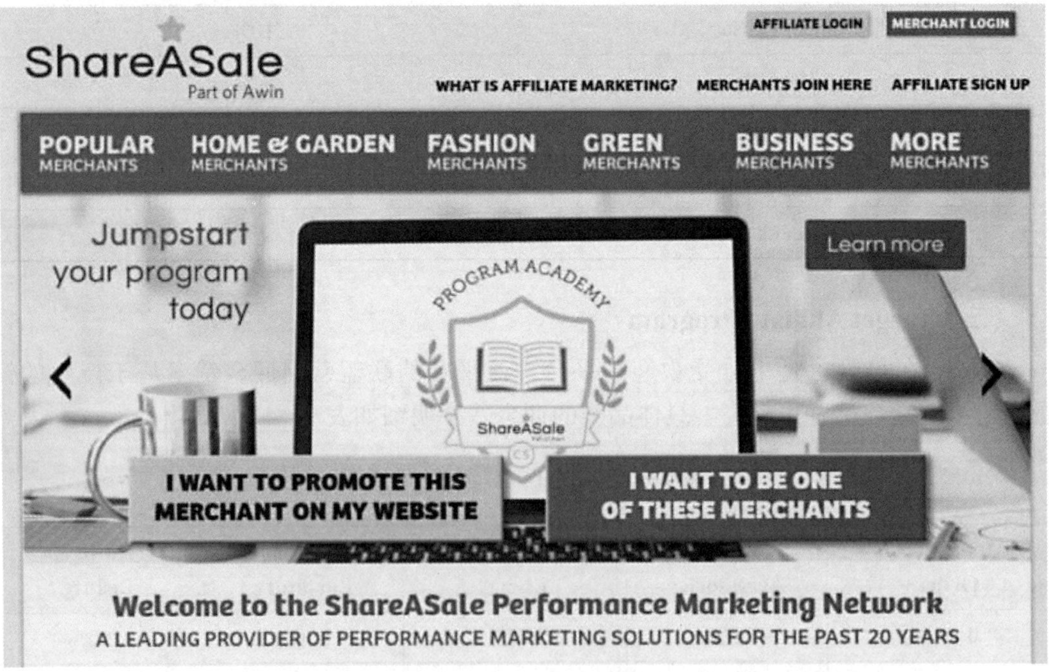

图 9－2　ShareASale 主页

（六）Skimlinks

Skimlinks（见图 9－3）是一家拥有超过 10 年经验的联盟营销平台，和很多知名网站达成了合作关系，包括雅虎、赫芬顿邮报、MailOnline 等。平台涉及汽车、时装、旅行、医疗设备、技术、食品饮料等多个领域。

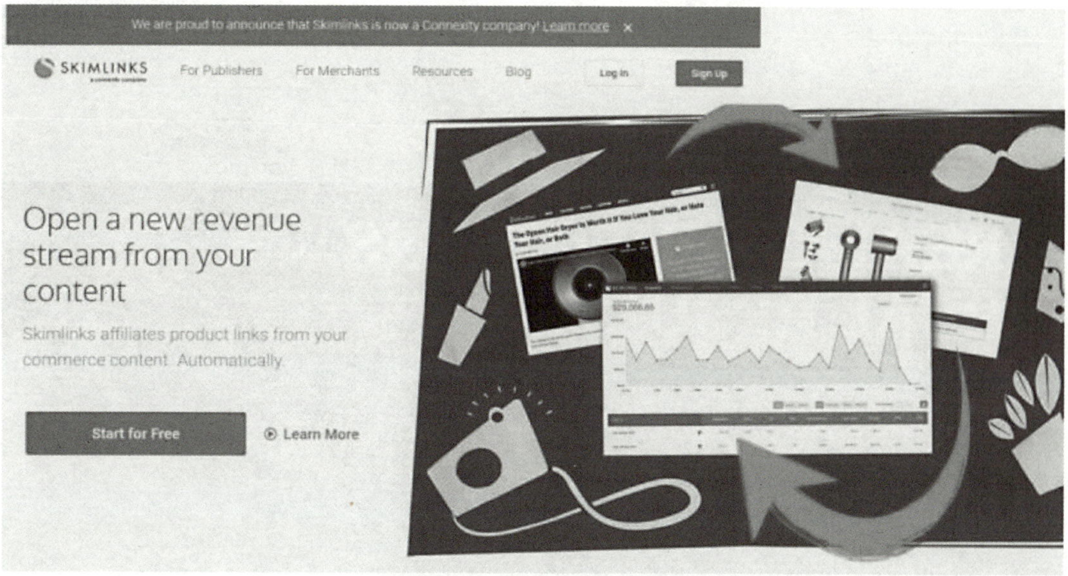

图 9－3 Skimlinks 主页

（七）Awin

Awin（见图 9－4）网站涉及 70 多个领域，广告主数量达 1.6 万，只要有博客、社交媒体软件，就可以申请加入 Awin 的联盟营销，并且 Awin 已经收购了 ShareASale 网站。

图 9－4 Awin 主页

（八）Rakuten Advertising

乐天联盟营销网络（见图 9－5）成立于 1997 年，在全球有 14 亿联盟会员，众多知名品牌都在使用它的联盟营销平台，包括丝芙兰、June Jacobs、ecco、Sixt 等。

联盟营销平台介绍－2

图 9－5　乐天联盟主页

（九）ClickBank

ClickBank（见图 9－6）的联盟营销佣金费率从 10% 到 75% 不等，但需要推荐五次不同的消费才能获得第一笔佣金。

图 9－6　ClickBank 主页

（十）Infolinks

Infolinks（见图 9－7）在全球范围内有 10 亿用户，可以和其他广告网络兼容，比如可以同时在一个页面上刊登 Infolinks 和 AdSense 的联盟链接。

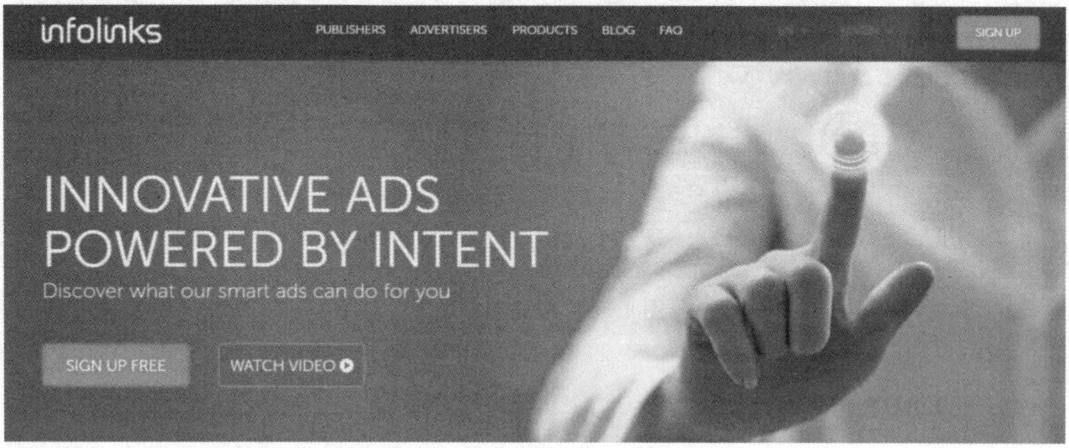

图 9－7 Infolinks 主页

（十一）VigLink

和其他联盟营销网络不同的是，VigLink（见图 9－8）会在 JavaScript 的帮助下自动将普通链接转换为联盟链接，只需要添加一个代码即可，不用注册一个单独的联盟账户。VigLink 和很多知名平台和品牌都有合作，包括 eBay、亚马逊、Target、沃尔玛、耐克、优衣库等。

图 9－8 VigLink 主页

（十二）Avangate

Avangate（见图 9－9）的佣金费率最高达 75%，覆盖了 180 个国家和地区，涉及 22 000 多种产品。

图 9－9　Avangate 主页

（十三）BHPhotoVideo

BHPhotoVideo（见图 9－10）是针对摄影设备、电脑、移动设备、电视等产品的联盟营销平台，有英语和西班牙语两个版本，平台的佣金费率最高达 8%。

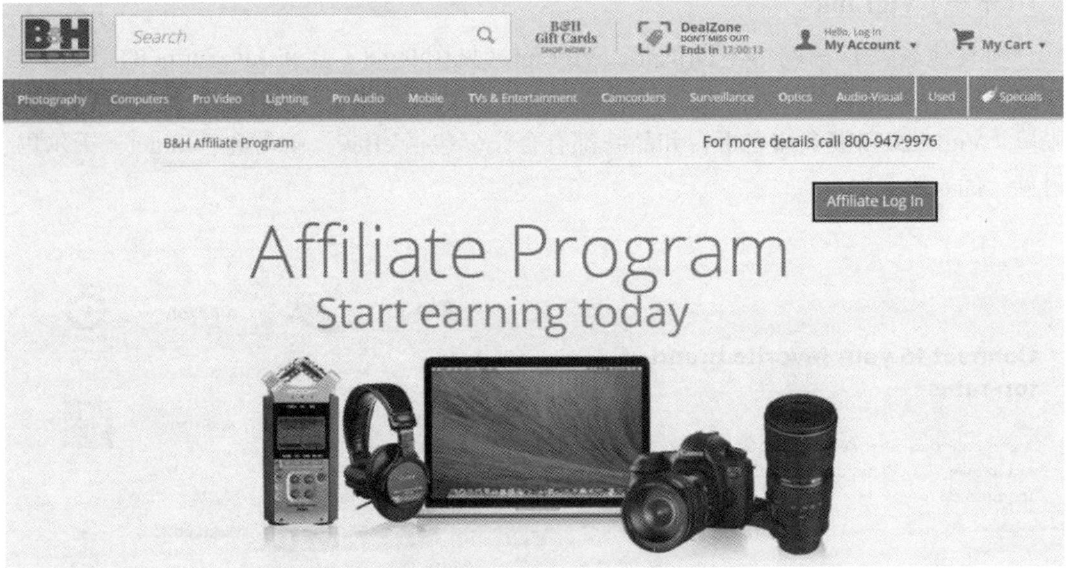

图 9－10　BHPhotoVideo 主页

（十四）Focus Camera

Focus Camera（见图 9－11）是一个电商网站，也提供联盟营销计划，平均佣金费率为 3%。网站上出售的产品包括摄影、录音设备、电视电脑等。

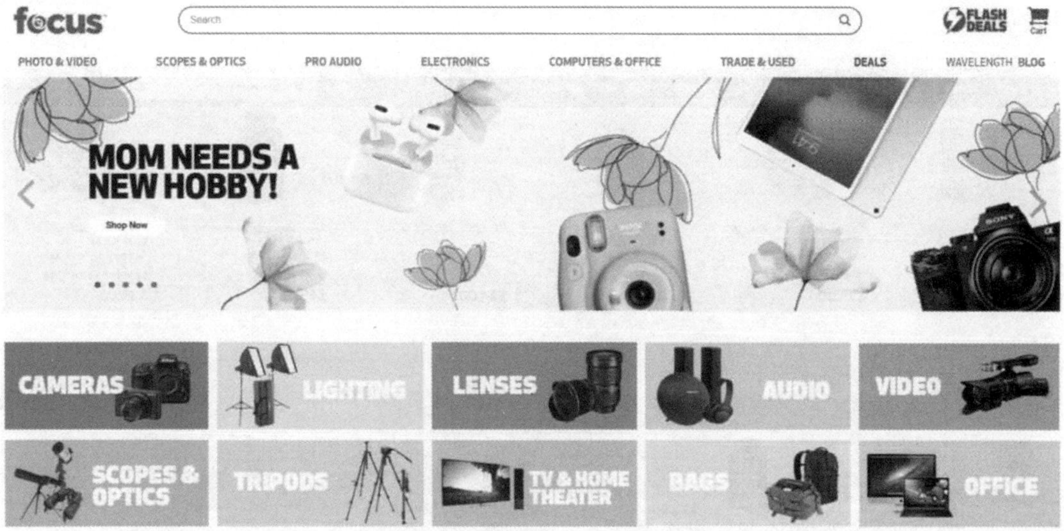

图 9－11　Focus Camera 主页

（十五）Adorama

Adorama（见图 9－12）是全球最大、最值得信赖的消费电子产品零售商之一，拥有 40 多年的历史。目前产品种类超过 25 万种，包括镜头、照明器材、三脚架、专业和家庭音响、电视、影音、家庭影院、电脑、台式机和笔记本电脑、平板电脑、打印机等多个类别。加入 Adorama 的联盟营销计划后有 2% 的基本佣金，并根据绩效发放奖励。

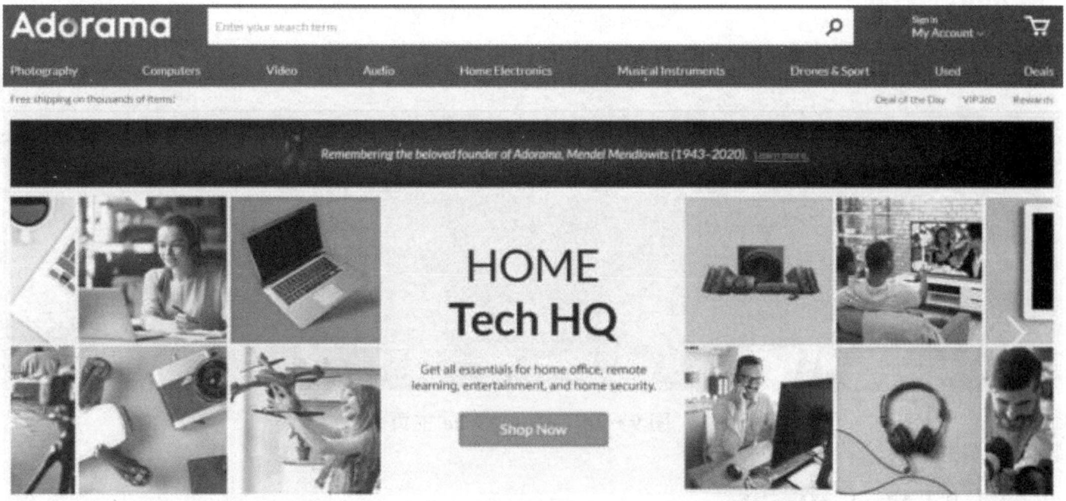

图 9－12　Adorama 主页

（十六）iHerb

iHerb（见图 9－13）平台上有超过 3 万种产品。加入该平台的联盟营销计划，不仅可以获得 5% 的产品折扣，还可以获得 5% 的奖励。有些品牌的折扣和奖励最高能达到

10%。

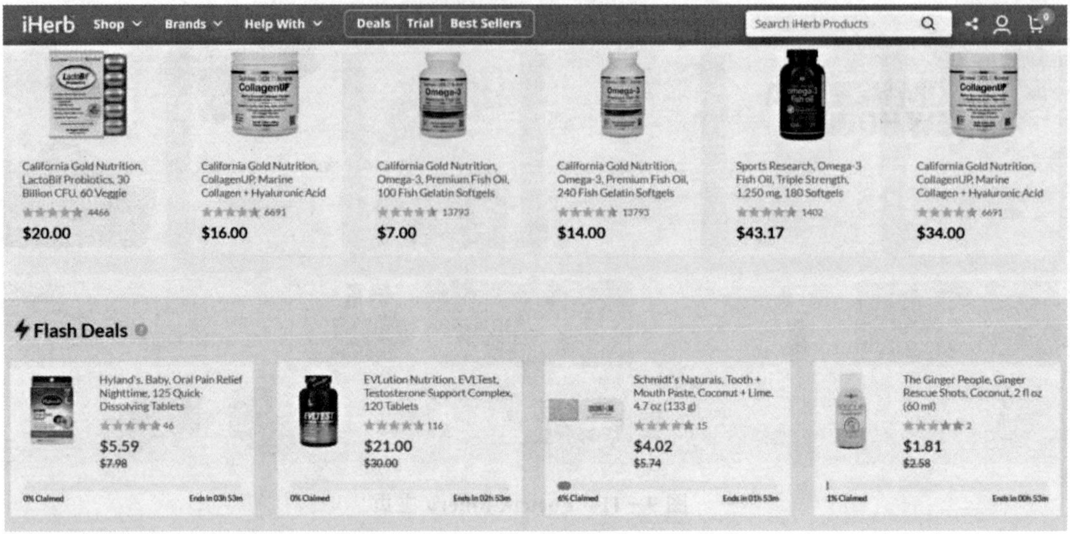

图 9－13　iHerb 主页

（十七）MoreNiche

MoreNiche（见图 9－14）涉及美容、健康、健身、减肥等领域，佣金费率在 30%～80%，平均转化率为 4.35%。

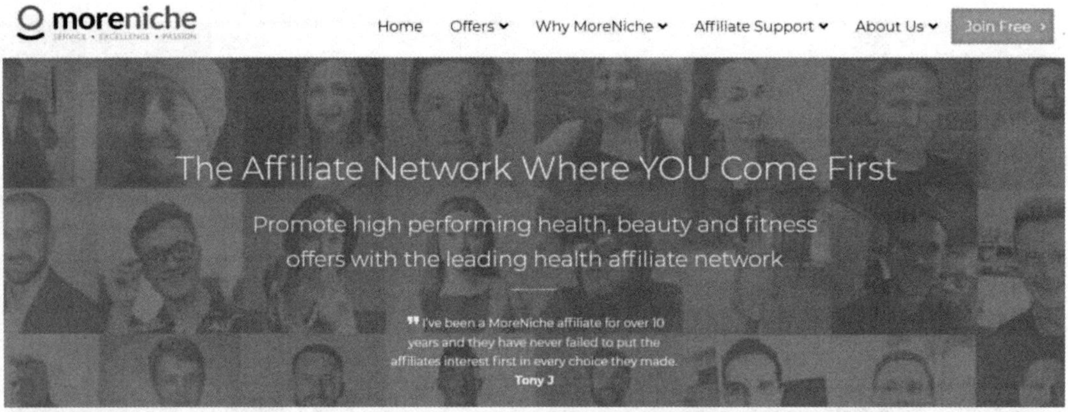

图 9－14　MoreNiche 主页

（十八）MarketHealth

MarketHealth（见图 9－15）从 1998 年开始运营，在 100 多个国家和地区出售 200 多种产品，是健康美容行业领先的联盟营销平台之一。

图 9－15　MarketHealth 主页

（十九）AvantLink

AvantLink（见图 9－16）主要针对美国、加拿大和英国的受众。它涉及 60 多个产品种类，包括运动、时装配饰、户外设备等。不过，注册 AvantLink 联盟营销计划的成功率比较低，在 30% 左右。

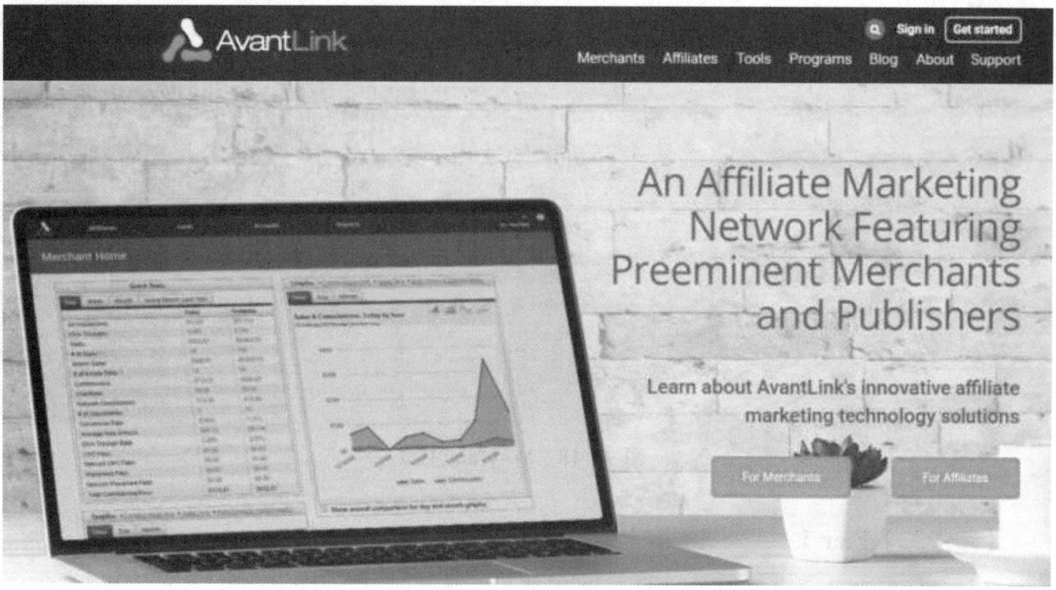

图 9－16　AvantLink 主页

（二十）Backcountry

Backcountry（见图 9－17）是一家在线商店，提供露营、越野跑、背包、攀岩、皮划艇、滑雪、单板滑雪等户外相关产品。在该平台上可以找到 Mountain Hardware、Patagonia、Mammut、The North Face 等国际品牌，也有美国当地品牌如 PeakPerformance、Houdini、Montane、Norrona 等。Backcountry 的联盟营销计划提供 4% ～ 12% 的佣金。

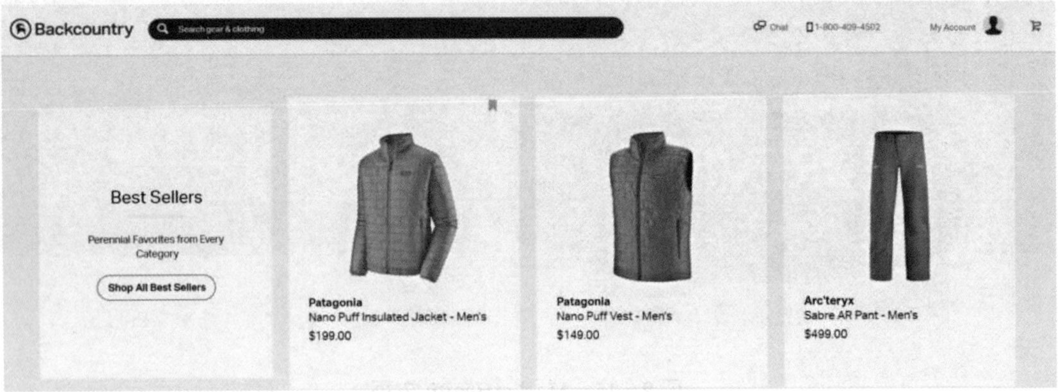

图 9－17　Backcountry 主页

（二十一）Wayfair

Wayfair（见图 9－18）是知名的家居电商平台，提供超过 700 万种家居产品。该平台的联盟营销计划提供 7% 的佣金费率。

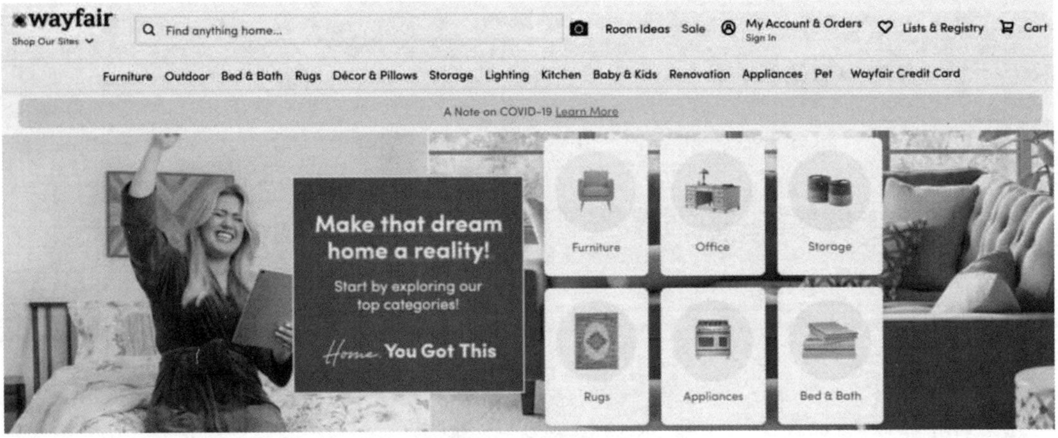

图 9－18　Wayfair 主页

（二十二）Pier 1

Pier 1（见图 9－19）出售家具、照明器材、餐具以及家居装饰等产品。参加 Pier 1 联盟营销计划的网站主可以获得 4% 的佣金。

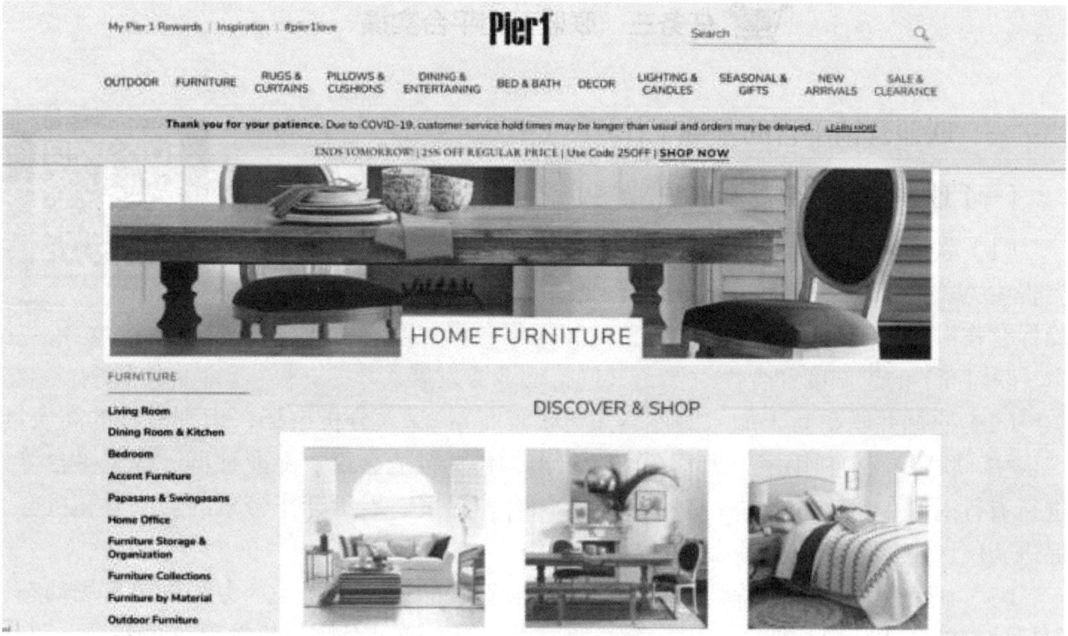

图 9－19　Pier 1 主页

（二十三）Newegg

Newegg（见图 9－20）平台提供各种电子产品，在全球拥有 3 000 多万用户。Newegg 的联盟营销计划可以免费加入，佣金费率为 2.5%。不过要注意的是，Newegg 只允许联盟营销成员在他们指定的网站上分享联盟链接，禁止使用社交媒体或电子邮件。

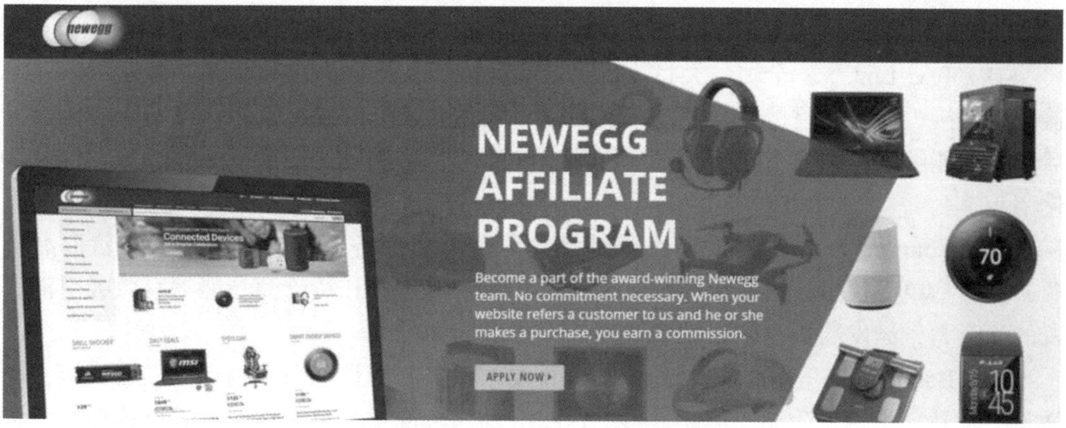

图 9－20　Newegg 主页

学中做

上述不同的联盟营销平台的佣金差距很大，原因是什么？

任务三　联盟营销平台实操

一、联盟营销平台的基础工作

联盟营销的基础工作

（一）联盟营销平台基本维护

（1）联系已加入的广告主（联盟商）：积极维护与已加入联盟的广告主（联盟商）商家的关系，定期沟通，了解他们的需求与反馈，确保合作顺畅。通过提供个性化的支持和优化合作方案，增强广告主（联盟商）的忠诚度和合作意愿，共同推动业务发展。

（2）挖掘并联系尚未加入的广告主（联盟商）：深入分析市场，识别潜在的高质量广告主（联盟商），利用多渠道资源主动出击，包括行业会议、专业社群、线上平台等，进行有针对性的推广和邀请。制订吸引人的合作提案，展示合作带来的互利共赢机会，促进新广告主（联盟商）加入，扩大联盟网络。

（3）研究竞争对手：持续跟踪并分析竞争对手的策略、优势、劣势以及市场动态，包括他们的联盟计划、佣金结构、合作商家类型等。通过对比分析发现自身差异点和改进空间，灵活调整策略，以保持竞争优势或创新合作模式，吸引更多优质广告主（联盟商）和消费者。

（4）佣金设置：基于公司整体毛利润和毛利率的深入分析，合理设定联盟佣金比例，确保既能激励广告主（联盟商）的积极推广，又能维护公司的利润水平。考虑不同产品、服务或销售渠道的特性和贡献度，实施差异化佣金策略，以最大化合作效益。同时，定期评估佣金政策的效果，根据市场反馈和业务目标进行适时调整，保持佣金结构的竞争力和有效性。

（二）上传推广素材

（1）Text Link — 全站、类目、活动、重要入口。提供多样化的文本链接形式，覆盖全站链接、特定类目链接、活动专属链接以及重要入口的深层链接。这些文本链接灵活多变，能够满足联盟商在不同推广场景下的需求，帮助广告主精准引导流量，提升转化率。

（2）Coupons & Deals — 单品、活动。为联盟商准备丰富的优惠券和特价商品资源，既包括单品优惠，也涵盖各类促销活动。这些优惠券和特价商品能够有效吸引消费者的注意力，激发购买欲望，为联盟商带来更多成交机会。

（3）Banners — 全站、类目、活动、重要入口。需设计一系列精美的广告横幅，同样覆盖全站、类目、活动和重要入口。这些横幅广告视觉效果突出，能够迅速抓住消费者的眼球，引导消费者点击进入，为联盟商带来高质量的流量。

（4）Datafeed — 每月定期更新商品数据，包括商品信息、价格、库存等，确保联盟商能够获取到最新、最准确的商品数据。这有助于联盟商更好地了解市场动态，调整推广策略，提升推广效果。

（5）Newsletter — 告知联盟商最新的推广信息，每周发送 1 ～ 2 封新闻邮件给联盟商，及时告知他们最新的推广信息、活动动态以及市场动态。这有助于联盟商保持对推广活动的敏感度，及时调整策略，抓住每一个推广机会。此外，新闻邮件也是联盟商了解平台最新动态的重要窗口。

（三）联系已加入的联盟商

通过多种方式来联系联盟商，既可以使用平台站内信这一直接且便捷的方式，又可以在联盟商网站的 contact 页面留下合作意向，还可以通过其他渠道，如行业交流会、社交媒体等积极寻找并获取联盟商的联系方式，以确保能够与更多优质的联盟商建立合作关系。在邮件内容方面可以这样构思：

首先，进行简短的自我介绍，包括平台名称、主营业务以及在行业中的优势和特色，让联盟商对平台有一个初步的了解。

其次，列举对方在过往的合作或业务中所取得的业绩，比如高销售额、广泛的用户基础等，以此表达对联盟商成就的认可和赞赏。同时，还可以感谢对方在过去的合作中对平台的支持和贡献。

再次，诚恳地询问对方是否有兴趣进行更深层次的合作。提出一些具体的合作建议，比如共同举办促销活动、共享用户资源等，以期实现双方业务的共同增长。

最后，询问对方是否需要独家折扣或者特制的 banner 等支持。表示为了促进双方的合作，愿意提供这些额外的支持，以帮助他们在推广产品时更具竞争力。

通过这样的邮件内容，向联盟商传达出合作诚意和具体想法，期待与他们共同探索更多的合作可能性。

（四）挖掘尚未加入的联盟商

寻找并挖掘潜在的联盟商，以扩大合作网络，主要可以从以下五个方向入手：

（1）通过谷歌等搜索引擎，有针对性地搜索竞争对手的合作站点。这些站点很可能与业务相关，且已经展现出了与类似品牌合作的意愿和实力。因此，他们成为潜在的联盟商的可能性非常大。

（2）联盟平台上的列表信息是一个宝贵的资源，提供了大量已经参与联盟营销的网站和商家的信息。此外，账户经理也可能拥有一些独家的、未公开的合作信息。这些信息都可以帮助平台快速定位到那些尚未加入但有合作潜力的联盟商。

（3）利用 SimilarWeb（见图 9－21）这样的流量分析工具，深入剖析竞争对手的流量来源。这不仅能帮助平台了解其营销策略，还能揭示出哪些网站或平台为他们带来了大量的流量。这些高流量的网站或平台，同样也可能成为潜在的联盟商。

（4）在 SimilarWeb 上，还可以直接寻找 top website，即那些流量大、影响力广的网站。这些网站通常拥有庞大的用户群体和高度的影响力，与它们合作将会带来可观的曝光和流量。

（5）可以利用 SimilarWeb 来寻找与已经合作的联盟商类似的网站。这些网站在业务模式、用户群体等方面可能与现有联盟商相似，因此它们也可能对合作提案感兴趣。通过这种方式进一步拓展合作网络，实现业务的持续增长。

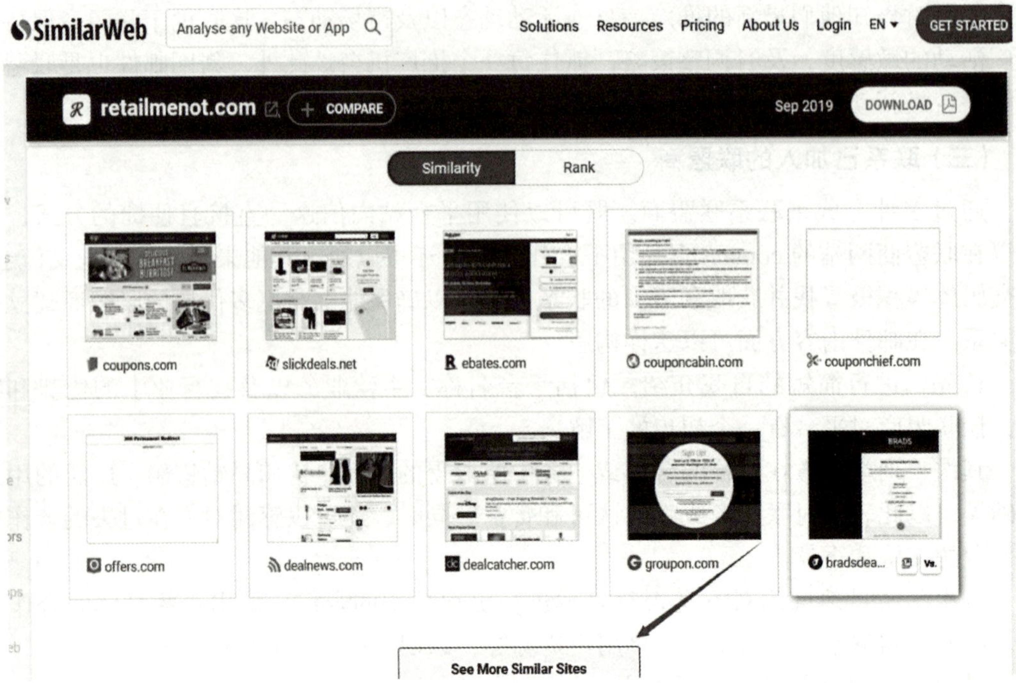

图 9-21　SimilarWeb 分析

（五）开发尚未加入的联盟商

开发尚未加入的联盟商的邮件内容要点：

（1）简短的自我介绍和公司介绍；

（2）赞美对方的网站，说出己方网站和对方网站匹配的地方；

（3）说明与己方合作能给他们带来什么；

（4）给出一定的限时刺激措施，比如某个时间段内加入，可以额外给 1% 的佣金，这一点也可以在与联盟商洽谈第一封信没回复时，发第二封洽谈信的时候提出来。

（六）研究竞争对手的联盟商

研究竞争对手的联盟商的主要途径有 3 个：

（1）通过联盟平台的 affiliate 账号分析竞争对手的数据，如图 9-22 所示；

（2）通过 SimilarWeb 平台研究竞争对手的流量来源和变化；

（3）通过一些大型的联盟商网站研究对方主推的产品。

二、联盟营销平台的具体操作

联盟营销平台的具体操作 -1

（一）ShareASale 平台的具体操作

利用 ShareASale 平台进行联盟营销的具体操作如下：

（1）登录网址 https://account.shareasale.com；

（2）以 merchant 身份登录；

（3）在 Report 栏目中，点击 Transaction Detail，可以看到每笔订单的详细内容，如

图 9－22 所示。

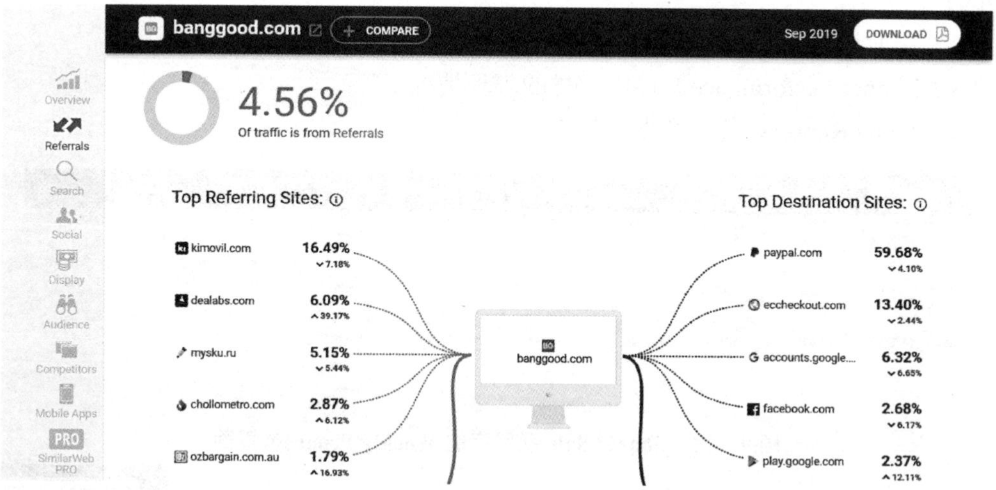

图 9－22　竞争对手的联盟商途径

图 9－22　ShareASale 后台页面

（二）ShareASale 平台的 Report

通过 Affiliate Timespan 模块可以查看联盟商在某段时间内的表现，如图 9－23 所示。

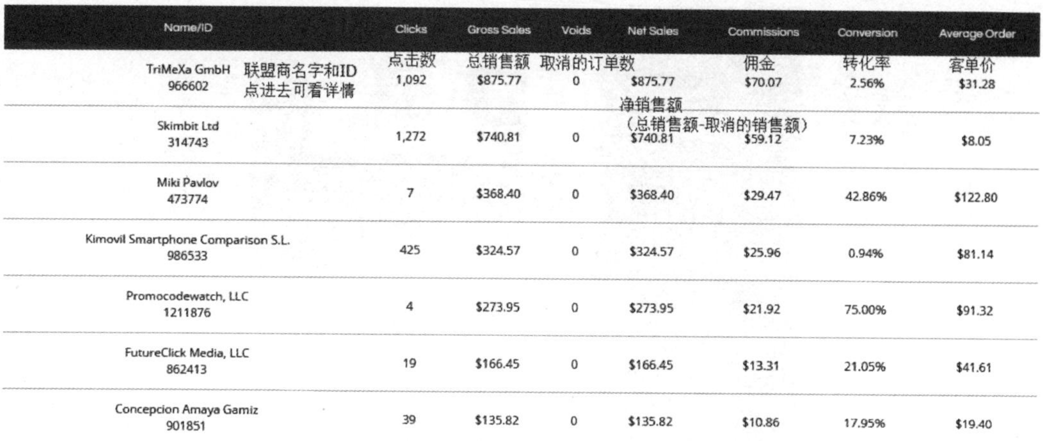

Name/ID	Clicks	Gross Sales	Voids	Net Sales	Commissions	Conversion	Average Order
TriMeXa GmbH 966602	1,092	$875.77	0	$875.77	$70.07	2.56%	$31.28
Skimbit Ltd 314743	1,272	$740.81	0	$740.81	$59.12	7.23%	$8.05
Miki Pavlov 473774	7	$368.40	0	$368.40	$29.47	42.86%	$122.80
Kimovil Smartphone Comparison S.L. 986533	425	$324.57	0	$324.57	$25.96	0.94%	$81.14
Promocodewatch, LLC 1211876	4	$273.95	0	$273.95	$21.92	75.00%	$91.32
FutureClick Media, LLC 862413	19	$166.45	0	$166.45	$13.31	21.05%	$41.61
Concepcion Amaya Gamiz 901851	39	$135.82	0	$135.82	$10.86	17.95%	$19.40

图 9－23　ShareASale 的联盟商 Report 页面

（1）Weekly Progress：每日的点击量、销售额数据（北京时间下午 2 时左右更新），如图 9－24 所示。

（2）Today at a Glance：当天的数据。

（3）Banner Performance：推广素材的表现情况。

（4）Trend Report：各项数据走势图。

Date 日期	Clicks 点击	Gross Sales 总销售额	Voids 取消的订单数	Net Sales 净销售额	Commissions 佣金	Conversion 转化率	Average Order 客单价	Affiliates 联盟商数目	Active Affiliates 活跃联盟商
Wed 06/07/2017	350	$173.94	0	$173.94	$13.89	5.14%	$9.66	371	50
Tue 06/06/2017	876	$464.62	0	$464.62	$37.11	3.88%	$13.67	369	54
Mon 06/05/2017	1,836	$742.29	0	$742.29	$59.18	5.99%	$6.75	366	61
Sun 06/04/2017	950	$658.16	0	$658.16	$52.64	5.05%	$13.71	365	54

图 9－24　ShareASale 联盟商的 Weekly Progress 页面

（三）My Account 的设置

联盟营销平台的具体操作 －2

Account Details：账号基本信息设置。

Affiliate Communications：网站说明页面设置，邮件模板设置。

Commission Portal：基本佣金设置。

Deposit Center：充值。

Affiliate List：联盟商列表（只呈现已加入的联盟商），如图 9－25、图 9－26 所示。

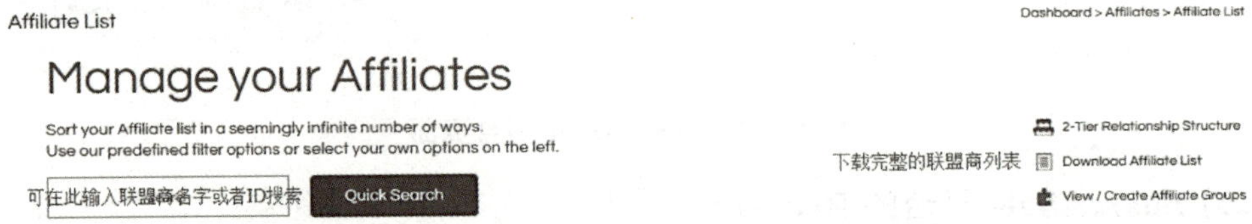

图 9－25　ShareASale 联盟商的账户设置页面

图 9－26　ShareASale 的联盟商信息页面

Send Newsletter：发送 newsletter，如图 9 - 27 所示。

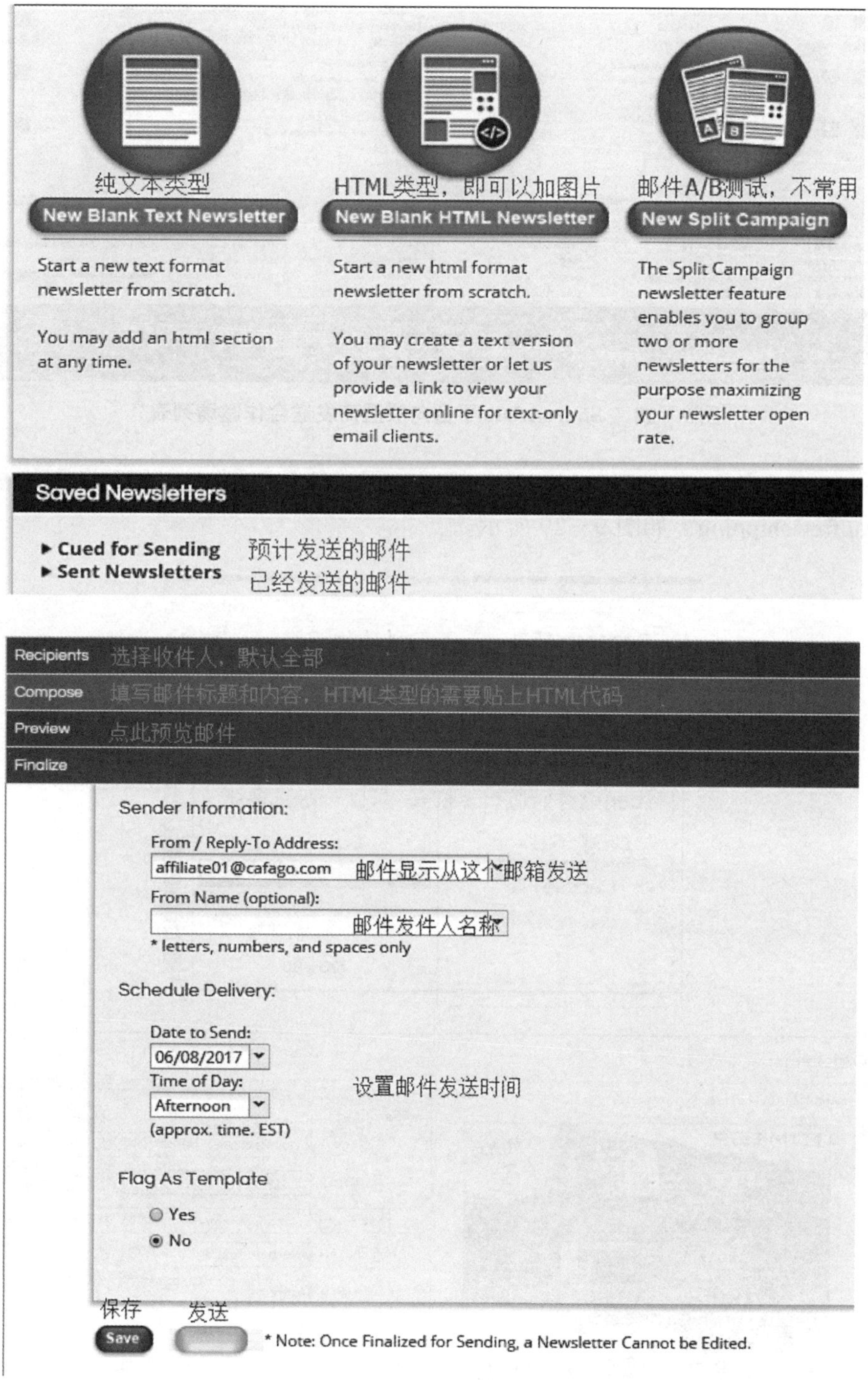

图 9 - 27 ShareASale 平台向联盟商发送邮件

FTP Access Approval：申请 FTP 权限的联盟商列表。

Pending Affiliates：待审核联盟商列表，如图 9 - 28 所示。

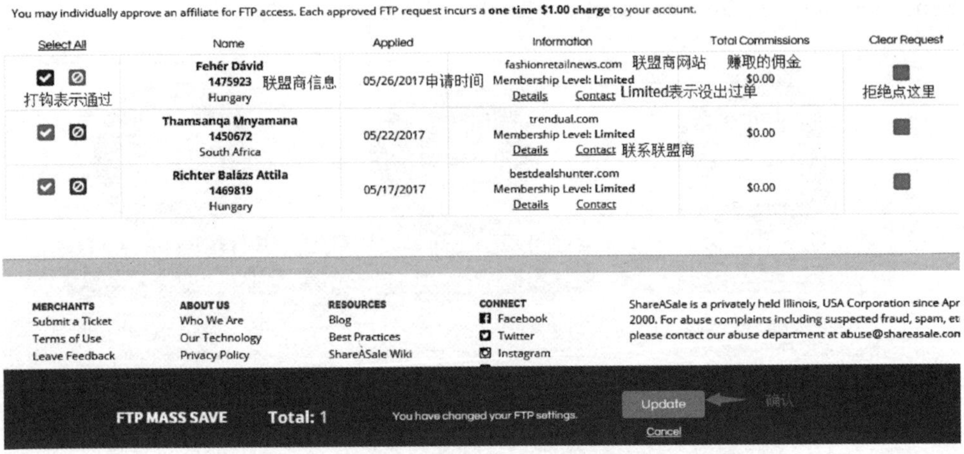

图 9－28　ShareASale 平台向联盟商发送合作邀请列表

Banners：上传 banner（可批量），一般用于网站的首页活动，重要单品，或者重要入口，如 free shipping，如图 9－29 所示。

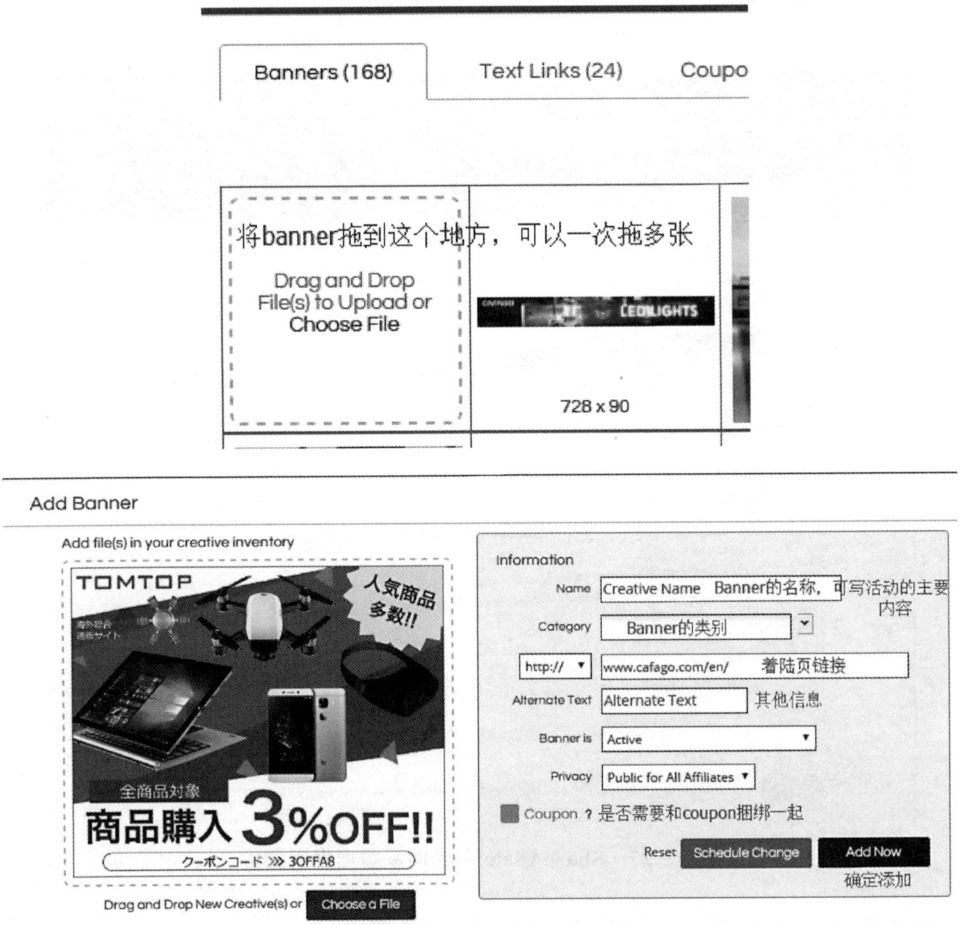

图 9－29　ShareASale 平台向联盟商佣金设置

Text Links：上传文字链，一般用于类目、重要入口、长期 coupon，如图 9－30 所示。

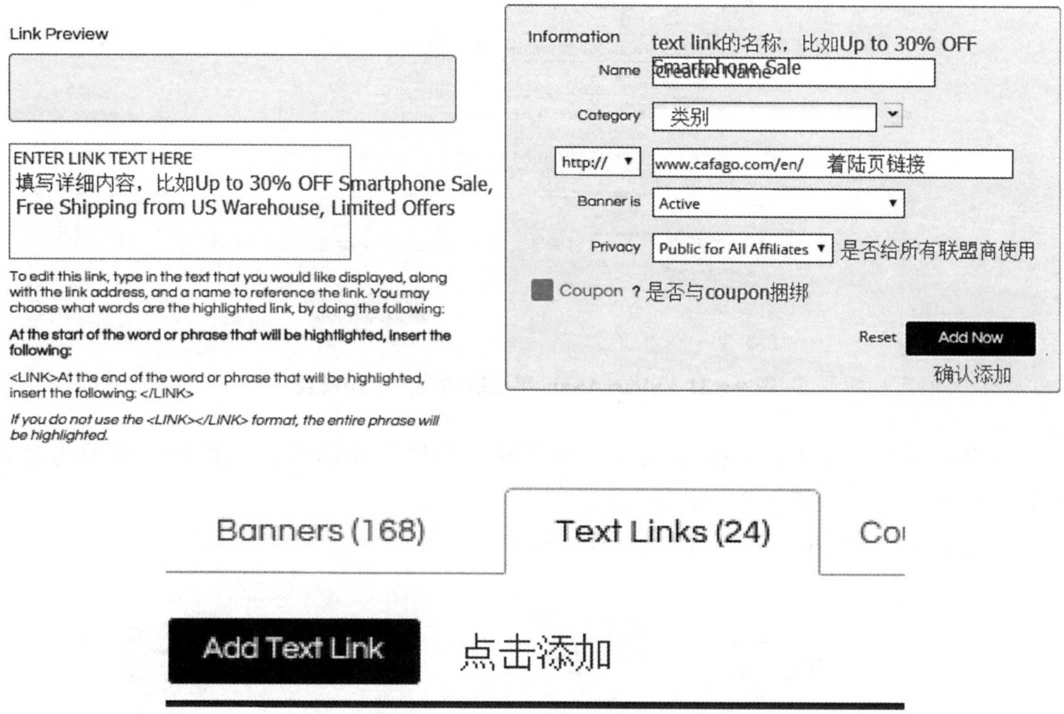

图 9－30 ShareASale 平台联盟商文案要求

Deals and Coupons：上传促销信息和 coupon，如图 9－31 所示。

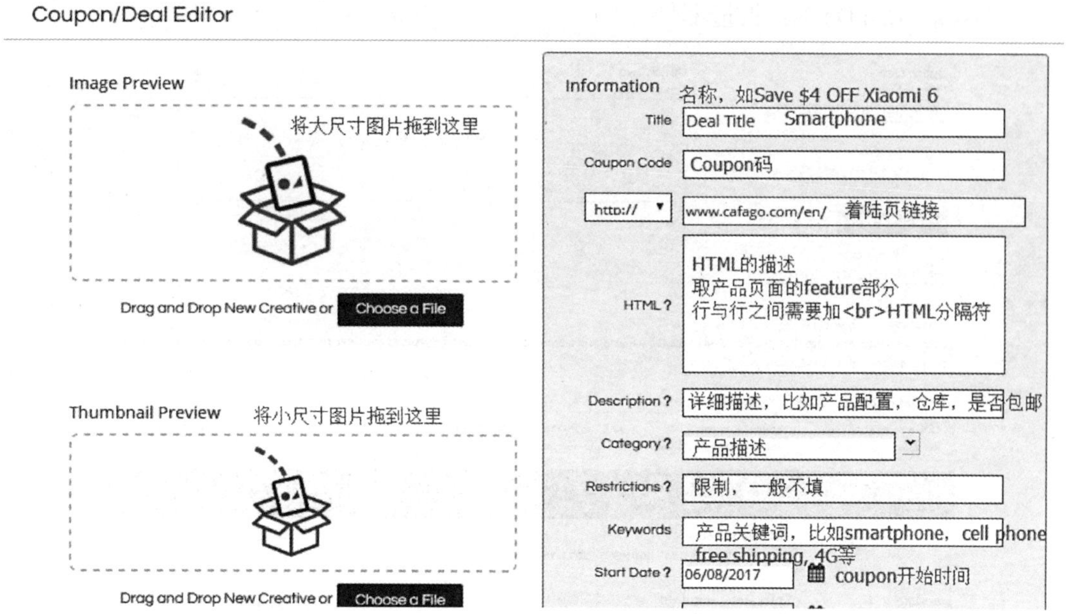

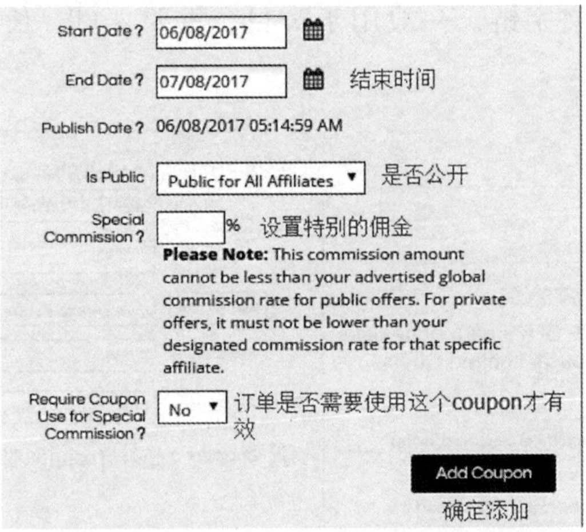

图 9－31　ShareASale 平台联盟商的折扣设置

先从系统后台下载 Datafeed 文件，再将网站类目和 SAS 类目匹配好，压缩为 ZIP 文件，再上传系统，如图 9－32 所示。

Datafeed：数据库，上传网站上所有 SKU 的信息。

Mass Upload Deals：批量上传。

图 9－32　ShareASale 平台联盟营销商品上传后台数据库

知识巩固

一、选择题

（一）单选题

1. CJ Affiliate 的平均佣金费率为（　　）。

A.7%　　B.4%　　C.12%　　D.75%

2. MarketHealth 是（　　）行业领先的联盟营销平台之一。

A. 消费电子　　B. 健康美容　　C. 摄影录音设备　　D. 汽车配件

3. A8 是哪个国家或地区的联盟营销平台？（　　）

A. 美国　　B. 俄罗斯　　C. 日本　　D. 欧洲

4. 以下哪个不属于 Coupon 网站？（　　）

A. Topcashback　　B. Vouchercodes.co.uk

C. Cupon.es　　D. Chinagadgets

（二）多选题

1. 联盟营销的要素包括（　　）。

A. 广告主　　B. 网站主

C. 消费者　　D. 联盟营销平台

2. 联盟营销中联盟的类型包括（　　）。

A. 推广自己的产品为主的联盟

B. 不推广自己产品，推广别人的产品为主的联盟

C. 自己有产品，也有联盟，同时还在别人联盟推广的

D. 自己有产品，也有联盟，也推客户的广告

3. 联盟营销具有以下优势：（　　）。

A. 实现广告主和联盟商双赢

B. 商家可以集中精力进行产品开发和销售服务

C. 按照效果付费，结果可计算

D. 更广的网络覆盖面以及品牌强化

4. 联盟营销可以通过（　　）研究竞争对手。

A. 联盟平台的 affiliate 账号分析竞争对手的数据

B. SimilarWeb 研究竞争对手的流量来源和变化

C. 一些大型的联盟商网站研究对方主推的产品

D. 联盟商的广告投入情况

二、思考题

1. 什么是联盟营销？

2. 联盟营销中广告主的付费方式有哪些？

3. 全球有哪些主要的联盟营销平台？
4. CPC、CPM 与 CPA、CPS 的区别在哪里？

项目实训

一、实践操作

选择某种产品，根据其特点选择一个联盟营销平台，并准备基本的平台维护资料。

二、创新与创业

1. 如何选择合适的联盟营销平台？
2. 联盟营销平台的盈利模式是什么？是否能够持续？

素养提升

在联盟营销的实施过程中，如何运用商业多方共赢规则对商品进行联盟营销推广，并形成良好的成本和收益理念呢？

参考文献

[1] 门豪 . 协调与套利：经济社会学视角下的跨境电商市场转型研究 [J] . 新经济，2024（02）.

[2] 夏依琳，赵云双 .TikTok 平台跨境电商的战略分析 [J] . 商展经济，2024（01）.

[3] 井乐 . 双循环视域下我国跨境电商“新零售”发展探索 [J] . 商业经济研究，2024（01）.

[4] 梁威 . 自营型跨境电商零售出口模式研究 [J] . 国际经济合作，2023（09）.

[5] 李权格 . 跨境电商中服装品牌的国际化传播策略研究 [J] . 棉纺织技术，2023（07）.

[6] 刘露蔓 . 社交型跨境电商平台中创作内容对顾客消费意向的作用机制：消费者与营销者的双重视角 [J] . 商业经济研究，2023（04）.

[7] 刘红梅，孟钰，王茜，等 . 中国跨境电商独立站经营策略研究：以 SHEIN 为例 [J] . 时代经贸，2023（12）.

[8] 张洪胜，张小龙 . 线上评价系统与中国跨境电商出口：来自 eBay 平台国内外卖家比较的证据 [J] . 经济学动态，2023（04）.

[9] 张洪胜，潘钢健 . 跨境电子商务与双边贸易成本：基于跨境电商政策的经验研究 [J] . 经济研究，2021（09）.

[10] 郦瞻，田镯 . 跨境电商品牌的整合营销策略分析：以 Shein 为例 [J] . 对外经贸，2023（12）.

[11] 马述忠，房超，梁银锋 . 数字贸易及其时代价值与研究展望 [J] . 国际贸易问题，2018（10）.

[12] 常亚平，姚慧平，韩丹，等 . 电子商务环境下服务补救对顾客忠诚的影响机制研究 [J] . 管理评论，2009（11）.

[13] 马晓君，徐晓晴，范祎洁，等 . “公开表达的顾客契合”如何驱动跨境电商企业绩效提升：基于顾客群体传染效应的视角 [J] . 南开管理评论，2023（03）.

[14] 方鸣，高秀凤 . 社交媒体对中小跨境电商企业绩效的影响研究：基于动态能力的中介作用 [J] . 财经科学，2022（05）.

［15］车诚，戚晓琳，马万祺，等．移动社交网络营销效果的影响因素实证研究［J］．中国管理科学，2017（06）．

［16］翟趁华．哔哩哔哩 UGC 内容营销的品牌特色［J］．传媒，2021（06）．

［17］鞠雪楠，赵宣凯，孙宝文．跨境电商平台克服了哪些贸易成本？：来自“敦煌网”数据的经验证据［J］．经济研究，2020（02）．

［18］喻跃梅．跨境电商的新媒体营销方式应用研究［J］．现代营销（下旬刊），2020（03）．

［19］魏利平，邢文祥．跨境电商出口对我国品牌国际化的影响研究［J］．国际贸易，2020（03）．

［20］刘晓宇．平台赋能、价值共创与跨境电子商务企业绩效［J］．价格理论与实践，2020（01）．

［21］杜芳芳．跨境电商企业多渠道交互、消费者融入行为与价值共创的互动关系［J］．商业经济研究，2022（02）．

［22］李玫昌，贺小刚．数字化跨境电商赋能新零售供应链价值“智慧”升级探究［J］．商业经济研究，2020（05）．

［23］朱勤，孙元，周立勇．平台赋能、价值共创与企业绩效的关系研究［J］．科学学研究，2019（11）．

［24］杨波．实体商业与电子商务合作战略研究：基于一个案例的实证［J］．商业经济研究，2019（09）．

［25］陈慧，杨宁．社会网络视角下在线品牌社群价值共创机制研究：顾客契合的中介作用［J］．中国流通经济，2019（09）．

［26］于萍．移动互联时代跨境电商的场景营销沟通策略［J］．对外经贸实务，2019（09）．

［27］徐芃．谈跨境电商背景下传统零售企业转型发展问题［J］．商业经济研究，2022（07）．

［28］王鸿雁．传统零售业转型 O2O 模式的财务战略研究［J］．时代经贸，2019（11）．

［29］钊阳，戴明锋．中国跨境电商发展现状与趋势研判［J］．国际经济合作，2019（11）．

［30］胡琳祝，李柄林．跨境电商发展对我国对外贸易模式转型的影响［J］．商业经济研究，2019（10）．

［31］于萍．移动互联时代跨境电商的场景营销沟通策略［J］．对外经贸实务，2019（09）．

［32］曹武军，闫梦娜，薛朝改．物流企业主导型跨境电商生态系统的构建：多案例研究［J］．科技管理研究，2019（08）．

［33］于洋．“一带一路”背景下如何运用社交媒体进行跨境电商内容营销［J］．北方园艺，2019（04）．

［34］李家华，徐婷．传统企业向跨境电商转型的模式及运营机理［J］．商业经济

研究，2018（06）.

［35］孙璐，李力，孔英．信息交互能力的测度及其对竞争优势的影响研究：基于用户体验的价值共创视角［J］．管理工程学报，2018（04）.

［36］童海君，蔡颖．跨境电商背景下中小企业的海外社交媒体营销策略［J］．文化创新比较研究，2017（06）.

［37］张蓉．“互联网＋”视域下的跨境电商生态圈构建的意义和价值研究［J］．经济研究导刊，2017（02）.

［38］耿黎明．直播：开启跨境电商新未来［J］．中国商界，2016（08）.

［39］赵玫玫．移动互联网时代移动社交媒体内容营销策略研究［J］．对外经贸，2017（08）.

［40］高灵萱．Instagram 运营模式的成功之道及其借鉴意义［J］．今传媒，2017（05）.

［41］吕同申．新媒体时代内容营销的优势及发展方向［J］．新闻世界，2014（07）.

［42］李彬．中小微企业跨境电商平台店铺运营探讨：以深圳 L 公司的 eBay 店铺为例［J］．对外经贸实务，2018（12）.

图书在版编目（CIP）数据

跨境电商B2B营销 / 裴茜，刘红燕，程达军主编. 北京：中国人民大学出版社，2025.3. --（新编21世纪高等职业教育精品教材）. -- ISBN 978-7-300-33533-9

Ⅰ. F713.365.2

中国国家版本馆CIP数据核字第2025LD5714号

高等职业教育国际经济与贸易“新专标”配套教材

新编21世纪高等职业教育精品教材·经济贸易类

跨境电商B2B营销

主　编　裴　茜　刘红燕　程达军

副主编　楼　洁　邓灵昭　刘娅倩

Kuajing Dianshang B2B Yingxiao

出版发行	中国人民大学出版社		
社　　址	北京中关村大街31号	**邮政编码**	100080
电　　话	010－62511242（总编室）		010－62511770（质管部）
	010－82501766（邮购部）		010－62514148（门市部）
	010－62515195（发行公司）		010－62515275（盗版举报）
网　　址	http://www.crup.com.cn		
经　　销	新华书店		
印　　刷	中煤（北京）印务有限公司		
开　　本	787 mm × 1092 mm　1/16	**版　　次**	2025年3月第1版
印　　张	13.5　插页1	**印　　次**	2025年3月第1次印刷
字　　数	305 000	**定　　价**	42.00元